총서

# Be the Solver
## The Solver

총서

# Be the Solver

# The Solver

송인식 지음

## '문제 해결 방법론(PSM)[1]'의 재발견!

오랜 기간 기업의 경영 혁신을 지배해 온 「6시그마」의 핵심은 무엇일까? 필자의 과제 수행 경험과 강의, 멘토링, 바이블 시리즈 집필 등 20년 넘게 연구를 지속해오면서 6시그마를 지배하는 가장 중요한 요소가 무엇인지 깨닫게 되었다. 그것은 바로 **'문제 처리(Problem Handling)', '문제 해결(Problem Solving)', '문제 회피(Problem Avoiding)'**이다. 이에 그동안 유지해 온 타이틀 「6시그마 바이블 시리즈」와 「Quality Bible Series」를 이들 세 영역에 초점을 맞춘 「**Be the Solver**」 시리즈로 통합하고, 관련 내용들의 체계를 재정립한 뒤 개정판을 내놓게 되었다.

기업에서 도입한 경영 혁신의 핵심은 대부분 '문제 처리/문제 해결/문제 회피(이하 '3대 문제 유형')'를 위해 사전 활동으로 '과제 선정'이 요구되고, '3대 문제 유형'을 통해 사후 활동인 '성과 평가'가 이루어진다. 또 '3대 문제 유형'을 책임지고 담당할 '리더'가 정해지고, 그들의 '3대 문제 유형' 능력을 키우기 위해 체계적인 '전문 학습'이 기업으로부터 제공된다. 이들을 하나로 엮으면 다음의 개요도가 완성된다.[2]

---

1) Problem Solving Methodology.
2) 송인식(2016), ≪The Solver≫, 이담북스, p.38 편집.

상기 개요도에서 화살표로 연결된 내용들은 '용어 정의'를, 아래 밑줄 친 내용들은 '활동(Activity)'을 각각 나타낸다. 기업에는 모든 형태의 문제(공식화될 경우 '과제')들이 존재하고 이들을 해결하기 위해 세계적인 석학들이 다양한 방법론들을 제시했는데, 이같이 문제들을 해결하기 위한 접근법을 통틀어 **'문제 해결 방법론(PSM: Problem Solving Methodology)'** 이라고 한다.

필자의 연구에 따르면 앞서 피력한 대로 문제들 유형은 '문제 처리 영역', '문제 해결 영역', 그리고 '문제 회피 영역'으로 나뉜다. '문제 처리 영역'은 '사소한 다수(Trivial Many)'의 문제들이, '문제 해결 영역'은 고질적이고 만성적인 문제들이, 또 '문제 회피 영역'은 연구 개발처럼 '콘셉트 설계(Concept Design)'가 필요한 문제 유형들이 포함된다. '문제 회피(Problem Avoiding)'의 의미는 설계 제품이 아직 고객에게 전달되지 않은 상태에서 '향후 예상되는 문제들을 미리 회피시키기 위해 설계 노력을 강구함'이 담긴 엔지니어 용어이다. 이들 '3대 문제 유형'들과 시리즈에 포함되어있는 '문제 해결 방법론'을 연결시켜 정리하면 다음과 같다.

**[총서]**: 문제 해결 역량을 높이기 위한 이론과 전체 시리즈 활용법 소개.
- The Solver → 시리즈 전체를 아우르며 문제 해결 전문가가 되기 위한 가이드라인 제시.

**[문제 처리 영역]**: '사소한 다수(Trivial Many)'의 문제들이 속함.

- 빠른 해결 방법론 → 전문가 간 협의를 통해 해결할 수 있는 문제에 적합. '실험 계획(DOE: Design of Experiment)'을 위주로 진행되는 과제도 본 방법론에 포함됨(로드맵: 21 - 세부 로드맵).
- 원가 절감 방법론 → 원가 절감형 개발 과제에 적합. 'VE(Value Engineering: 가치공학)'를 로드맵화한 방법론(로드맵: 12 - 세부 로드맵).
- 단순 분석 방법론 → 분석량이 한두 건으로 적고 과제 전체를 5장 정도로 마무리할 수 있는 문제 해결에 적합.
- 즉 실천(개선) 방법론 → 분석 없이 바로 처리되며, 1장으로 완료가 가능한 문제 해결에 적합.
- 실험 계획(DOE) → '요인 설계'와 '강건 설계(다구치 방법)'로 구성됨 (로드맵: '빠른 해결 방법론'의 W Phase에서 'P - D - C - A Cycle'로 전개).

**[문제 해결 영역]**: 고질적이고 만성적인 문제들이 속함.

- 프로세스 개선 방법론 → 분석적 심도가 깊은 문제 해결에 적합(로드맵: 40 - 세부 로드맵).
- 통계적 품질 관리(SQC) → 생산 중 문제 해결 방법론. '통계적 품질 관리'의 핵심 도구인 '관리도'와 '프로세스 능력'을 중심으로 전개.
- 영업 수주 방법론 → 영업 수주 활동에 적합. 영업·마케팅 부문(로드맵: 12 - 세부 로드맵).
- 시리즈에 포함되지 않은 동일 영역의 기존 방법론들 → TPM, TQC, SQC, CEDAC, RCA(Root Cause Analysis) 등.[3]

---

3) TPM(Total Productive Maintenance), TQC(Total Quality Control), SQC(Statistical Quality Control), CEDAC(Cause and Effect Diagram with Additional Cards).

**[문제 회피 영역]**: '콘셉트 설계(Concept Design)'가 포함된 문제들이 속함.

- 제품 설계 방법론 → 제품의 설계·개발에 적합. 연구개발(R&D) 부문(로드맵: 50 – 세부 로드맵).
- 프로세스 설계 방법론 → 프로세스 설계·개발에 적합. 금융/서비스 부문 (로드맵: 50 – 세부 로드맵).
- FMEA → 설계의 잠재 문제를 적출해 해결하는데 쓰임. Design FMEA와 Process FMEA로 구성됨. 'DFQ(Design for Quality) Process'로 전개.
  - 신뢰성(Reliability) 분석 → 제품의 미래 품질을 확보하기 위해 수명을 확률적으로 분석·해석하는데 적합.
- 시리즈에 포함되지 않은 동일 영역의 기존 방법론들 → TRIZ, NPI 등[4]

다음은 「**Be the Solver**」 시리즈 전체와 개별 주제들의 서명을 나타낸다.

| 분류 | 『Be the Solver』 시리즈 |
|---|---|
| 총서 | The Solver |
| 문제 해결 방법론 (PSM) | [문제 처리 영역] 빠른 해결 방법론, 원가 절감 방법론, 단순 분석 방법론, 즉 실천(개선) 방법론<br>[문제 해결 영역] 프로세스 개선 방법론, 영업 수주 방법론<br>[문제 회피 영역] 제품 설계 방법론, 프로세스 설계 방법론 |
| 데이터 분석 방법론 | 확증적 자료 분석(CDA), 탐색적 자료 분석(EDA),<br>R분석(빅 데이터 분석), 정성적 자료 분석(QDA) |
| 혁신 방법론 | 혁신 운영법, 과제 선정법, 과제 성과 평가법, 문제 해결 역량 향상법 |
| 품질 향상 방법론 | [문제 처리 영역] 실험 계획(DOE)<br>[문제 해결 영역] 통계적 품질 관리(SQC)– 관리도/ 프로세스 능력 중심<br>[문제 회피 영역] FMEA, 신뢰성 분석 |

---

4) TRIZ(Teoriya Resheniya Izobretatelskikh Zadach), DFQ Process(Design for Quality Process), NPI(New Product Introduction).

"일 참 잘했어!", "일 잘하는데!", "능력이 뛰어나군.", "유능해", "뭘 맡겨도 믿을 수 있어", "평가를 잘 줄 수밖에 없어"……

기업의 여러 분야에서 각자의 업무를 보고 있는 수많은 직장인이 우리 주변에 상당수 존재한다. 직장인이 하고 있는 업무는 어떤 것들일까? 물론 회사에서 주어진 일을 열심히 하고 있을 테지만 만일 일을 잘 한다는 얘기를 상사나 직장 동료들에게 들으면 어떤 이유로 그와 같은 평을 받는 걸까? 정작 나는 지금 일을 잘하고 있는 걸까?

또 요즘같이 청년 실업률이 사상 최대치를 갈아치우는 세태에 살고 있으면서 정작 기업에 입사를 희망하는 취업 준비생들은 기업에 대해 어떤 생각을 갖고 있을까? 들어가기가 어렵지 일단 들어만 가면 무슨 일이든 잘 할 수 있다고 생각할까? 또 원하는 회사에 들어가기 위해 내가 지금 하고 있는 준비는 이게 맞는 걸까?

사실 글을 쓰고 있는 지금 이 시점이 필자에게는 묘한 여운을 남긴다. 「아웃라이어」의 저자 말콤 글래드웰은 진정한 아웃라이어가 되기 위한 매직넘버로 1만 시간을 제시했다. 한 분야에서 진정한 전문가가 되려면 적어도 1만 시간을 투자해야 한다는 얘기다. 물론 그의 주장을 뒷받침해줄만한 학술 자료들을 근거로 삼고 있는데, 여기엔 심리학자 K. 안데르스 에릭슨의 <재능 논쟁의

사례 A>라는 연구 결과나, 신경학자 다니엘 레비틴의 "어느 분야에서든 세계 수준의 전문가, 마스터가 되려면 1만 시간의 연습이 필요하다"는 연구 결과를 인용한다. 혹자는 쉽게 풀어서 한 분야에 연간 1,000시간씩 약 10년을 몰두한 상태가 1만 시간에 견줄 수 있다고 주장한다. 한 분야에 전문성을 드러낼 시간 투자가 '약 10년'이란 의미는 한 분야를 적어도 '10년'은 쳐다봐야 남들이 볼 수 없는 진정한 속성, 특징, 본질을 파악할 수 있다는 의미로 해석된다. 가설이 아니라 TV 프로 '생활의 달인'만 봐도 일상에서 쉽게 검증되는 얘기다. 고등어에 간잽이가 소금 양을 정확히 20g씩 집어넣는다든지, 자동차 보닛(자동차 앞부분의 덮게) 표면만 손으로 쓸어보고 연식을 알아맞히는 능력들은 모두 10년 이상의 경력을 쌓아야만 터득되는 경지들이다. 그래서 좀 안심이 가는 걸까? 기업에서 개개인이 갖춰야 할 '문제 해결 역량'을 논하는 필자의 경력이 기업 연구소 10년, 컨설팅 경력 17년, '문제 해결' 관련 서적 출간 10년째에 이르기 때문이다. 적어도 기업인에 있어 이러이러한 내용과 과정이 'Solver'가 되는 길임을 주장할 어느 정도의 자격이 생긴 셈이다.

**기업에서 '일을 잘하는 사람'으로 평가받는 이유는 크게 두 가지이다. 하나는 '사람과의 관계 형성'이고 다른 하나는 '업무 능력'이다.** 필자는 연구원 시절 남들은 거의 한 번에 올라가는 '전임(대리)'에서 '선임(과장)'으로의 진급을 한 번 죽 미끄러졌다. 당시 이 같은 초유의 사태를 주변에서 간혹 겪는 사람은 '2 ~ 3일' 휴가를 가기도 했다. 충격에 술 잔뜩 먹고 실신(?)까지 가기도 했거니와 마음을 진정시키는 시간이 그 정도 필요했기 때문이다. 필자와 업무를 함께 했던 부서장은 진급 시점에 다음과 같은 얘기를 들려줬다.

"자네같이 일을 뛰어나게 잘 하는 친구가 어째서 이전 부서장에게 받은 고과는 전부 시들시들(등급 C, D를 지칭)한지 이해가 안 돼, 내가 이번에 사실 Super-A를 줬는데도 점수로는 진급 기준 등급 미달일세, 도대체 이전 부서에서 무슨 일이 있었던 겐가?"

당연히 이전 부서에서 뭔 일이 있긴 있었다. 신입 사원 첫 업무 시작 순간부터 주어진 일이 너무 좋아 밤을 새든, 휴일이든, 연휴든, 심지어 휴가나 구정 때도 연구소에 남아 있곤 했다. 출근 여부도 따지지 않았다. 오히려 사람들이 없는 날이 한적하고 집중하기도 좋았다. 그런 생활이 주변 동료들한테 한심하게 보이기도 했지만 한편으론 열정으로 쳐주기도 했다. 그러다보니 업무적으로 상사와 충돌이 잦았다. 분명 아닌 건 아니라고 생각했고, 한편으로 고집스럽기까지 했다. 어떨 땐 필자의 의견이 맞는 것 같다고 생각도 들었지만 결론은 항상 틀렸다. 상사를 이길 순 없었고 그것은 '논리의 문제'가 아니라 '관계의 문제'임을 깨달은 것이다. 입사 5년이 지나서였다. 어느 순간부터 상사가 예쁘게(?) 봐주지 않게 된 것은 당연하다. 지금 생각해도 상사가 누가되었든 똑같은 결과를 낳았을 걸로 생각된다.

이전 부서에서 축출된 것인지 아니면 새로운 분야에 적합한 인력이었는지 알 순 없지만 필자는 새 업무와 새 부서장을 만났고 업무 스타일도 변화했다. 주어진 업무에 토 달지 않고(?) 100% 근접하게 목표를 완수하는 것이었다. 평가는 날로 좋아졌고 그에 따라 여러 기회와 혜택도 많아졌다. '고과 Super-A'는 회사에 근무하는 동안 한 번 받을까 말까한 최고의 등급이며 보너스도 상당하다. 결국 '사람과의 관계 형성'에서 실패한 경험을 바탕으로 '관계 형성'은 중간쯤을 유지하면서 '업무 능력'에서 인정받은 것이었다.

기업에서 "자네는 일을 정말 잘하는 군!"하는 평가를 받으려면 '관계 형성'과 '업무 능력' 둘 모두를 잘하면 가장 좋지만, 둘 중 하나만 잘해도 좋은 평가를 받을 수 있다. 그런데 '관계 형성'만 따질 때, 상사에 대해서만 이루어질 경우 주변 동료들로부터 '아부'로 치부될 수 있어 바람직한 상은 못된다. 또 '업무 능력'만 뛰어나도 인정받는 경우가 있지만 상사를 잘 만나야 하는 소위 '인복(人福)'의 제약이 따른다. **결국 '최소한의 관계 형성 + 뛰어난 업무 능력'이 기업에서 "일을 매우 잘 하는 사람"의 기준이 될 듯싶다.** 기업에서는 아무래도 '성과'가 중요한 잣대임에 분명하므로 '관계 형성'은 '최소 이상'을 유지하되 '업무 능력'에 좀 더 무게를 두는 게 가장 현실적이다.

자! 이제 개인인 각자가 '일을 잘하는 문제'로 돌아와 보자. 어떻게 해야 일을 잘하는 것일까? 여러분은 이와 같은 문제를 고민해본 적이 있는가? 열심히만 하면 된다는 말은 맞는 조언일까? 적어도 우리 형님 세대나 아버지 세대는 맞는 생각일 수 있다. 주로 외국의 선진 기술을 보고 그 수준까지 빨리 도달하면 일정 수준 이상의 수익을 보장 받을 수 있는 그런 기회가 많았던 시절이었다. 그러나 지금 어린아이 어른 할 것 없이 모두가 손에 쥐고 다니는 조그만 물건이 'Smart Phone'이란 명칭에서 알 수 있듯이, 일도 'Smart'하게 처리해야 하는 시대에 살고 있다. '성과'와 함께 '효율'을 따져야 하는 시대가 온 것이다.

회사에서 로봇처럼 단순하고 반복된 업무를 끊임없이 해대길 원하는 사람은 없을 것이다. 설사 그렇다손 치더라도 그 안에서 조금이라도 효율적으로 할 수 있는 방안을 따지는 일은 어떨까? 단순 반복된 일이라도 효율적으로 할 수 있는 아이디어를 강구하고 개선에 이르게 조처하는 일이 불필요한 활동으로 여겨질까? 단순 반복된 일도 개선의 여지가 있다면 기업에서 주의 깊게 관찰할 대상이다. 따라서 단순하거나 어려운 모두는 현재의 상태를 극복하고 훨씬 더 나아진 모습으로 가꾸려는 '문제 해결(Problem Solving)'을 위한 중요한 대상으로 간주한다. 다음은 한 인터넷 기사에 실린 인터뷰 내용을 옮긴 것이다 (http://aljjam.egloos.com/4557764).

"......(중략) 그녀는 '경영 해방'의 저자로 잘 알려진 미국의 경영 평론가 탐 피터슨이 그의 저서에서 미국의 전형적인 지식인으로 소개한 주인공이다.

리츠 칼튼 호텔의 청소부 버지니아 아주엘라(Virginia Azuela.51). 그녀는 리츠 칼튼 샌프란시스코(RCSF)호텔이 92년 미국의 권위 있는 생산성 및 품질 대상인 말콤볼드리지 대상을 수상하는데 결정적인 역할을 한 것으로 평가받고 있다. 그런 공로로 그녀는 호텔 직원에게 주어지는 가장 영예로운 '파이브 스타(Five Star)상'을 받기도 했다.

아주엘라 씨는 고객 만족을 위한 '전사적 품질 경영(TQM, Total Quality Management)'이라는 호텔의 경영 철학을 현장에 적용하고 여기서 발생한 문제점을 발견, 경험을 통해 끊임없이 그 개선 방안을 찾아 왔다. 또 한편으로는 자신의 '**문제 해결 방법**'을 동료들과 공유해왔다. 자신이 하는 일을 꾸준히 개선, 개발, 혁신하고 더 나아가 그 결과를 공유함으로써 부가가치를 더욱 높였다는 점. 바로 이것이 탐 피터슨이 그녀를 지식인의 전형으로 꼽은 이유였다 (중략)......"

하물며 복잡도가 훨씬 높은 기업에서 반드시 해결해야 할 상황이나 고질적인 문제는 언급할 필요조차 없을 듯하다.

회사에서 주어진 모든 업무를 '문제 해결'의 대상으로 보고 개인이 '문제 해결 역량'을 키워 소기의 목적을 달성하는 일, 이것이 "진짜 일을 잘 한다."는 평을 받는 명백한 지름길이다. **여기서 '문제 해결 역량'을 갖춘 사람은 '목표를 항상 달성할 수 있는 길(방법)을 잘 알고 있는 사람'으로 정의한다. 이때 그 '방법'이란 실체가 있어야 하고, 누가 시행해도 재현이 되어야 하며, 복잡하지 않으면서 또 누구나 학습을 통해 체득할 수 있어야 조직에서 의미가 생긴다.**

만일 바로 앞서 기술한 조건이 충족된다면 **'해결이 필요한 문제'는 그를 해결하는 사람이 누구냐에 따라 결정되진 않을 것이므로 기업에 소속된 직장인**뿐만 아니라 앞으로 **기업에 입사를 희망하는 취준생** 모두에게 '문제 해결 능력'은 반드시 본인의 것으로 만들어 놔야 할 핵심 역량임에 틀림없다. 기업에서 '일을 잘 하는 사람'으로 평가받기 위해서는 말이다.

Problem Solving Lab.
저자 송 인 식 대표

'The Solver'는 타이틀이 아니라 기업에서의 진정한 '문제 해결 전문가'를 지칭한다. 문제를 해결하기 위해서는 각자의 접근 방법도 있겠지만 본 책에서는 그 방법이 문제의 유형에 관계없이 이미 결정되어 있음을 강조한다. 따라서 이것을 '핵심 문제 해결 방법론(Problem Solving Methodology)'으로 정의하고, 줄여서 영문 첫 자를 따 '핵심 PSM'으로 부른다.

회사에 소속된 기업인이든 취업을 준비 중인 취준생이든 '문제의 형태'는 해결자의 상태에 따라 결정되진 않으므로 'The Solver'가 되기 위한 공통적 접근은 다음의 본문 내용을 학습하고 체득함으로써 이루어질 수 있다.

먼저 「Ⅰ. '문제 해결' 수행 사례」에서는 필자가 직접 경험한 기업에서 이루어진 다양한 '문제 해결 사례'들을 소개한다. 사례들은 기업에 소속된 개인이 왜 문제 해결 역량을 필요로 하는지 그 이유를 설명하기 위해 도입되었다. '필요성'을 알리는데 사실 그 어떤 이론적 설명보다 '사례'는 강력한 메시지를 전달하기 때문이다. 따라서 독자는 본 단원의 본문을 통해 기업에서의 '문제 해결 역량'이 왜 필요한지를 공감하는 기회로 삼을 수 있다.

두 번째 「Ⅱ. '문제 해결'과 '문제 해결 방법론'」에서는 'PSM'의 기초 이론에 대해 학습한다. 여기엔 앞으로 본문을 이해하는데 필요한 용어 정의, 기존에 기업에서 형성된 'PSM'들을 소개하고, 이 'PSM'들이 문제의 어느 영역을 해결하기 위해 탄생한 것인지 자세히 설명한다. 독자는 본 단원을 통해 이후 전개될 '핵심 PSM'의 학습과, 실제 그들을 융합함으로써 문제들의 유형에 관계없이 일관되게 해결할 수 있는 '접근 방법론'에 대한 기본 소양을 쌓게 된다. 기초 이론에 해당되므로 필독할 것을 권장한다.

이어지는 「Ⅲ. '핵심 PSM'의 이해」에서는 바로 앞 단원의 기업으로부터 탄생된 'PSM'들 중 개인이 문제 해결에 꼭 체득해야 할 방법론들만을 골라 상세히 다룬다. '핵심 PSM'은 기업에 소속된 개인이 학습을 통해 쉽게 접할 수 있으면서, 업무 중 마주치는 문제 형태에 관계없이 활용할 수 있다는 점에서 의의가 있다. 따라서 기업인과 취준생에게 '핵심 PSM'이 왜 중요하고 본인들이 체득해야 하는지를 각각의 별개 소단원을 통해 자세히 설명한다.

다음 「Ⅳ. '핵심 PSM'들의 화학적 융합」에서는 '핵심 PSM'들을 하나로 통합한다. 기업에서 개인이 문제를 해결하려 할 때 설사 '핵심 방법론'들이 요긴하게 쓰일 순 있어도 언제 어느 방법론을 선택해야 하는지 모호한 부분이 존재한다. '방법론' 사용 때 선택해야 할 사항들이 많으면 아무리 좋은 방법이라도 구조 조정을 받거나 아예 관심사에서 멀어질 게 불 보듯 뻔하다.

**필자는 10여년 넘게 기업에서 모든 영역의 문제 해결 과정을 멘토링한 내용과 주변의 과제 수행 내역 약 2천여 건을 분석해, 하나의 통합된 '문제 해결 방법론'의 구조를 완성**하였다. 이 같은 내용은 기업에서의 여러 특강 과정을 통해 구체화되고 모듈화되었으며, 이들을 한데 모아놓은 것이 본 단원의 본문이다. 따라서 독자들은 본 내용을 통해 실체가 있으며, 구체적이고, 누가 실행하든 재현성이 있는, 또 학습을 통해 체득이 가능한 '문제 해결 방법론

(PSM)'을 학습 받게 된다. 이후 사례들을 이용한 반복된 트레이닝을 통해 'Solver'의 경지에 오를 수 있다.

끝으로 「V. '문제 해결'을 위한 'Solver' 되기」에서는 앞서 「IV. '핵심 PSM'들의 화학적 융합」의 내용을 철저하게 체득했다는 전제하에 진정한 'Solver'가 되기 위한 주요 항목들 '총 일곱' 경우를 제시한다. 본 내용을 통해 기업에서 문제 해결을 수행하는 리더들을 멘토링하거나, 또는 아주 다른 분야 의 문제 유형을 접할 때 각자의 시야를 높이는데 큰 도움을 받을 것이다.

이제 스스로의 관심과 노력 과정을 통해 진정한 'The Solver'가 됨으로써 요즘같이 구조 조정이 심하고 취업이 어려운 시기에 본 책을 시장에서의 본인 의 가치와 경쟁력을 높이는 훌륭한 수단으로 활용하길 바란다.

차례

# '문제 해결' 수행 사례

'문제 해결(Problem Solving)' 방법을 학습하기 전에 주변에서 겪는 '문제 해결' 사례들엔 어떤 것들이 있는지 알아본다. 이들은 앞으로 이어질 '문제해결 방법'들을 이해하는데 실질적 도움을 줄 것이다.

# 1. 초점에서 벗어난 문제 해결 사례

대학을 졸업하고 시작된 새 삶은 디스플레이를 생산하는 국내 기업의 한 연구소에서부터였다. 물리학을 전공한 덕분인지 최종 다다른 연구부서는 재료의 특성을 분석하고 해석하는 표면 분석 연구실이었다. 디스플레이 소재들이 표면의 오염이나 물성의 변화에 민감하므로 그들의 현상을 파악하기 위해 다양한 첨단 분석 장비들이 쓰이고 있었다. 장비들은 적게는 수천만 원대에서 많게는 10여억 원에 이를 정도의 고가품들이었다. 당연히 모두 처음 접해보는 첨단 장비들이기도 했거니와, 학창시절 자판 한번 눌러보지 못했던 IBM 호환형 386-PC가 붙어 있는 게 너무 신기했다. 그런 이유 때문인지 분석 장비들을 운영해보고 또 전자나 이온 빔들의 물리적 원리를 학습하는데 시간가는 줄 모르고 깊게 빠져있던 시기였다. 거기다 기숙사까지 회사 안 연구동 바로 옆에 있었기 때문에 밤 12시를 넘기는 것도 예삿일이 될 정도로 출퇴근에 얽매이지 않아도 되어 이 같은 극성스런 업무에 대한 열정(?)은 한동안 지속되었다.

필자의 일중독 때문이었는지 아니면 빠른 학습 속도로부터 기대 이상의 능력이 있다고 인정받았던 것인지 알 수 없지만 부서장은 당시 고민거리였던 디스플레이 안에 존재하는 오염 기체 분석과 원인 규명을 넌지시 제안하였다. 지금은 평판 TV라고 해서 편평한 디스플레이가 대세고, 또 OLED(유기발광다이오드)라고 하는 자체 발광 TV가 눈앞에 펼쳐지고 있다. 그러나 당시만 해도 배불뚝이 브라운관 TV가 전부였던 시기인지라 관내는 고진공 상태가 유지되어야 했고 만일 원치 않는 가스들이 재료로부터 스미어 나오기라도 하면 모든 전기적 특성들이 제 기능을 유지하지 못해 불량 처리되기 일쑤였다. 그런데 문제는 고진공으로 유지되는 브라운관 안을 들여다 볼 수 있는 방법이 없었다. 내부의 가스를 분석하려면 진공 게이지와 가스 성분 분석 센서가 관 내에 위치해야 하는데 경계를 이루는 유리가 파열되는 순간 외부 공기들이 유 입되어 정상적인 분석이 불가한 상태에 이르기 때문이었다. 관내 가스를 손쉽 게 분석해낼 수 있는 방법은 없을까?

문제 해결의 핵심은 외부에 있는 가스 성분 분석 장비와 브라운관 내부를 쉽게 연결할 수 있는 연결 장치에 있다고 판단한 필자는 이중(Double) 오링 (O-ring)을 브라운관 표면에 밀착시키는 방식의 장치를 고안하였다. 이 같은 접근은 매우 신선했고 분석에 따른 비용 절감도 커서 부서장의 특허 출원 권 유와 연구소 논문 발표 대회 참가로 연결 지어졌다. 정말 일이 재미가 있다는 말이 실감나는 시기였고 기분도 한껏 고조되어 있었다.

그런데 막상 발표 날이 다가오자 부서장이 잠깐 의견을 나눌 일이 생겼으니 미팅 좀 하자고 했다. 골자는 연구 논문 발표를 선배 사원이 하도록 해야겠다 는 내용이었다. 이유는 간단했다. 브라운관 품질에 영향을 미치는 악성 가스들 엔 어떤 것들이 있고, 각 성분들이 어떤 안 좋은 현상을 유발시키는지에 초점 을 맞춰야 하는데 논문 내용은 장치 개발 쪽에 너무 많은 비중을 뒀던 것이었 다. 대리 발표자인 선배 사원은 이전 연구 논문 발표 때 대상을 받았고, 전 공도 화학 쪽이라 관내 유동 가스의 해석에 훨씬 유리했던 실력자였다.

결과는 최우수상 바로 다음인 우수상을 탔다. 얄궂게도 이전 연도에 대상을 탄 연구원이 짧은 기간에 그것도 분야가 다른 영역에서 어떻게 다시 연구 성 과를 올릴 수 있었는지 의심된다는 것이 최우수상을 못 탄 배경이란 후문이었 다. 불행히도 이중(Double) 오링을 이용한 분석법도 브라운관 표면의 불규칙 한 평탄도로 접촉면에 미세 틈이 생겨 추가적인 개량 작업 없이 그 이후의 연 구 활동은 멈춰지게 되었다. 무엇보다 필자의 관심이 급격히 냉각된 것도 한 몫 하였다. 결과만 놓고 보면 누구도 즐거움을 못 느낀 실패한 문제 해결 과 정이었다.

만일 선배 사원이 아닌 필자가 연구 논문을 직접 발표했으면 어떻게 되었을까? 내용이 조금 나아지긴 했어도 초점에서 벗어난 상황은 크게 개선되지 않았을 것이다. 회사에서 요구하는 바가 정확히 무엇인지 파악하기엔 조직 경험이 너무 적은 탓도 있었다. 또 이중(Double) 오링 특허 출원으로 한껏 높아진 성취감과 그를 실현시키려는 일에 대한 몰입도가, 기업에서 원하는 관내 불량가스의 메커니즘 규명에 대한 열의를 압도한 일도 당시엔 깨닫지 못한 어긋장이었다. **조직에서의 문제 해결은 본인이 느끼는 성취도나 혁신성도 중요하지만 회사에서 무엇을 원하고 있는지를 먼저 아는 것이 더 중요하다. 내가 이루려는 일들이 조직의 공동 목표와 일치되어야 하며, 주변 모두와 즐거움을 함께 느낄 수 있도록 추가적인 노력이 있어야 한다**는 뜻이다.

## 2. 일하는 방법을 알고 시작한 문제 해결 사례

　　　　　　　　　　　　　　신입 사원이 관여했지만 문제 해결을 위해 핵심을 짚어낸 사례도 있다. 필자가 고참(?) 연구 전임(대리급) 시절에 신입 사원 한 명을 영입했다. 대표이사 지시로 신뢰성 연구 그룹의 초기 멤버로 활동했던 시기였으므로 해당 분야를 전공한 연구원의 영입은 매우 고무적인 사건이었다. 당시엔 TV나 컴퓨터 완제품 제조사의 요청에 따라 디스플레이의 수명을 평가하고 그 결과를 제시하는 신뢰성 시험이 주류를 이루고 있었다. 그전엔 연구소에 신뢰성 연구팀이 없었으므로 자체적인 제품 수명 연구에 대한 보고서가 희박했고, 있다손 치더라도 확률 모형에 기반을 둔 수명 연구라기보다 단순 시험 평가에 그치는 경우가 대부분이었다. 자체 수명 연구 자료가 궁핍하니 선진 기업의 시험 자료를 활용하거나 고객 요구 조건에만 맞추는 활동이 반복되었고, 이것은 개발된 신제품의 수명 특성을 재현성 있게 해석하고 다음 연구로 연결시키는 선순환의 제약이 되곤 하였다.

　급기야 늦긴 했어도 당시 생산되고 있는 제품별 '가속 수명 시험(Accelerated Life Test)법'을 개발하는 프로젝트가 추진되었다. 사실 이 분야에 경력이 전무한 대부분의 팀원들로서는 크나큰 도전 과제였고, 유일한 해법이라곤 전공자인 신입 사원 능력에 의지하는 것이 전부였다.

　그런데 신입 사원은 첫 번째 주제로 정한 브라운관 제품에 대해 작동 원리 몇 가지를 묻고는 '제어 인자'와 '품질 특성'을 바로 찾아내 시험 수준(Level)을 정한 뒤 실험 계획을 수립했다. 그 실험 계획에 따라 표집과 시험대 섭외 및 측정용 양식이 마련되었고, 불과 한 달여 만에 주기적인 데이터 수집이 이루어졌다. 또 과정 중 데이터를 해석할 수 있는 엑셀 기반의 분석 모듈을 만들었으며, 당시에도 생소한 통계 프로그램을 구매해 수집 데이터를 분석하는 작업이 쉼 없이 그렇지만 마치 정해진 레일 위를 기차가 흐트러짐 없이 달려 가듯 추진되었다. 거기서 나온 최종 보고서는 이전엔 한 번도 보지 못한, 그렇지만 꼭 존재해야 하는 내용들로 꽉 차있었으며 팀원들이 타 제품군, 예를 들어 LCD, VFD 등 여러 용도로 쓰이는 디스플레이 제품의 '가속 수명 시험법'을 개발하는 촉매제가 되었다. 그 후 재료나 구조가 바뀌는 개발품의 수명을 가속해서 빨리, 그것도 확률 모형에 기반을 두고 재현성 있게 해석할 수 있게 되어 평가 속도와 연구 개발 수준이 업그레이드되는 계기가 되었다.

**어떻게 조직 경험도 적고 제품에 대한 인식도 높지 않은 신입 사원이 문제 해결을 위해 그리도 막힘없이 척척 일을 추진할 수 있었을까? 그것은 주어진 사안에 대한 문제 해결 방법을 미리, 그것도 정확히 꿰차고 있었기 때문에 가능한 일이었다.** '문제 해결(Problem Solving)'이 '목적'이라면 '문제 해결 방법(Methodology)'은 그를 달성하기 위해 필요한 수단, 즉 '과정(Process)'을 알려 준다. 그 '과정'이 정확히 드러나 있으면 그대로 밟고 가면 될 일이다. 하지만 '과정'이 머릿속에 그려지지 않는 사람에겐 '가속 수명 시험법' 개발은 단지 이뤄내기 어려운 난제일 뿐이다. 그 신입 사원은 대학원 과정에서 이미 시뮬레이션이긴 하지만 전구 제품에 대한 '가속 수명 시험법'을 연구했었으며 제품의 형태만 달랐지 수행 방법엔 별다른 차이가 없었다. 조직 경험이 적든, 제품 작동 원리가 복잡했든 큰 장애가 되지 않았던 것이다. 당시 우리들의 구원자였던 신입 사원은 미국 유명 대학 박사 과정을 거쳐 현재 서울의 모 대학에서 의젓한 산업공학과 교수가 되어있다. 적절한 표현인진 모르겠으나 "될성부른 나무는 떡잎부터 알아본다."는 옛 속담이 허튼 얘기는 아닌 듯싶다.

## 3. 배경 없이 시작한 문제 해결 사례

　　　　　　　　　이왕 얘기가 나왔으니 컨설턴트로서 과제 멘토링 때 만났던 한 신입 사원도 생각이 난다. 요즘같이 시장 상황이 급변하고 저성장을 보이는 힘든 환경에서 대기업이라고 안전할 순 없다. 이런 위기 분위기는 신입 사원에게도 고스란히 전해지곤 하는데 기성 사원들이 수행해야 할 난이도 높은 과제들도 구분 없이 해결하도록 배정하는 예가 그것이다. 당시 멘토링 받던 사원은 부서에 배치된 지 이제 6개월이 좀 지난 상태였고 본인이 담당하는 업무도 확실하게 꿰차지 않았음을 몇 마디 대화를 통해 쉽게 알 수 있었다. 그런데 수행해야 할 과제는 협력업체에서 가공한 제품의 품질과 자사에서 가공한 제품의 품질이 왜 차이가 나는지를 밝히는 일이었다. 문제를 해결하려면 사내의 기라성 같은 선배들에게 조언 얻기도 껄끄러운데 거기다 협력업체까지 드나들어야 하니 과제도 과제지만 사람들에 치이는 문제가 더 우려스러웠다.

　그런데 정작 애로 사항은 다른 데 있었다. 해결해야 할 문제를 정의하는 첫 단추부터 전혀 진전이 없더니 멘토링이 4회에 이르는 동안까지 허술한 문장 몇 줄만 지지부진 반복될 뿐이었다. 마치 왜 신입 사원한테 이런 큰 과제를 주었는지 반항하는 모습의 느낌도 들었고, 할 수 없는 일을 준 것이니 당연히 안 해도 그만이라고 생각하는 것도 같았다. 한편으론 신입 사원에게서 풍기는 열정도 없어 보여 원치 않는 기업에 입사한 것인지 아니면 업무가 본인에게 안 맞는 것인지 물었지만 그런 것도 아니란다.

　결국 무성의한 문서 작업은 중단하고 그 시간에 차라리 다른 도움 되는 일을 하면 어떻겠냐고 조언해주었고, 진행이 안 되는 이유가 과중한 업무 때문이냐고 돌려 물었다. 그제야 신입 사원은 주어진 문제를 정의하려면 기존 자료도 조사해야 하고 협력업체도 방문해야 하는데 정확히 누구한테 어떤 내용을 물어야 하는지부터가 엄두도 못 낼 일이라 차일피일 미루게 되었다는 말을 했다. 주어진 문제 해결을 위해 어디서부터 손을 대야 하는지 전혀 감이 잡히지 않은 상태였으며 결국 과제는 두 달이나 공회전한 후 리더가 교체되고 나서야 정상 궤도에 오르기 시작하였다.

**만일 기존에 경험해보지 못했거나 아직 미숙한 분야에서 특정 문제를 해결하도록 임무가 주어진다면 어떻게 대처해야 할까?** 못한다고 아예 발뺌하고 말 것인가, 아니면 왜 그런 업무를 나에게 주느냐고 불만을 토로할 것인가, 또는 능력이 안 된다고 실토할 것인가? 만일 그 문제 해결이 내가 꼭 해야 할 일이라면, 또는 조직 구성원상 반드시 하긴 해야 하는 과제라면 우리가 대처할 수 있는 최선의 방책은 무엇일까? 이 물음의 답은 앞으로 본문에서 중요하게 다뤄야 할 핵심 주제가 되겠다.

# 4. 기성 사원을 능가하는 대학생들의 문제 해결 사례

         서울에 있는 모 대학의 관계자로부터 공대생들 중 자원하는 학생들에 한해 기업 환경을 간접 체험시켜보는 프로그램의 운영 제의를 받았다. 학생들의 교내 주요 활동은 학업에 전념하는 것이 전부이긴 하지만 요즘같이 청년 실업률이 10%대에 육박하고 사상 최대치를 계속 갈아치우는 상황에서 주된 관심사는 취업에 집중될 수밖에 없다. 당연히 대학에서도 학생들의 취업을 돕는 일이 매우 중요한 업무 중 하나가 되었다. 따라서 다양한 체험 프로그램을 운영하고 있는데, 여기엔 마케팅 관련 시장 정보 수집이나 활용법, 창업관련 교육, 비즈니스나 특허관련 교육, 어학 등 수많은 내용들이 포함되어있다.

    필자의 업이 기업에 들어가 모든 부서에서 이루어지는 프로젝트 수행을 지원하는 일인지라 학생들을 대상으로 기업 환경의 간접 체험 프로그램을 마련하는 일은 그리 어렵지 않았다. 따라서 쾌히 승낙은 했지만 과연 간접 체험의 정도를 어느 수준에 맞출까가 고민이 되었다. 기업인들이 수행하는 동일한 과제 형태를 가감 없이 그대로 체험시킬 것인지, 아니면 교육위주로 하되 좀 순화시켜 대학생 눈높이에 맞출 것인지, 그도 어려울 것 같으면 기업 주요 부서 현역들을 초빙해 특강 형식으로 운영할지를 결정해야 했다. 그러나 학생들이 겪을 체험 강도를 정하는 일은 그리 오래 걸리지 않았다. 복잡하게 따질 것 없이 그냥 기업 환경과 동급 수준으로 체험시켜보자는 것이었다. 학내에서 벗어나 외부 환경에 철저히 노출시켜 학생 본인들이 어느 정도의 역량을 확보하고 있는지 스스로 파악할 수 있게 지원하자는 의도였다.

    대응 수준이 정해지자 바로 커리큘럼을 구성하였는데 우선 전체 주제를 '문제 해결(Problem Solving)'에 두고 이론 교육을 1주일인 5일로 잡았다. 하루 교육 시간도 오전 10시부터 오후 6시까지 7시간을 정했는데 일주일로 따지면 총 35시간(=7시간 × 5일)으로 거의 3학점짜리 한 학기 과정을 1주일에 소화하는 격이었다. 사실 갈등도 많았다. 과연 학생들이 하루 종일 이론 교육을 위해 앉아 있고 더욱이 일주일을 버텨낼 수 있을 것인가 하는 의문도 들었다. 그뿐만이 아니었다. 이론 교육 직후 프로젝트 수행을 위해 연구, 제조, 관리, 영업 부문의 실제 과제를 제공하고 팀을 꾸려 3주간 해결하는 활동을 포함시킨 것이었다. 물론 멘토링은 격주로 두 번 정도 지원하기로 했지만 어쨌든 정상적으로 이루어지리란 기대는 하지 않았다. 결국 지지부진하더라도 기업 환경의 직접적 체험이란 애초의 취지는 그대로 유지한 것이었기 때문이다. 한 달 뒤 최종일에 수행 과제를 발표하는 마무리 일정도 빠트리지 않고 추가하였다. 결과가 어땠을까?

학생들의 문제 해결 능력은 예상을 훨씬 뛰어 넘었다. 기업 담당자들에게 내용을 보여줬을 때 어느 기업에서 한 것인지, 멘토링은 어느 정도 수준으로 이루어진 것인지 물었고 급기야 사내 교육용으로 배포했으면 하는데 무리가 없는 선에서 공유할 수 없느냐고 요청받을 정도였다. 학생들이 수행한 것이며, 멘토링은 단 4시간뿐이었다는 상황을 전해들은 후에는 놀라움을 금치 못했다. **도대체 학생들에게 어떤 일이 벌어진 것일까?**

**첫 번째 특징은 학생들의 진지한 태도**에 있었다. 주어진 프로젝트를 진짜 수행한 것이다. 학생들은 제시된 과제를 가상의 주제로 여기지 않았으며, 문제를 정말로 해결하기 위해 달려들었다. 그럼 문제를 가짜로 해결하는 경우도 있는가? 그럴 수도 있다. 기업에선 인증이나 교육 목적으로 과제를 수행하기도 하고 해결책을 어느 정도 깔아놓고 시작하기도 한다. 그에 반해 학생들은 기업에 들어가 본 적이 없으므로 어떤 일이 벌어지고 있는지 알 수 없다. 그래서 멘토링 내용을 꼭 필요한 자양분으로 인식하고 진지하게 스펀지처럼 죽죽 빨아들였다. 잘못 전달되면 학생들이 그대로 이행하므로 오히려 필자가 긴

장되고 조심스러웠다. 사실 보유한 지적 수준은 학생들이나 기업에 소속된 실무자들이나 별반 차이가 없다. 대부분이 대학 생활을 했으며 적어도 '문제 해결' 관련 내용을 학습 받는 피교육자 입장에선 동등했으므로 이해하지 못할 것이란 우려는 한낱 기우에 불과했다.

**또 한 가지는 철저한 팀워크**에 있었다. 학생들은 팀원들 간 의견 교환을 위해 멘토링 전후 시간 계획을 수립해 계속 만나 미팅을 했고 토론하였다. 중간에 막힘이 생기거나 전개가 논리적이지 못할 경우, 또 도구 용법을 이해하지 못하면 바로 전화통에 불이 났다. 오히려 필자가 언제 어디에 있든 의무적으로 설명해야 한다고 길들여지는 듯 했다. 과제 수행 품질이 좋으니 문제 해결의 결과 품질도 덩달아 올라갈 수밖에 없는 구조다. 문제 해결을 위해 방법론과 도구 활용도 매우 중요하지만 팀 구성원들이 "어떻게 수행할 것인지"를 고민하는 일 역시 꼭 필요한 요소임을 재확인하는 의미 있는 시간이었다.

**본 프로그램 운영을 통해 추가로 확인된 점은 학생들은 어리지도, 또 경험이 부족하지도 않다는 점이다. 단지 전공과 어학 등 한정된 체험만 경험하기보다, 기업 활동에 중요한 실질적 프로그램을 학습시킨다면 입사 시 또는 입사 후 적응 기간을 상당히 줄일 수 있음을 확인**하는 소중한 시간이었다. 하물며 실제 해결이 필요한 문제를 들고 고민하는 기업인들이야 더 잘되지 말라는 법은 어디에도 없다. 학생들에 주어진 환경과 비교하면 교육 시간이나 실제 경험할 수 있는 여건, 지원 체계는 비교 자체가 안 된다. 학생을 위한 문제 해결 체험 프로그램은 총 3년에 걸쳐 지속되는 인기 프로그램이 되었다.

## 5. 난이도 높은 문제를 정하고 해결한 사례

　　　　　　　　기업에서 이루어지는 문제들의 해결엔 어떤 내용들이 포함되어 있을까? 15년 넘게 다양한 부문의 기업 과제들을 멘토링하면서 필자가 느낀 점은 '약 93%' 정도가 확실성을 갖는 문제 해결이었고, '7%' 정도만이 난이도 높은 문제 해결에 속한 것으로 파악된다. 또 '7%' 중 '3~4%' 정도가 고질 문제들인데, 이들은 과제로 지정해서 집중 수행해도 여전히 해결되지 않고 고질 문제로 남곤 한다. 문제의 근원 파악이 애초부터 완벽히 이루어지지 않았기 때문이다. 그런데 '난이도'를 운운할 때 꼭 기술적으로 난제인 경우만을 대상으로 삼진 않는다. 기술적 난제 외에 기업처럼 유기적 관계로 엮여 있는 조직의 반대 그물망을 뚫고 문제 해결에 나서야 할 때도 종종 있기 때문이다.

　　소개할 사례의 당시 A 리더는 생명보험사에 근무하며 전국의 로열 고객들로부터 입수한 추출물들을 분석하는 업무를 담당하고 있었다. 그런데 문제는 그 추출물들이 본사로 이송되어 분석되기도 전에 변형이 일어나는 게 문제였다. 측정 설비의 외국 판매처에 문의해도 보고된 내용이 없다고 하고, 관련 문헌도 찾아보았지만 해결을 보지 못해 추출물을 고스란히 폐기하곤 하였다. 또 재채집으로 인한 고객 불만과 그에 따른 비용 지출도 만만찮게 발생하고 있어 오랜 고민거리였다.

　　A 리더는 과제를 정해야 할 시점에 추출물의 변형이 왜 일어나는지 꼭 규명하고 싶어 했다. 그러나 문제 해결에 들어가기도 전에 주변의 저항이 만만치 않았다. 보험사 과제들이 프로세스 개선, 지켜야 할 회사 정책이나 법규로부터 벗어난 영업, 서비스 문제들의 해결에 초점을 맞추고 있는데 반해 추출물의 원인 규명은 보험업 비즈니스에서 크게 벗어나 있기 때문이었다.

반대에 이해도 갔다. 접근 방식이 'Commercial'이 아닌 'Technical'인지라 임원 보고 때 낯설기도 하거니와 실험에 필요한 장비도 보험사에선 가당치 않았다. 필자와의 사전 미팅에서 적어도 항온·항습기나 온도 센싱 장치, 측정 온도의 프로파일러 장치 등이 필요할 것으로 알려줬으나 보험사 특성상 주변에 존재할 리 만무하였다. 추진해도 답을 얻을지 알 수 없는 난제에다 조직의 반대까지 완강했다. 그러나 A 리더에게 해결하고 싶은지 물었을 때 "꼭 해결하고 싶다."란 답변을 얻었다. 그렇다면 얘기는 끝난 것이다. 문제는 해결하면 되고, 필요한 장치는 조달하면 되고, 임원 보고는 쉽게 풀어하면 된다. 그럼 남는 것은 단 하나, 수행하는 거다! A 리더는 애원(?)해서 수락을 받아냈다.

우선 항온·항습기는 A 리더 배우자의 도움을 얻어 사외 밖 한 시설에 있던 휴면 설비를 저녁에 쓸 수 있도록 허락을 받고, 각종 측정 장비들은 필자의 지인을 통해 공수했다. 궁하면 통한다. 낮에는 멀뚱거리다 저녁에나 되어서야 다양한 추출물들을 실험 계획에 따라 측정하고 자료화하는 작업이 일주일가량 지속됐다. 식사를 할 만한 환경도 아니어서 굶는 것도 예사였다. 멘토링하면서 별의별 경험을 다한다 싶었지만 수행 과정은 진지했다. A 리더가 매우 집중했고 열정을 보였기 때문이었다.

둘째 주에 이르러 다른 과제를 멘토링 하던 중에 A 리더가 상기된 얼굴을 띠고 주변은 아랑곳하지 않은 채 문을 밀고 들어왔다. 꾹 담은 입에 미소가 녹아있었다. "재현이 됐습니다." 문제의 원인이 규명된 것이었다. 실험에서 얻은 조건대로 추출물에 적용했을 때 동일한 변형이 재현됐던 것이다. 다음은 운송 중에 추출물이 변형 환경에 노출되지 않도록 포장 방식을 보완하는 일만 남겨두었다. 원인이 명확하게 규명되었으므로 '개선 방향'도 명료하였다.

가끔은 반복적으로 일어나는 고질 문제의 해결에 기술적 어려움이나, 실패했을 때 돌아올 불이익, 또 조직 여건상 지원이 어려운 역경들이 앞길에 놓이곤 한다. 해결의 확실성이 높은 '93%'에 속한 문제를 추진할 것인지, 아니면 난이도 높은 '7%'에 속하는 문제를 정할지 결정해야 한다. 난이도가 높은데다 조직 저항까지 더해지면 수행을 위한 결정은 더욱 어려워진다. 이에 대부분은 확률에서 보여주듯 해결이 가능한 문제에 베팅하곤 한다. 여러분이라면 어떤 결정을 해야 할까? **"이거 정말 해결해야 하는 문제인가?"** 만일 **"그렇다"**라고 **답이 서면 남은 일은 단 하나다. 하는 것이다.** 아무리 조직이 경직됐더라도 올바로 도전하는 자는 꼭 인정받게 마련이다. A 리더는 과제 수행을 배경으로 기업에서 주어지는 다양한 혜택을 누리는 계기가 되었다.

지금까지 소개된 사례는 앞으로 설명하게 될 '문제 해결 방법론' 학습과 그들을 이용해 개개인의 문제 해결 역량을 어떻게 높일지 제시할 배경 역할을 한다. 이후 단원부터 본격적인 주제 설명이 이어질 것이다.

# '문제 해결'과
# '문제 해결 방법론'

'문제'는 '해결'이 필요하며, 둘을 합쳐 '문제 해결(Problem Solving)'이라고 한다. '문제 해결'은 여러 유형이 존재하고, 유형별로 별도의 '방법론'이 존재한다. 이를 '문제 해결 방법론(Problem Solving Methodology)'이라고 한다. 줄여서 'PSM'으로 부른다. 특히 개인의 문제 해결 역량을 높이는데 필수인 '방법론'을 '핵심 문제 해결 방법론(또는, 핵심 PSM)'이라고 한다. 본 단원에서는 '핵심 문제 해결 방법론'으로 가기 전 필요한 기본 지식과 리더와의 관계를 이해하고 '문제'를 바라보는 독자의 기본 눈높이를 키우는데 지면의 많은 부분을 할애할 것이다.

# 1. 기업에서의 '문제 해결(Problem Solving)'이란

　　　　　　　　주변에서 흔히 "문제가 있어!"란 표현을 자주 쓰곤 한다. 대화 중 생기는 상투적인 말일 수도 있고, 꼭 풀어야 할 일이 존재할 수도 있다. 사실 '문제'라는 용어의 사전적 정의는 '해답을 요구하는 물음'인데, 굳이 사전을 빌리지 않더라도 당사자를 '불편하게 하는 대상이나 증상, 상태들의 통칭'으로 불릴 만하다. 만일 생활에 불편을 느낀다면 해결책이 필요하며 **'문제'에 대한 답을 찾으면 이를 '문제 해결(Problem Solving)'**이라고 한다.

　그러나 '문제 해결'의 범위를 하염없이 넓히다보면 배고픈 아기의 울음을 그치게 하려는 '문제 해결'이나, 수목(樹木)이 영양분을 만들 목적의 광합성도 '문제 해결'에 포함시키는 등 삼라만상 모두의 답답하고 불편해 하는 '문제 해결'들을 다루게 되므로 철학이나 자연 과학의 범주가 될 수 있다. 따라서 '문제 해결', 즉 '해답이 필요한 대상'을 '기업'이라고 하는 테두리 안에 한정할 필요가 있다.

　기업에서 '문제 해결'을 위해 자원(사람, 시간 등)을 투입하려면 그에 상응하는 수행 당위성을 공식화해야 하는데 이를 '과제(Project)'라고 한다. '과제'는 계획서에 정한대로 이행하는 '활동'이 필요하며, 그 전체 과정을 '과제 수행'이라고 한다. 지금까지의 용어들을 정리하면 다음 [그림-1]과 같다.

[그림-1] 용어들의 정의와 서로 간의 관계

[그림-1]의 왼쪽에서 오른쪽으로, 그림 안에 서술된 내용을 순서 있게 읽어나가면 기본 용어들이 설명하는 의미를 쉽게 이해할 수 있다.

다음 [그림-2]는 기업에서 이루어지는 '경영 혁신'관련 전체 '순환 체계도'이며, '과제'의 탄생부터 과제 수행 결과물의 활용 및 '문제 해결' 활동이 어떻게 지속되는지를 나타내는 개요도이다. 필자가 특강 때 자주 애용하는 그림이기도 하다.

[그림-2] 기업에서 이루어지는 '경영 혁신 순환 체계도'

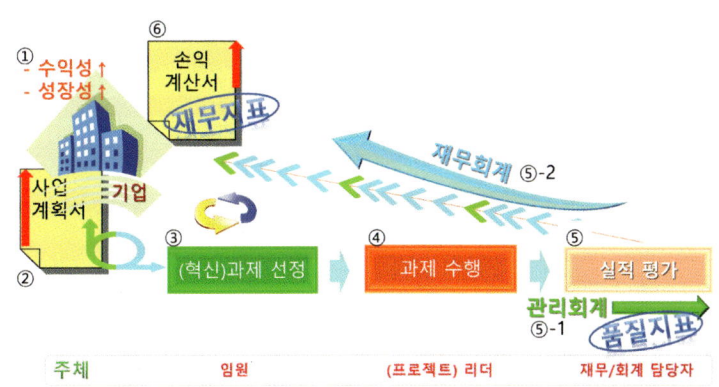

[그림-2]에 포함된 '원 번호'를 중심으로 각각의 특징을 설명하면 다음과 같다.

### ① 수익성과 성장성

기업이 추구하는 목표가 단기적으론 '수익성 향상'을, 중·장기적으론 '성장성 확보'임을 내보인다. 기업이 아무리 훌륭한 사회적 활동을 벌이더라도 수익이 나지 않으면 존재할 수 없으며, 따라서 영리 목적을 위한 노력은 결코 포기할 수 없다. '수익성'은 당해 회기가 끝나는 시점의 실적이므로 1년의 기간을, '성장성'은 기업의 중·장기 목표를 달성하기 위한 당해 연도 실적을 모니터링 하므로 3~5년 뒤를 염두에 둔 활동과 각각 관계한다.

### ② 사업 계획서

특히 '수익성 목표'가 당해 연도 '사업 계획서'에 반영되어 재무적 지표로 관리됨을 보여준다. '수익'은 재화나 서비스를 판매해 얻는 경제적 효익의 증가이므로 시장 상황과 기업의 자원을 고려해 명료하게 설정되지 않으면 외부 환경 변화에 임기응변식으로 대처해 나가야 하며, 그래서는 큰 조직을 안정적으로 유지하기 어렵다. 기업에서의 차년도 '사업 계획서'는 일반적으로 당해 연도 10월부터 12월, 늦어도 차년도 1월까지는 대부분 마무리된다.

### ③ (혁신) 과제 선정

기업의 '사업 계획서'에 명시된 목표 재무성과를 달성하기 위해 꼭 해결해야 할 문제들, 예를 들어 고질적인 품질 문제, 시장 확대, 전략 구매나 업체 다변화, 신상품 개발이나 고객 만족도 향상들을 정의한 뒤 공식화를 거쳐 '과제'로 명시하는 단계이다. 그런데 요즘같이 한 달 뒤에 무슨 일이 벌어질지 예측하기 어려운 변동성 큰 시장 여건 속에서 달성할 만큼의 재무액만을 설정하는 것은 자칫 목표 미달로 이어질 개연성이 매우 높다. 따라서 '사업 계획서' 작성 시 목표를 적정 수준보다 크게 늘려 잡기 일쑨데, 이때 일상적인 업무 행태로는 성공 가능성이 낮으므로 새로운 사고나 방법의 접근이 필요하다. 이와 같이 '어렵다!'란 수식어를 대변하기 위해 '혁신'이란 단어가 붙는다. 즉 '(혁신) 과제 선정'의 표현을 쓰는 이유가 여기에 있다.

## ④ 과제 수행

앞서 정립된 '(핵심) 과제 선정'에 따라 주체인 '(과제) 리더'들이 과제를 실행하는 단계이다. '과제 수행'은 정책적으로 두 가지 방안이 있다. 하나는 「과제 지향 주의」이고 다른 하나는 「목표 지향 주의」이다. 「과제 지향 주의」는 '③ (혁신) 과제 선정'에서 결정된 과제들을 변동 없이 모두 완료하는 정책이다. 처음 잡았던 계획 그대로 끌고나가므로 추진에 따른 혼선이나 변경에 따른 추가 자원 투입이 불필요하나, 급격한 시장 변동이 발생될 때 애초 목표로 잡았던 재무성과를 달성하지 못하는 단점이 생긴다. 「목표 지향 주의」는 처음 정해진 과제들은 중간 중간 점검을 통해 목표 미달이 예상되면 중단시키고 새로운 과제로 대체되며, 이마저도 어려울 경우 다른 과제들의 목표를 상향하는 과제 포트폴리오 조정을 수행한다. 과제의 중요도보다 목표 달성 여부에 수행의 초점을 맞추며, 장점은 시장 변동에 유연하게 대처할 수 있는 반면, 단점으로 중간 점검이 조직의 피로감을 안겨주고 잦은 과제 변경에 따른 리더들의 업무 혼선 등이 야기된다.

'사업 계획' 속성상 목표를 크게 늘려 잡는 게 일상인데 거기다 위험 관리 차원에서 훨씬 더 높은 목표의 '(혁신) 과제 선정'이 된 이상 직원들에 무작정 이행하도록 밀어 붙일 순 없다. 즉 지원이 필요하다. 그냥 밀고 나가면 뿔난 미생(?)들의 불만이 어떤 식으로 표출될지 알 수 없다. 물론 꼭 그런 이유만은 아니다. 과제 수행 품질을 높여 목표 달성 가능성을 높이려는 전략적 측면도 염두에 둬야 한다. 따라서 기업에서는 문제 해결 역량을 키울 수 있는 기회를 제공하고 그로부터 제대로 된 성과가 나올 수 있도록 독려하는 정책을 펴나간다. 가장 대표적인 것이 '문제 해결 방법론(PSM, Problem Solving Methodology)'의 학습 기회 제공이나 리더의 역량 부족분을 메울 수 있는 '멘토' 등의 지원이다. '문제 해결 방법론'들에 대해서는 본 단원의 「'문제 해결 방법론(PSM)'이란?」이나 「기업에서 형성된 'PSM'엔 어떤 것들이」, 또는 「Ⅲ. '핵심 PSM'

의 이해」단원에서 자세히 다루고 있으니 필요한 고객은 해당 본문을 참고하기 바란다.

### ⑤ 실적 평가

문제가 해결된 뒤 얼마만큼의 목표를 달성했는지 가늠하는 단계이다. 그런데 '②, ③단계'에서 문제들 별로 이미 공식화한 것이 '과제'이므로 목표 달성 여부도 개별적으로 평가가 이루어져야 한다. 기업에서의 과제 수행은 생산 부문도 있고, 개발, 관리, 구매, 영업 부문 등 다양하므로 그들의 실적을 어떻게 금전적으로 산출할지 기준 마련이 필요하다. 기준 체계는 '⑤-1, 관리 회계'가 담당한다. 즉 이때의 '기준'은 과제 실적을 내부적으로 평가하기 위해 재무·회계 담당자들이 마련한 자체 계산 규칙이며, 늘 동일한 잣대로 적용된다. 이와 다르게 '⑤-2, 재무 회계'는 법적 의무를 져야 하는, 말 그대로 국가에서 정한 규칙을 따른다. 다시 국가의 기준은 세계적 회계 원칙인 '국제 회계 기준 [IFRS(International Financial Reporting Standards)]'에 종속되어 있다. 우리 기업도 '한국 채택 국제 회계 기준(K-IFRS)'을 준수한다. 따라서 내부용인 '관리 회계'를 근거로 따진 실적과, 외부 공개용인 '재무 회계'를 근거로 한 실적이 엄연히 다르다는 것을 인식해야 한다. 가끔 과제 재무성과가 '300억'이나 되는데 왜 영업 이익이 적자인지 의문을 제기하는 임직원들이 있다. '관리 회계'와 '재무 회계'는 서로 다른 별개의 기준이며, 만일 둘의 상관관계를 따져야 할 일이 생기면 이 또한 하나의 지속적이고 전문적인 업무 영역으로 간주해야 한다는 점, 결코 잊어서는 안 된다.

### ⑥ 손익 계산서

'문제 해결'의 결말이 결국 K-IFRS에 기반을 둔 기업의 '손익 계산서'라는 점을 피력한다. 어떤 활동을 했더라도 시작 자체가 당해 연도 수익 목표를 달성하기 위한 '사업 계획서'에 기초하고 있음을 잊어서는 안 된다. 그러나 일반적으로 '관리 회계'와 '재무 회계'간 직접적 연계성을 파악하기란 쉬운 일이 아니며, 둘 간의 상관관계를 항상 분석적으로 파악하고 추적할 전문가가 '⑤'의 단계에 배정되어 있어야 한다. 그렇지 않고 임시직으로 필요할 때마다 참여시켜서는 '관리 회계' 결과와 '재무 회계' 결과 간 격차가 왜 큰지에 대한 딜레마에 늘 시달린다.

국내 기업 대부분은 문제를 해결하는 전문가 양성엔 많은 투자를 했지만 사실 '관리 회계' 실적과 '재무 회계' 실적 간 관계를 해석하는 전문가는 양성 실적이 전무하다. 따라서 만일 '재무 회계'를 고려치 않을 경우는 '⑤'의 단계에서 실적이 마무리되어야 하며, 이 경우 주요 지표는 '손익 계산서'의 '재무 지표'가 아닌 '품질 지표'로 대체된다([그림-2]에서 오른쪽 아래 타원 표시 글자 참조).

예를 들어 보자. 만일 영업 부문에서 '수주 과제'를 성공적으로 완수했다면 판매량만큼의 이익이 직접 산정된다. 과제 완료로 '재무 지표'가 상승했으며 '손익 계산서'와 직결된다. 그러나 기업에서의 '과제' 대부분은 운영 효율, 수율, 준수율 등 '품질 지표'를 높일 목적으로 수행되며, 만일 재무 평가가 불필요하거나 아예 생략된다면 '품질 지표' 자체의 상승여부가 과제 수행 성공여부를 결정짓는 주요 잣대가 된다. 이때 '품질 지표' 상승분만큼 '재무성과'를 산정할 순 있지만 '관리 회계'와 '재무 회계'의 딜레마에 시달리긴 마찬가지다. 따라서 딜레마를 겪지 않으려면 '(혁신) 과제 수행'의 목표를 '재무 지표'가 아닌 '품질 지표'에 두고 시작해야 한다.

사실 앞서 '과제 수행의 목표'를 '재무 지표 향상'에 둘 것인지 아니면 '품질 지표 향상'에 둘 것인지의 결정은 국내 기업의 혁신 방법론 도입 목적과 매우 밀접한 관계에 있다. 만약 혁신 방법론 도입의 목적을 '재무 지표 향상'에 뒀다면 '경영을 혁신할 방법론의 도입'이므로 '경영 혁신 방법론'으로 칭할 수 있다. '경영을 혁신할 목적'이므로 이때는 과제 성과가 '손익 계산서의 재무 지표가 향상'되도록 결론지어져야 한다. 그러나 '품질 지표 향상'에 초점을 두고 혁신 방법론을 도입했다면 '품질 혁신 방법론'으로 칭하게 되며, '품질 지표의 향상' 여부가 주 지표가 되고 금전적 평가는 말 그대로 보조 지표로서만 의미가 생긴다.

그런데 국내 기업 대부분의 문제는 혁신 방법론의 도입 시 '경영 혁신 방법론'으로 칭하면서 과제 성과 평가는 '품질 혁신 방법론'의 양상을 띤다는 점이다. 즉 과제 성과를 '재무 회계' 기준으로 평해서 '손익 계산서'가 얼마나 좋아졌는지를 보는 것이 아니라 '관리 회계' 기준만으로 성과를 정리한다. 그러려니 여러 부작용이 생기는데 "300억 성과가 났는데 왜 회사는 적자가 났는가?"와 같은 엇박자 소리가 나기도 한다. '300억 성과'는 '관리 회계' 기준의 성과인데 정작 "적자가 났다."는 '재무 회계' 기준의 성과이기 때문에 'Mismatching'이 발생한 것이다. 이를 극복하는 유일한 해법은 앞서 밝힌 대로 '관리 회계 성과'와 '손익 계산서의 재무 회계 성과' 간 상관성을 연구하는 전문가가 [그림-2]의 '⑤' 위치에 배치되어있어야 한다. 그렇게 되면 다년간의 과제 수행을 통해 어디를 개선하니 '손익 계산서'의 어느 계정 과목이 좋아진다는 분석이 가능해지고, 과제 선정과 수행 품질을 관리하는 능동적 과제 수행 경지에 오를 수 있다. 기업 내에서 현재 운영 중인 혁신 방법론을 꼭 '경영 혁신 방법론'으로 부르짖을 필요는 없다. '품질 혁신 방법론'이라 칭하기만 해도 혁신 방법론 도입의 목적과, 현실의 평가 간 괴리와 혼선을 상당 부분 줄일 수 있다. 또 '품질 혁신'의 성공이 점점 '경영 혁신'의 기반이 되어 간다는 것은 명백한 사실이기도 하다.

종합하면 [그림-2]의 **'경영 혁신 순환 체계도'**에서 본문의 주제인 **'문제 해결(Problem Solving)'**은 **'④ 과제 수행'** 활동과 직접적 관계가 있음을 알 수 있다. 연초에 정한 기업의 '사업 계획서'는 사안에 따라서는 생존을 가늠할 절대적인 척도이며, 계획된 목표는 반드시 달성해야 한다. 이때 목표를 달성할 수단은 '과제 수행'이 유일하다.

과제를 수행하던 중 갑작스런 호황이 찾아오면 '즉 대응'형 신규 과제를 발굴해 수익 향상에 부응하며, 예상치 못한 혹한의 불황에 직면하면 과제 주체인 임원이 나서 과제 포트폴리오를 조정함으로써 목표 달성이 훼손되지 않도록 전략적으로 대응한다. 과거 컨설팅을 했던 B기업의 경우, 과제 수행 기간 중 연 2~4회의 자체 중간 점검을 통해 변화된 시장 여건에 따라 목표 달성이 어려운 과제는 떨어뜨리고, 환경에 맞는 새로운 과제를 발굴하거나 기존 과제들 중 일부를 목표 추가 달성이 가능하도록 재정립했다. 즉 최초 '사업 계획서'에서의 목표를 확실하게 달성하는 정책을 펼친 것이다. 물론 결과는 대성공이었다. '④ 과제 수행'이 얼마나 중요한 활동임을 보여 주는 단편적인 예이다. 따라서 본 책의 주제인 **개개인의 문제 해결 역량을 키우는 접근은 바로 '과제 수행' 영역에 초점을 맞추고 있다**는 점을 다시 한 번 강조하는 바이다.

'④ 과제 수행'에 쓰이는 주요 '방법론'들에 대해서는 「Ⅲ. '핵심 PSM'의 이해」의 본문을 참고하기 바란다.

## 2. '문제 해결'과 관련된 주요 용어들의 이해

'문제 해결(Problem Solving)'을 본격적으로 설명하기에 앞서 관련된 주요 용어들에 대해 먼저 알아보자. 우리 주변에서 '문제 해결'과 관련해 난무하는 용어들이 있는데, 바로 도구, 기법, 방법, 방법론들이다. 서로 뒤섞어 사용해도 괜찮은 것인지 아니면 써야 할 시점이 따로 있는 것인지 이 기회에 정리 좀 하고 다음 주제로 넘어가자.

'문제 해결' 분야에 처음 입문하는 독자라면 무슨 소리인가 하고 의아해 할 수 있다. 단순한 예로 '문제 해결'에 '통계'를 사용할 경우 '통계적 **기법**'이나 '통계 **툴(도구)**', 또는 '통계적 **방법**'들의 표현이 쓰인다. 사실 쓰는 사람 편의에 따라 불리고 있으므로 어떤 게 맞고 어떤 게 틀린 것인지 분별할 수 있는 방법은 없다. 범위를 조금 넓혀보면, '실험 계획(DOE)'은 '기법'인가 '도구'인가? 또 '신뢰성'은 '기법', '도구', '방법론' 중 어느 표현이 적절한지 모호하다. 중요하지 않을 수도 있지만 '문제 해결' 분야에 깊이를 더할수록 '용어 혼란 증후군(?)'에 시달릴 수 있다. 표준 사전이 없기 때문에 나타나는 현상이며 번역할 때의 혼선도 한몫한다.

최근에는 경영 혁신에 도입된 'TPM', 'TQC', 'Six Sigma', 'TPS', 'Lean-Six Sigma' 들도5) 혹자는 도구로, 혹자는 방법론, 또는 기법 등 역시 편의에 따라 다양한 용어들을 사용한다. 오죽하면 "What is difference between tools and technique?"를 구글 검색창에 입력했을 때 동일한 고민을 하는 여러 사람들을 만나볼 수 있을 정도다. 그러나 기술된 내용을 찬찬히 검토해보더라도 혼란을

---

5) '<u>TPM</u>'은 'Total Productivity Maintenance'의 약자로 설비 보전에 적용되는 방법론, '<u>TQC</u>'는 'Total Quality Control'로 전 임직원들을 체계적으로 참여시켜 품질 관리를 이루도록 지원하는 접근 방식, '<u>Six Sigma</u>'는 모토로라가 정립한 '문제 해결 방법론', '<u>TPS</u>'는 'Toyota Productivity System'으로 토요타 자동차가 정립한 생산 관리 체계, '<u>Lean-Six Sigma</u>'는 'TPS'의 낭비 제거와 'Six Sigma'의 산포 축소 등 각각의 장점만으로 구성된 '문제 해결 방법론'을 지칭함.

겪기는 마찬가지다. 화자에 따라 용어 정의나 갖다놓은 사례들이 제각각이기 때문이다.

우리 얘기로 돌아와 보자. 주변에서 접하는 용어상의 혼선은 기업의 경영 혁신이나 품질 분야에서의 다양한 원리를 외부로부터 받아들이면서 나타난, 우리말 전환 과정상에 기인하는 경우가 상당수 포함된다. '측정 기준(또는 규격)'을 뜻하는 'Performance Standard'가 대표적 예인데, 옮긴이에 따라 '성능 표준', '성능 기준', '성과 표준', '성과 기준' 등이 난무한다. 그렇다고 '국립국어원'같은 국가 기관에서 앞장서 정해줄 일도 아니기 때문에 각자 알아서 쓰는 분위기다.

이에 앞으로 본문에서 논할 '방법론'의 위상을 명확히 하기 위해 용어들 간 관계를 나름 정리해야 할 의무감마저 든다. 의무를 다하기 위해(?) 용어의 원조 격인 영영 사전의 정의를 다음에 옮겨놓았다.

- **Tool**  A tool is any instrument or simple piece of equipment that you hold in your hands and use to do a particular kind of work. For example, spades, hammers, and knives are all tools.
- **Technique**  A technique is a particular method of doing an activity, usually a method that involves practical skills.
- **Method**  A method is a particular way of doing something.
- **Methodology**  methodology is a system of methods and principles for doing something, for example for teaching or for carrying out research.

각 용어의 우리말 해석과 쓰임새에 대해 알아보자. 역시 필자의 일부 주관적 해석이 포함될 수 있음을 미리 고지하는 바이다.

## 2.1. Tool(도구)

우리말로 '도구'다. 영문을 풀어쓰면 "특정 작업을 위해 손에 쥘 수 있는 정도의 기구나 부분품, 예로써 삽, 망치, 칼 등이 속한다."이다. 손에 들어갈 정도의 작은 기구이니 '문제 해결' 관점에선 특정 분석이나 해석을 위해 즉각적으로 가져다 쓸 수 있고 용법도 명확한 유형들, 예를 들어 '파레토 차트(Pareto Chart)', '산점도(Scatter Plot)', '체크 시트(Check Sheet)', '런 차트(Run Chart)', '특성 요인도(Ishikawa Diagrams)', '히스토그램(Histogram)' 등이 포함될 수 있다.


## 2.2. Technique(기법)

우리말로 '기법'이다. 이것은 "활동에 쓰이는 특별한 방법인데, 그냥 방법이 아니라 연습을 많이 해서 능숙한 '숙련'이 수반되는 방법"이다. 예를 들어, 나무를 벨 때 '톱'이란 '도구'를 쓴다면 초보자는 힘만 많이 들어가고 진도가 잘 안 나가지만, 숙련자는 같은 톱을 갖고도 힘 덜 들이고 쉽게 썰어내는 특별한 방법이나 요령을 알고 있는 것에 비유된다.

또 앞서 'Tool(도구)'에서 '파레토 차트'의 경우, 필요한 시점에 직감적으로 가져다 쓰기도 하지만('도구'로 쓰인 경우) 이미 상당 기간 사용해봐서 효율적으로 활용하는 방법을 알고 있으면 이것을 '기법'이라 칭할 수 있다. 어느 과제 수행 리더는 '파레토 차트'를 단순히 유형들 간 점유율을 비교하는 용도로 사용하지만, 다른 리더는 원인을 규명하는 용도로 쓸 수 있으며, 사용 결과나 실적에 따라 누가 더 우수하게 활용했는지 평가가 가능하다.

예를 들어, 만일 "원인을 규명하는 용도가 점유율을 비교하는 용도보다 숙련을 필요로 하는 특별하고 괜찮은 방법"으로 인정된다면 이것이 '파레토 차트'에 대한 'Technique(기법)'이 될 수 있다. 즉 "Technique(기법)이 좋은데!" 하는 칭찬을 받을 수 있다. 더 쉽게 풀어쓰면 '파레토 차트'에 대해 남보다 더 잘 쓰는 괜찮은 방법을 알고 있으면 '기법'이라 칭할 수 있다.

이렇게 볼 때 **'Tool'은 눈에 보이는 실체이고, 'Technique'은 눈에 보이지 않는 '노하우'의 성격이 짙다.** '문제 해결' 관점에선 '문제'가 생겼을 때, 해결할 수 있는 여러 특별한 방법들이 있고, 이때 그들 중 더 효율적이고 영향력 있는 방법이 존재한다면 바로 'Technique(기법)'이 될 수 있다. 따라서 **'Technique (기법)'은 특정한 문제가 있을 때 그를 해결할 여러 방법들 중에서 숙련을 동반한 특화되고 괜찮은 방법**이고, 만일 그를 쉽게 사용할 수 있도록 재현성과 접근성을 높여놓으면 다음다음 주제에 언급할 '방법론(Methodology)'으로 승격(?)될 수도 있다.


## 2.3. Method(방법)

우리말로 '방법'이다. 영문을 직역하면 "어떤 일을 하는데 쓰이는 특별한 방법"이다. 'Technique'의 정의도 '~ 방법'이므로 혼선을 피하기 위해 'Method' 와 'Technique' 간 차이가 무엇인지 명확히 해둘 필요가 있다. 영영 사전을 통해 감지될 수 있는 가장 큰 차이는 '숙련'이 동반되느냐의 여부다. '문제 해결' 관점에선 주어진 '문제'를 해결하는데 여러 사람이 각기 다른 방식으로 해결하려 든다면 그 각각의 방식은 'Method(방법)'가 될 것이나, 그들 중 '숙련'이 동반된 방법이 있다면 'Technique(기법)'이 된다.

예를 들어보자. 데이터를 통계적으로 분석할 때, 분산 분석, 회귀 분석, 프로세스 능력, 실험 계획, 가설 검정, 구간 추정, 표본 크기 구하기, 관리도 등 여러 방법들이 쓰이지만, 이들 중 분산 분석, 회귀 분석, 프로세스 능력, 실험 계획은 '그룹 내/그룹 간 변동'으로 통합해 원리 해석이 가능하다. 또 나머지 가설 검정, 구간 추정, 표본 크기 구하기, 관리도는 '중심 극한 정리'로 통합 해석이 가능하다. 즉 '총 8개'의 통계적 방법들을 '2개의 기본 원리'로 통합해 해석하게 되면 쉽고 빠른 학습과 응용력을 키울 수 있어 매우 편리하다. 통계 적 해석에 '숙련(Skill)성'이 반영된 결과이며, 이때 분산 분석, 회귀 분석, 실 험 계획 들은 각각 'Method(방법)'가 되지만, 하나로 통합한 '그룹 내/그룹 간 변동'으로의 해석은 'Technique(기법)'에 해당한다.[6]

## 2.4. Methodology(방법론)

우리말로 '방법론'이며, 영영 사전 해석은 "가르치거나 연구할 때 쓰이는 방 법들과 원리들의 집합체(또는 체계, System)"이다. 한마디로 앞서 나열한 용어 들을 'Tool + Technique(또는 Method)'으로 묶어 낸 것과 같다. 예를 들어, 나무를 벨 때 '톱(Tool)'을 쓸 경우 어떤 이는 매우 힘겨워하는 반면, 어떤 이 는 쓱싹쓱싹 손쉽게 톱질한다. '톱'이란 'Tool'과 그를 사용할 때 가장 잘 쓸 수 있는 '숙련성(Technique)'이 더해져 최상의 톱 사용 '방법론'이 탄생한다. 비슷하게 '파레토 차트(Tool)'를 사용하는 여러 경우들 중에서 가장 최적화된 방법(Technique)이 정립될 수 있다. 모두 'Tool + Technique'에 해당하며, '방 법론(Methodology)'의 한 예이다.

이때 주의할 사항은 'Tool(도구)'과 'Technique(기법)'이 합쳐져 있다고 해

---

6) 각종 통계 도구들을 두 개의 기본 원리인, '그룹 내/그룹 간 변동'과 '중심 극한 정리'로 해석하는 접근은 「Be the Solver_확증적 자료 분석(CDA)」편을 참고하기 바란다.

서 모두가 'Methodology'로 규정짓진 않는다는 점이다. 즉 **'Tool(도구) + Technique(도구를 가장 잘 쓰는 방법)'을 문서로 잘 정립하고 그 내용을 여러 사람들에게 학습시킬 수 있으며, 학습 받은 사람들이 각자의 문제 해결에 실제 적용했을 때 그 결과가 누가 수행했든 동일하게 재현되고 예측될 수 있어야 '방법론(Methodology)'**으로 불릴 만하다. 다음 [그림-3]은 '도구', '기법', '방법론'을 설명하는 개요도이다.

[그림-3] 도구(Tools), 기법(Technique), 방법론(Methodology)의 개요도

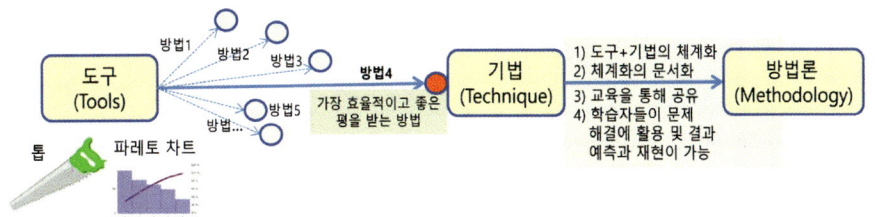

[그림-3]은 문제 해결을 위해 손에 바로 쥐고 사용할 수 있는 '톱'이나 '파레토 차트'같은 **도구(Tools)**와, '도구'의 사용 방법들 중 가장 효율적이고 좋은 평을 받는 방법인 **기법(Technique)**이 설명되어 있다. 다시 가장 '최적의 기법'은 문제 해결 주체인 리더들을 교육시키고, 학습 받은 리더들이 문제 해결에 '기법'을 적용하며, 결과의 예측과 재현이 가능하도록 체계화와 문서화를 이뤄주면 하나의 **방법론(Methodology)**이 됨을 알 수 있다.

사실 인터넷에서 '방법론(方法論)'을 검색하면 인식론, 사회 과학, 인문 과학, 논리학 등 어려운 용어들은 물론 아리스토텔레스, 칸트, 존 스튜어트 밀 같은 철학자들과 맥을 같이한다. 또 출처별 해석에도 약간씩 차이를 보인다. 용어 자체가 개념적 성격을 강하게 띠고 있기 때문에 잘못하면 '방법론'의 해석이 자의적으로 흐를 수 있다. 따라서 여러 사전적 정의들 중에서 기업의 정

서에 꼭 맞는 「교육학 논리 사전」의 내용을 다음에 옮겨놓았다. 여러 출처들의 정의를 네 개로 분류하고 있어 '방법론'의 의미를 전반적으로 이해하는데 도움을 준다. 그러나 하나하나 따져보면 바로 앞에서 설명했던 '방법론' 해석과 큰 틀에서 차이가 없다. 다음 주제로 넘어가기 전에 찬찬히 읽어보고 이어질 학습을 위해 의미를 명확하게 되새겨주기 바란다.[7]

---

방법론이라는 말은 여러 가지의 형태로 사용되고 있다(교육학 논리 사전).

- 첫째, 특히 과학적 방법론인 경우에 가설(假說)을 설정하고 관찰이나 실험을 계획하여, 실시한 결과로 얻어진 자료를 처리·발표·검토하는 과정의 원리들을 연구한 이론을 뜻한다. 또한 실험이나 관찰의 설계 혹은 통계적 방법에 관한 원리 등을 포함한다.
- 둘째, 위의 방법론에 의해서 획득된 결과와 관련된 가설이나 그 이론적 배경을 밝힘과 동시에 거기에 사용된 개념을 명료화하고 발견된 사실이나 법칙을 정당화하며 관련된 연구의 과제를 밝히는 등, 그 결과를 객관화하고자 할 때의 논리적 체계를 뜻하기도 한다.
- 셋째, 듀이(J. Dewey)의 반성적 사고(Reflective Thinking)나 데카르트(R. Descartes)의 인식 원리와 같이 탐구 행위의 심리적 과정을 설명하는 이론을 뜻하는 경우도 있다.
- 넷째, 어떤 과학적 탐구에서 쓰이는 특수한 기술을 뜻하기도 한다. 예컨대, 심리학자들이 사용하는 로오르샤하(Rohrschach)의 테스트, 프로이트(S. Freud)의 자유 연상법, 파블로프(I. Pavlov)의 조건 반사법, 스키너(B.F. Skinner)의 강화 반응법(Reinforcement) 등의 기법이 그것이다.

---

7) 네이버 지식백과, 교육학 용어사전 (1995), 서울대학교, 하우동설.

# 3. '문제 해결 방법론(PSM)'이란?

　'문제 해결'과 '방법론'이 합쳐져 '문제 해결 방법론'이 된다. 영어로는 출처에 따라 단순히 'Problem Solving'뿐만 아니라, 'Problem Solving Approach', 'Problem Solving Method', 'Problem Solving Methodology', 'Problem Solving Skills', 'Problem-solving Techniques', 'Problem Solving Model', 'Problem Solving Process' 등 출처의 수만큼이나 다양하다. 그러나 앞서 영영 사전의 해석에 따라 '문제 해결 방법론'의 영어 표현은 'Problem Solving Methodology'로 통일할 것이며, 여러 출처에서 첫 영문자를 따 'PSM'으로 편리하게 호칭하고 있어 본문에서도 그대로 따를 것이다.

　영문판 WIKIPEDIA에 따르면 'PSM'은 임상 심리학, 인지 과학, 컴퓨터 공학, 의학, 공학, 수학, 인공 지능 등 여러 분야에서 활용되고 있고, 특히 심리학에서는 'Mental Process', 컴퓨터 공학에서는 'Computerized Process'의 의미로 사용된다. 앞서 기술된 여러 분야들 중 기업에서 이루어지는 '문제 해결'과의 직접적 관계는 '공학(Engineering)'분야이며, WIKIPEDIA 정의에 따르면 "PSM은 제품 또는 프로세스가 정상 상태에서 벗어났을 때 심각한 고장으로 이어지지 않도록 조치할 목적으로, 또는 잠재된 문제를 미리 찾아내 고장 발생 전 차단하거나 경감시킬 목적으로 적용된다."이다.

　이때 결점들의 발생 경로를 추적하기 위한 '고장 해석'의 필요성 때문에 '법 공학(Forensic Engineering)', 즉 "공학에 기초하여 법률적으로 중요한 사실 관계를 연구, 해석, 감정하는 학문"의 중요성을 강조하고 있다. 기업의 경우 '법'을 '표준'으로 대체하면 쉽게 이해될 수 있으며, 통상 기업 용어로 '메커니즘(Mechanism) 규명'이 일반적으로 사용된다. 결점에 대한 메커니즘이 규명되면 '근본 원인(Root Cause)'을 찾게 되어 최고 수준의 개선을 이룰 수 있다.

방금 설명했던 'PSM'의 사전적 정의를 기업 사례와 연결시켜보자. [그림-2]의 '기업에서 이루어지는 경영 혁신 순환 체계도'에서 기업의 '사업 계획서'에 정한 목표를 달성하기 위해 해야 할 활동들을 '과제'로 공식화하는 과정이 있었다. 이때 각 과제에 할당된 담당 리더들은 본인이 부여받은 '과제'의 '목표 달성'을 위해 행동에 들어가며, 높은 목표를 잘 달성할 수 있도록 회사에서 마련해 준 훈련 내용을 십분 활용한다.

훈련 내용은 곧 문제를 효율적으로 해결할 수 있게 지원하는 '도구의 용법'과 그들을 어느 시점에 사용하면 좋은지 알려주는 '방법론 학습'이 주를 이룬다. '방법론'은 리더로 하여금 "어찌어찌 하라"라고 하는 '일의 순서'를 정해 놓은 돌다리에 비유된다. 그렇지 않으면 경력이 높거나 경험 많은 리더만이 문제 해결에 유리하고 반대되는 리더는 수행에 어려움을 겪을 수 있다. 리더들 간 수행 품질에 편차가 크면 클수록 손해 보는 이는 결국 과제를 부여한 회사와 리더 모두다. 회사는 수익이 떨어지고 리더는 평가를 제대로 못 받는다. 따라서 리더들 간 수행 품질의 산포를 최소화시키려면 부여받은 과제의 문제 해결 과정에 경력 등과 관계없이 누구든 쉽게 진입할 수 있도록 '일의 순서'를 잘 체계화시키는 노력이 필요하다. 여기서 Bransford & Stein(1993)은 리더들이 미리 정해놓은 단계를 따라가며 '문제 해결'에 이르도록 안내하는 일의 순서를 'Problem-solving Cycle'이라고 불렀다.[8]

다음 [그림-4]는 Bransford & Stein이 주장한 '문제 해결'에 유용하게 쓰이는 'Problem-solving Cycle'을 나타낸다.[9] 이것은 우리로 치면 '문제 해결 방법론(PSM)'에 해당한다.

---

8) Bransford, J.D. & Stein, B.S. (1993). The IDEAL problem solver (2nd ed.), New York: Freeman. (1984년이 초판). 이 외에 Sternberg(1986), Hayes(1989)가 있다.
9) Robert J. Sternberg, Karin Sternberg (2016), Cognitive Psychology, Cengage Learning, p402.

[그림-4] Bransford의 '문제 해결'용 'Problem-solving Cycle'

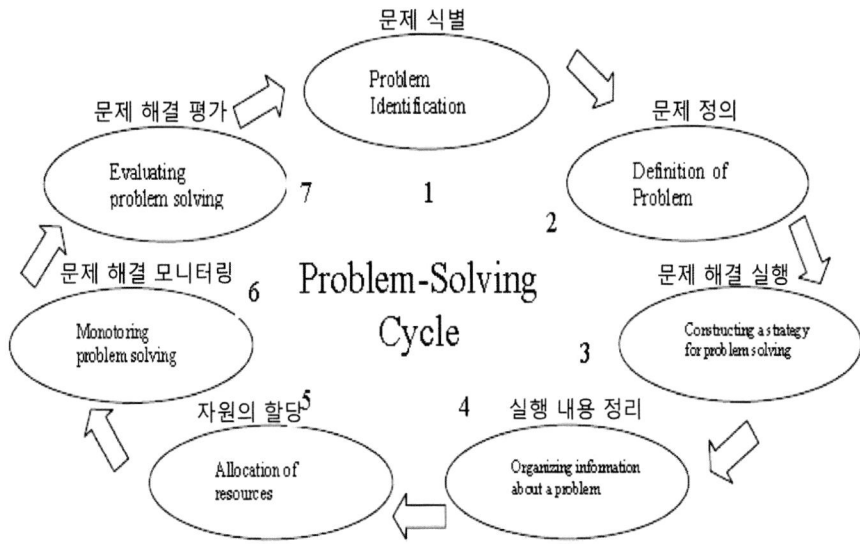

　　[그림-4]는 총 '7-Step'으로 구분되어 있으며, 첫 단계인 '문제 식별'은 기업에서 이루어지는 활동으로 전환하면 '과제 선정'에 해당한다. 주로 '인지 심리학(Cognitive Psychology)' 분야에서 선호된 접근법이긴 하나 국내 기업 '70% 이상'이 1990년대 말부터 경영 혁신 도구로 도입했던 'Six Sigma 방법론'의 '로드맵'을 연상케 한다. 기업에서의 문제 해결 활동에 적용되는 이와 유사한 패턴들이 'PSM'에 공통적으로 나타나는데, [그림-4]의 형태와 비슷하지만 출처가 예일 대학교이면서 단계도 하나 줄어든 'Six-Step Problem Solving Model'이 있어 다음 [그림-5]에 옮겨놓았다.10)

---

10) http://www.yale.edu/bestpractices/resources/docs/problemsolvingmodel.pdf

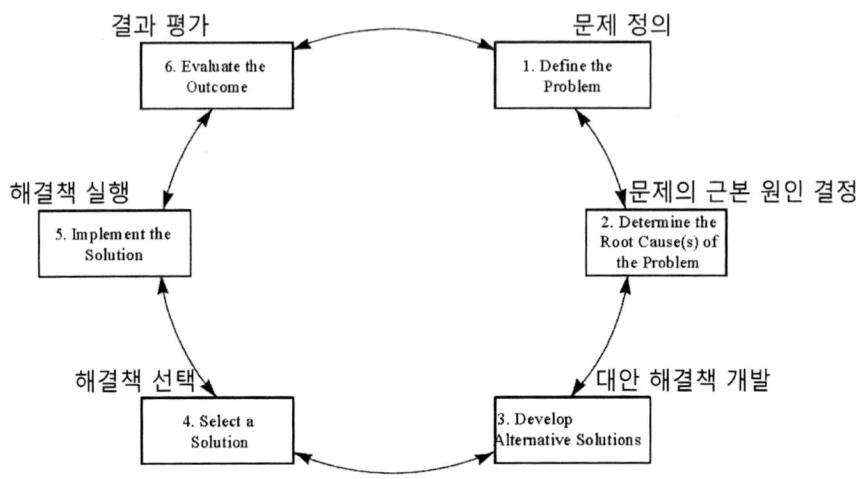

[그림-5] 예일대의 '6-단계 문제 해결 모형'

결과 평가           문제 정의

6. Evaluate the Outcome

1. Define the Problem

해결책 실행         문제의 근본 원인 결정

5. Implement the Solution

2. Determine the Root Cause(s) of the Problem

해결책 선택         대안 해결책 개발

4. Select a Solution

3. Develop Alternative Solutions

[그림-5]를 [그림-4]와 비교하면 순환 구조는 동일하되, '7-Step'이 '6-Step'으로 한 단계 줄었고, 기업에서 쓰는 '용어'의 적용과, '흐름' 역시 기업에서의 문제 해결 프로세스와 정확히 일치한다. 그러나 사실 'PSM'의 종류는 전 세계 컨설팅 회사들 수만큼이나 많을 것이란 생각에 별 이견이 없다.

구글 검색창에 'Problem Solving Methodology'를 입력하면 앞서 언급된 내용 외에도 '5-Step Problem Solving Approach'[11], '4-Step Problem Solving'[12] 등 출처에 따라 서로 다른 'Step'과 내용들이 난무한다. [표-1]은 이들 중 일부를 요약한 것이다.

[표-1]의 각 Step별로 이행되어야 할 내용에 대해서는 설명을 생략한다. 관심 있는 독자는 해당 출처를 참고하기 바란다.

---

11) http://www.educational-business-articles.com/5-step-problem-solving/
12) https://www.mindtools.com/pages/article/newTMC_00.htm

[표-1] '문제 해결 방법론(PSM)'의 여러 유형들 예 (출처: 주11, 주12 참조)

| | 5-Step | 4-Step |
|---|---|---|
| Step 설명 | ○ Identify Problem<br>○ Identify Plan<br>○ What might happen if<br>○ Work the Strategy<br>○ Measure | ○ Defining the Problem<br>○ Generating Alternatives<br>○ Evaluating & Selecting Alternatives<br>○ Implementing Solution |

'PSM'의 사용 범위를 굳이 학계나 기업의 전유물로 한정하거나 특별한 방법으로 몰아가는 것도 경계해야 한다. 이것은 외국 사례이긴 하나 'PSM'이 우리로 치면 고등학교 2, 3학년 수준의 학생들에게 정규 커리큘럼으로 제공된다는 사실만 봐도 쉽게 알 수 있다. 호주의 고등학교에서는 '기술 전문 과정 수료증' 제도가 있어 전기, 전자, 자동차, 토목 등 기술직의 전문 지식과 실무 체험을 할 수 있는 교과 과정이 있으며, 학습 내용에 'PSM'이 기본으로 포함되어 있다.13) 주어진 문제의 해결을 위해 'Analysis - Design - Development - Evaluation'의 '4-Stage'를 따르도록 되어있고 그에 맞춰 자격 부여를 위한 평가도 이루어진다. 내용 중에는 문제 해결에 필요한 'TRIZ', 'SCAMPER', 'Innovative Thinking'14) 등 기업에서나 접할 만한 기법들도 가르친다.

국내 대학의 학생들을 대상으로 '문제 해결 과정'을 교육할 기회가 있을 때면 가끔 이 같은 기법들을 아느냐고 질문하곤 한다. 대답은 늘 한결같다. 고개를 절레절레 흔든다. 대학이 직업인 양성소는 분명 아니지만 '공학'의 속성상 해결해야 할 문제를 늘 대면하는 분야임에도 잘 체계화된 기법들이나 방법론들을 전혀 접할 기회가 없다는 것은 안타까울 따름이다. '방법론'의 체계가 보다

---

13) http://www.vcaa.vic.edu.au/Pages/vcal/Publications/Publications/infosheets.aspx
14) (TRIZ) 구 소련 '겐리히 알츠슐러(Genrich Altshuller)'가 기존의 특허 150만 건 이상을 해석하여 기술적 문제를 해결하기 위해 1946년 정립한 '창의적 문제 해결 방법론'. (SCAMPER) 아이디어 도출 방법으로 Substitute, Combine, Adapt, Magnify, Put to other uses, Eliminate의 첫 자를 합친 기법. (Innovative Thinking) 8개 차원의 접근법을 통해 혁신적 아이디어를 창조하는 접근법.

잘 잡히고 훨씬 더 보편화되면 국내에서도 대학생뿐만 아니라 고등학생들까지 자기 주변에서 '문제 해결 방법론'을 쉽게 접할 수 있는 시기가 곧 도래할 것으로 믿는다. 그런 측면에서 본 책이 작은 불씨가 되었으면 하는 바람이다.

지금까지 학계나 기업, 심지어 고등학생들을 대상으로 'PSM'인, [그림-4]나 [그림-5], [표-1], 그리고 고등학생 대상의 '4-Stage'를 면면히 훑어보면 큰 틀에서 전개상에 별반 차이가 없는 다음과 같은 공통점을 발견한다.

첫째, 문제 해결의 순서를 'Step(또는 Stage)'으로 나누고 있는 점,
둘째, 해결 대상이 되는 문제 유형을 특정하고 있지 않은 점이다.

### 첫째, 문제 해결의 순서를 'Step(또는 Stage)'으로 나눔

일의 순서를 나누는 이유는 사용자의 쉬운 '접근성' 때문이다. 해결할 문제가 있고 그것을 알아서 하라는 식은 좋은 결과를 기대하고 있을 모두를 위해 너무 안이하고 무책임한 처사다. 경험자로서 "그 일은~~게 하면 성공 가능성이 높아요."하고 노하우를 전수하는 게 안전하고 바람직하다. 특히 초보자들에겐 더욱 그렇다. 딱 맞는 비유인진 모르겠으나 일의 순서를 문서로 잘 정립한 국가들에 미국이나 일본, 유럽의 주요 강대국들이 있다. 모두 과거 식민지를 거느렸다는 공통점이 있다.15) 앞서 잘 나가는 국가가 그렇지 못한 국가를 본인들의 수준에 맞춰 자원이나 이익을 편취하려면 빠르고 정확한 일 처리가 우선이다. 이렇게 저렇게 하라는 식의 고주알미주알 문서로 잘 정리했던 이유가 매뉴얼의 발전을 이루었다는 설인데... 과장일까? 하지만 설사 맞더라도 현재 우리의 현실과는 확연한 차이가 있다. 바로 문제를 해결할 때 일의 순서를 정해놓는 것은 특정인의 이익을 위해서라기보다 모두의 공동 이익을 위해서란 점이다.

---

15) 미국은 식민지가 없었지만 전쟁 승리 후 일본, 한국 등 군정의 역사를 갖고 있다.

조직은 개인의 성향이 직접적으로 반영되지 않는 그야말로 별개의 체계로 움직이는 또 하나의 살아 있는 유기체이다. 그 안에서 공동의 목표를 달성하기 위해 모두 각자의 방식으로 추진하려면 그 수만큼의 이해관계가 필요하다. 문제의 성격은 모두 다르더라도 해결해가는 공통의 접근 방식이 있다면 효율은 그만큼 높아질 수밖에 없다. **공통의 접근 방식을 'Step(또는 Stage)'으로 명확하게 구분해놓은 것을 '로드맵(Road Map)'이라고 한다. 즉 모든 '방법론'에는 항상 '로드맵'이 있다.** '방법론'을 정립한 창조자는 어떤 문제를 해결하기 위해 본인의 방식이 매우 쉽고 유용하단 점을 강조하겠지만 만든 이만큼 고민하지 못한 대다수는 어떻게 사용하라는지 알 수가 없다. "이 Step들을 밟고 가면 일이 순조롭게 해결된다."라고 하는 '로드맵'을 반드시 함께 제시하는 이유가 여기에 있다.

다음 [표-2]는 WIKIPEDIA에 '문제 해결 방법론(Problem Solving Methodology)'으로 예시된 목록들 일부와 그들 각각의 접근성을 높이려는 '로드맵'을 찾아 정리한 예이다.

[표-2] '문제 해결 방법론(PSM)'과 로드맵 예(출처: WIKIPEDIA)

| 문제해결 방법론 | Step(수행 순서) | 출처 |
|---|---|---|
| TRIZ | Define – Analyze – Problem Modeling – Solution Modeling – Verify | http://www.matriz.or.kregoe.com |
| Kepner–Tregoe PSDM | Situation Appraisal – Problem Analysis – Decision Analysis – Potential Problem Analysis. 각 영역별 세부 접근법 존재. | http://www.kepner-tregoe.com |
| OODA Loop | Observe – Orient – Decide – Act | https://www.oodaloop.com |
| RPR Problem Diagnosis | Symptom – Root Cause – Workaround – Live with it – Fix | http://www.advance7.com |
| GROW model | Goal –/Reality – Options – Will | http://www.performanceconsultants.com |
| A3 Problem Solving | Identify the problem or need – Understand the current situation, state – ... – Update stand work(총 8–step) | http://www.reliableplant.com |

[표-2]에 예시된 여섯 개의 'PSM'은 모두 '수행 순서(Step)'들을 제시하고 있다. 내용에 대해 별도의 설명은 생략하므로 관심 있는 독자들은 표에 포함된 주요 출처들을 참고하기 바란다.

### 둘째, 해결 대상이 되는 문제를 특정하고 있지 않음

[표-2]의 예시들을 포함해 대부분의 'PSM'들은 특정 문제만 해결할 때 사용하도록 명확하게 규정짓지 않고 있다. 품질 문제나 비즈니스 문제 등 그 범위를 정하는 경우가 있지만 경계를 넘어선 확장 가능성은 늘 열어둔다. 대표적인 예가 'TRIZ'로서, 「2005 TRIZ Journal」에 실린 "40 Inventive Principles in Marketing, Sales and Advertising"의 내용이 있다.[16] 'TRIZ'는 기술 기반의 특허들을 모태로 탄생했으나 마케팅, 영업, 광고 외에도 모든 분야, 업종까지 적용 범위를 넓히고 있고 많은 성공 사례들도 소개되고 있다.

사실 '문제(Problem)'는 사람마다, 상황마다, 환경마다, 주어진 조건마다 느끼는 정도나 유형, 속성들이 무한히 많아 그들을 대충은 분류해도 정확하게 선으로 무 자르듯 딱 나누는 것은 무의미하다. 따라서 '문제'의 '해결'을 목적으로 탄생한 여러 'PSM'들이 모호하게 구분된 문제들의 경계를 계속 넘나들려는 시도는 매우 자연스런 현상이다.

"기존의 여러 방법론들이 문제를 특정하지 않으면서 유사한 일의 순서(로드맵)로 이루어졌다"는 공통점을 거꾸로 해석하면 매우 의미 있는 결론에 도달한다. 즉 그들의 전개에 공통점이 있다면 주변에서 맞닥트리는 '문제'의 '해결'에 최적의 접근법이 존재할 수 있으며, 만일 그것을 명확히 정립해내면 '문제 해결 방법론'의 정의를 충족시킬 수 있다. 다시 말해 **'문제 해결 방법론'을**

---

16) Gennady Retseptor (On 03, Apr 2005), trizjournal.

**통합된 하나의 방식으로 규정할 수 있으면 이론상 모든 분야에 완벽하게 적용 가능한 통합 '방법론'이 탄생한다.** 가능할까? 필자의 대답은 "가능하다."이다. 그 이론적 바탕이 되는 다음 두 개의 '불변의 법칙'을 제시한다.

### (법칙 1) 모든 '문제'는 '시작'과 '끝'이 존재한다.

기업에서의 '문제'는 대부분 사람이 만들어낸다. 제품이나 서비스를 설계하고, 그를 생산하고 운영할 프로세스를 만들어낸 주체도 사람이다. 설계 당시에 '문제'를 염두에 두진 않았어도 생산이나 운영 중에 예기치 않은 다양한 '문제'들에 직면한다. 그들을 인지한 시점이 '문제의 시작'이면, 원래 기획 의도나 설계대로 되돌리려는 노력을 통해 '문제의 끝'을 경험한다. 만일 '문제의 끝'을 보지 못하면 잘 알고 있는 '고질 문제'로 남는다. 그렇지 않는 한 기획 의도나 설계 당시 목표를 충족한 '문제의 끝'이 존재해야 하고 그렇지 못할 경우 '문제의 끝'을 보기 위한 무한한 노력을 경주해야 한다.

**'문제의 시작과 끝'의 존재는 '로드맵'의 도입 필요성을 정당화한다.** 문제의 발단과 현상을 정리하면 '문제의 시작'인 '정의 단계'가 되고, 문제를 해결했다면 '마무리'인 '보고 단계'가 존재한다. 그 사이 과정엔 당연히 어떻게 해결했고, 또 재발하지 않는다는 객관적이고 합리적인 보장이나 설득 원리들이 순서를 갖고 배열되어야 한다. 기업에 소속된 독자든, 입사를 준비하는 취준생이든 주변에서 경험했던 '문제'들을 떠올리면 쉽게 이해할 수 있는 사안이다.

### (법칙 2) '결론'은 '과정'에 앞설 수 없다.

강의 중에 "과정과 결과는 뒤바뀔 수 없습니다. 결론난 일에 그를 형성시킨 과정이 뒤따를 수 없다는 뜻이죠!"라고 했더니 교육생들 중 한 명이 이의를 제기한다. 뒤바뀔 수 있다는 논리인데 설명의 배경은 크리스토퍼 놀란 감독의 '인터스텔라(Interstellar)'이다. 먼지로 이루어진 마룻바닥의 패턴을 쿠퍼역의 매튜 맥커너히가 위치 좌표로 해석하고 그를 발단으로 우주 공간으로 날아가 이후 특정한 계기로 다시 본인의 그 패턴 관찰 모습을 보게 되며, 위험을 경고하기 위해 메시지를 전달하려던 노력이 바로 최초의 먼지 패턴이었다는 내용이다(영화를 안 본 독자는 무슨 얘기인지 어리둥절할 것이다!). 그 교육생에게 했던 필자의 답변은 이렇다. "맞지만 약간의 조건이 전제되어야 해요. 웜홀을 만들어 다른 은하로 여행이 가능해야 하고, 테서랙트(Tesseract, 4차원 육방체)를 제작해 우리가 시간 속을 이동할 수 있도록 해줘야 그나마 과정과 결론이 뒤바뀔 수 있는 환경의 50% 정도가 성립하잖아요. 나머지 50%는 블랙홀에서 생존해 있어야 하고... 계속할까요? (웃음)."

'과정'이 있는 다음에 그에 걸맞은 '결론'이 뒤따르므로 일이란 '앞뒤 관계'와 '인과 관계'가 존재한다. 이 법칙은 '(법칙 1)'의 '로드맵' 구성 시, 일(또는 활동, 또는 문제 해결)을 여러 단계로 나눌 수 있음과, 동시에 전후 관계를 규정할 수 있음을 알려준다. 즉 문제를 해결할 때 동일한 문제 유형을 두고 모든 사람들이 제각각의 방식으로 처리할 수도 있지만 '시작할 때'와 '끝날 때'를 정해두고 그 사이의 **해야 할 일들을 '전후 관계' 또는 '인과 관계'로 잘게 층별할 수 있다. 각 '층'은 개별 'Step', 또는 앞으로 설명될 개별 '세부 로드맵'에 해당한다.** '층별'은 'TRIZ'나 잘 알려진 '신 QC 7가지 도구' 등에서 매우 유용하게 활용되는 원리이자 도구이다. "일을 층별 한다!"의 사고는 새로운 개념이 아니다.

정리하면 **'(법칙 1)'과 '(법칙 2)'를 통해 'PSM'에 '로드맵'의 존재가 인정되고, 그를 '전후 관계' 또는 '인과 관계'로 잘게 쪼개어 최적화시키면 기업 내 모든 문제의 해결에 적용 가능한 'PSM'이 완성된다**는 점을 강조하는 바이다.

# 4. 왜 기업에서 'PSM'이 필요한가?

　　　　　　　　　　기업에서 해결해야 할 '문제'가 생기면 누군가는 어떤 방법으로든 해결하려 들 것이고 그 방법이 효율적이고 유일하다면 최적화된 방식으로 축적되어 계속 발전하며 '방법론'이 완성된다. 구체화된 방법론은 노하우로 축적되어 전수되며, 업계 간 벤치마킹을 통해 소문난 방법이 다른 기업들로 확산된다. 괜찮은 '문제 해결 방법론'이 기업에 정착되어가는 기본적이면서도 충분히 예상되는 수순이다. 왜 '방법론'이 태동하고 지속적으로 발전하는 것일까? 기업의 주 관심사인 '품질' 관점에서 다음 [그림-6]의 개요도를 보자.

[그림-6] 새로운 '방법론'의 탄생과 기업에서의 도입 필요성

[그림-6]의 'ⓐ'를 보자. 재화 또는 서비스를 생산하는 기업의 경우 자사 상품의 질을 높이기 위한 노력은 현재 진행형이며 '현재의 품질 수준'은 '현재의 운영 능력'에 의해 결정된다. '방법론'이 없다거나 적용을 안 하고 있는 기업은 없다. 뛰어난 '방법론'이든 그렇지 못한 '방법론'이든 현재 보유한 '방법론'의 운영 능력, 역량에 따라 기업은 부단히 품질을 높이려는 노력을 지속한다.

　이 상황에서 기업은 왜 '현재의 품질 수준'을 높이려는 노력을 멈추지 않는

것일까? [그림-6]의 '기업' 위치에 기술되어있듯이 품질 수준이 높아지면 품질을 유지하는데 들어가는 내부 지출 비용, 즉 '내부 실패 비용(Internal Failure Cost)'이 줄뿐더러, 대외적으론 품질 문제로 고객들에 지불해야 할 '외부 실패 비용(External Failure Cost)'도 줄기 때문이다. 추가적인 시장 확대나 판매량을 늘려 수익을 창출하지 않아도 품질만 높임으로써 그에 상응하는 수익을 거둘 수 있다는 뜻이다. 참고로 '내부 실패 비용'은 재작업, 불량 처리에 들어가는 비용 등이, '외부 실패 비용'은 클레임, 반품, 고객 불만 처리에 들어가는 출장비용 등이 대표적이다.

그럼 품질을 올리는 방안은 무엇일까? [그림-6]의 'ⓑ'를 보자. '현재의 품질 수준'은 인공 지능이 있어 스스로 학습 효과를 통해 '더 올려야지!'하는 식의 결단은 내릴 수 없다. 마치 구글의 알파고처럼 '머신 러닝(Machine Learning)'과 같은 자기 학습을 통해 지능을 높여가는 시대가 오기 전까진 아직 시간이 더 필요하다. 앞서 지적한 대로 '현재의 품질 수준'은 제품을 관리하는 '현재의 운영 능력'에 의해 결정되므로 '더 높은 품질 수준'을 확보하려면 '현재의 운영 능력'을 높일 수밖에 없고, 이때 기존과 차별화되거나 취약점을 보완한 형태의 '새로운 방법'이 요구된다. 이것이 검증된 또는 새로운 방법론의 도입이 절대적으로 필요한 이유이다. 약간 과장하면 **"현재를 뛰어넘을 수 있는 유일한 해법은 검증된 새로운 방법(론)을 도입하는 일이다."**로 정리될 수 있다. [그림-6]을 보면 '새로운 방법론 적용(화살표)'을 통해 'ⓐ → ⓑ'와 같은 '품질 수준'의 점프가 기업 내에서 현실화된다.

그렇다고 '검증된 새로운 방법론'을 너무 거창하고 어렵게 생각할 필요는 없다. 최근 대표 이사가 바뀐 한 기업의 예처럼 품질 문제 해결을 위해 "7대 낭비 제거에 집중하라!"라고 선언한 예라든가, 사무 관리 혁신을 위해 '3정 5S를 추진하라'는 식의 주문도 모두 '검증되거나 새로운 방법론 도입' 범주에 들

수 있으며, 크게는 'TPM'이나 'TQC' 또는 'Six Sigma'처럼 전사 차원의 경영 혁신을 도입하는 것도 '검증된 새로운 방법론'에 포함될 수 있다. 모두 '현재의 운영 능력'을 변화시키거나 바꾸어 더 상향된 수준으로 나아가기 위한 '방법론 도입'으로 이해된다.

몇 년 전 C 기업의 영업부서 전체를 대상으로 특강을 했을 때의 일이다. 40여 명의 실무자들과 담당 임원은 물론 최고 운영자인 부사장님도 참석한 큰 규모의 특강이었다. 주제는 영업 부문에서 과연 혁신 프로그램이 필요한가였다. 임원들 대부분의 의견은 영업에서 가장 중요한 활동은 영업 사원 각자의 고객 대응 역량에 달렸고, 따라서 책상을 고객 바로 앞에 가져다놓고 모든 요구나 불편 사항들을 제때 처리해주면 최고의 만족도를 보인다는 것이다.

맞는 말이다. 당시 필자는 이렇게 반문하였다. "그렇게 고객을 대응하기까지 사원들이 얼마만큼의 숙련 기간이 필요합니까? 10년이요? 그 이상이요? 신입 사원이 막 들어와 그 정도 경지로 바로 가긴 어려울 테고, 만일 숙련에 이르는 기간을 단축하는 일이 가능하다면 어떻게 생각하십니까?" 하고 말이다. 그리고 고층 건물에 불이 난 다음의 예를 들었다.

소방대원이 불이 난 고층 건물에 인명을 구하러 올라간다. 이때 사다리차가 있으면 일단 큰 무리 없이 사람이 있는 높이까지 쉽고 빠르게 접근할 수 있다. 그리고 화마를 눈앞에 둔 바로 그때부터 이제 개인의 경험과 대응 역량이 중요해진다. 신입 소방대원이 설사 그 지점에서 다소 어설픈 행동을 보이더라도 일단 최대 근접 점까진 경험과 숙련 여부와 관계없이 도달할 수 있다. 영업이라고 해서 개인의 능력과 개인의 고객 대응 방식에 따라 모든 것이 결정된다면 신입 사원은 대충 '5~10년' 가까이 경험을 쌓아야 한다는 논리는 현실성이 떨어진다. 다음 [그림-7]은 고층 건물의 인명을 구하기 위해 소방대원이 고가 사다리를 타고 오르는 상황의 예이다.

[그림-7] '고가 사다리'와 '문제 해결 방법론'

'사다리'의 끝까지는 누구나.....

사다리=방법론

　특강 중 강조했던 것이 영업 수주 활동에서 요긴하게 쓰이는 '영업 수주 방법론'이었다.17) 왜 수주가 일어났을까? 그 배경엔 고객과의 접촉이 있으며, 접촉할 때 이쪽에서 고객의 요구에 충족할 만한 무엇인가를 제시했기 때문에 일어난 일이다. 그것이 '가격 인하'일 수도 있고, 단가를 애초의 가격으로 유지하는 대신 '기술 지원 1년'을 추가 약정했을 수도 있다. 이것들은 임원과 팀원이 모여 사전 협의를 거쳐 결정한 것들이며, '영업 사원 ↔ 고객'의 대면 활동이 반복되면서 어느 시점에 이르렀을 때 수주여부가 결정된다. 결과가 저절로 나오는 경우는 절대 일어나지 않는다. 이 과정에 '방법론'이 적절하게 이용될 수 있다.

　'방법론'을 적용하면 생겨난 모든 이슈들이 매 단계마다 기록되고, 고객에 대응할 전략 마련 과정과 최종 결정된 대응책 역시 모두 기록된다. 따라서 성

---

17) 「Be the Solver_영업 수주 방법론」편 참조.

공 사례든, 실패 사례든 이후 누군가 그 영업 활동을 분석하고 더 발전된 방향으로 나아가기 위한 활용이 가능하다. '방법론'이 존재하면 해당 업무에 투입됐을 때 누구든지 '재현되고 예측 가능한 결과'를 만들어 낼 수 있다. 그것이 실패하면 그 또한 원인을 분석할 여지를 남긴다. 버릴 것이 없다. 또 익숙해질수록 업무 처리 속도도 빨라지고 직원의 노하우 축적과 숙련도도 함께 성장한다. 비단 영업 부문만 그럴까? 굳이 다른 부문을 특정해 별개로 논할 이유가 전혀 없다. 논리를 그대로 옮겨놓으면 될 일이다.

'방법론' 학습을 통해 기존 사원은 물론 신입 사원까지 일정 수준의 역량을 빠르게 확보할 수 있다. **'방법론'은 일의 순서를 '일반화시킨 절차'이며 개인의 역량과 경험 등에 의존하지 않고 누가 그 일을 하든지 일정한 수준의 질이 보장된다.** [그림-7]에서의 '고가 사다리'는 바로 '방법론'이며, '인명'은 영업 활동의 '수익'에, 그리고 불이 난 상황은 격한 전쟁터를 방불케 하는 '시장(Market)'을 비유한 것이다.

특강을 했던 영업 부문은 이후 과제 수행에서 큰 성과를 보았고, 필자는 컨설턴트 평가 최고 점수인 5점 만점에 5점을 획득했다. 달콤했던 경험이었다.

## 5. 기업에서 형성된 'PSM'엔 어떤 것들이

　　　　　　　기업에서 만들어진 '문제 해결 방법론'의 발
전 과정을 역사적으로 살펴보면 18세기로 거슬러 올라간다. 이어지는 내용은
「Be the Solver_통계적 품질 관리(SQC)」편과 「Be the Solver_정성적 자료 분
석(QDA)」편을 참고했으므로 좀 더 관심 있는 독자는 해당 서적을 탐독하기
바란다.

　기업에서의 큰 변혁은 James Watt(1736~1819)가 1769년 자신의 증기 기관
을 특허로 신청하면서부터인데 당시의 공업 제품 수요를 충당하기 위해 기업
의 '생산성을 높이려는 문제'를 산업 혁명의 기계 발달이 해결해주었다. 그 첫
번째 구체화된 '방법론'으로 1895년에 Frederick Winslow Taylor(1856~1915)
의 「과학적 관리법(Scientific Management)」인 **「테일러 시스템**(Taylor System)」
이 있다. 테일러는 노동자들의 삽질 작업을 가만히 관찰해서 삽의 크기와 효
율적인 동작들을 마련해 1인당 하루 작업량을 종전의 16톤에서 59톤으로 높
였으며, 3년 만에 종업원 수를 4~500명에서 140명으로 줄일 수 있었다. 톤당
운반비도 0.072달러에서 0.033달러로 절반이상 줄이는 등 많은 성과를 거두었
다. 모두 '동작 연구'나 '시간 연구'의 결과로 나타난 현상이다. 우리가 흔히
군대 문화에서 "삽질한다!"와 같은 약간 비아냥거리는 표현도 기업 환경에선
그냥 넘겨볼 일은 아니다.

　이후 생산성 향상의 문제를 해결한 또 한 번의 변혁이 바로 1913년 미국의
자동차 왕 Henry Ford의 **「포드 시스템**(Ford System)」이다. 잘 알려진 것처럼
생산의 '표준화'와 이동 조립법, 즉 '컨베이어 시스템'을 말한다. 당시 대중화
를 목표로 판매된 모델-T의 경우 차제 조립 시간이 기존 12.5시간에서 약
2.7시간으로 줄었으며, 3분에 한 대씩 생산이 가능했다. 노동 시간은 10분의 1

수준으로 줄었고 원가도 대당 2,000달러에서 1910년 890달러, 1934년에 290 달러로 크게 줄이는데 기여했다.

그러나 공업 제품의 양이 늘어나면서 질적인 문제가 대두됐는데 바로 1917년 Radford, G.S에 의해 '품질 관리'란 용어가 공식적으로 사용되기 시작한 것이다. 즉, 산업 혁명 이후 '테일러 시스템'과 '포드 시스템'처럼 대량 생산 방식을 통한 양적 확대가 이루어지고, 이때 생산품 모두를 검사하는 전수 검사 방식의 한계와 그에 따른 불량 발생의 현실은 새로운 관리 체계 도입에 갈증을 느끼게 된다. 이 같은 시대적 요청에 부응하기 위해 통계적으로 프로세스 관리를 이룬 「**SQC(Statistical Quality Control)**」의 탄생과, 「**TQC → CWQC → TQM → Six Sigma**」로 이어지는 전사 대상의 종합적 품질 혁신 '방법론'들이 서구와 일본을 통해 확산되었다.[18]

시간 순으로 정리하면 1900년대는 '테일러 시스템'이, 1910년대부터 '포드 시스템', 20년대 중반~40년대 후반까지는 품질 향상에 초점을 둔 'SQC'가, 50년대 초부터 '신뢰성'과 'TQC', 60년대 초부터 'ZD'[19] 탄생 및 'TQC(CWQC)'의 지속 발전, 이후 'TQC'가 대세를 이루다 80년대 중반부터 'TQM'[20]으로 전환되고, 80년대 후반부터는 'Six Sigma'가 자리한다. 하나의 방법론이 끝나고 다른 방법론이 새롭게 시작하기보다 앞서 창출된 방법론들을 발판으로 그 위에 새로운 개념이나 사상, 기법들이 덧붙여져 발전해가는 양상이다.

이들 외에 '토요타 생산 방식'으로 불리는 「**TPS(Toyota Production System)**」가 있다. 1948년부터 1975년에 이르기까지 오랜 기간 Taiichi Ohno, Shigeo Shingo 및 Eiji Toyoda에 의해 개발되었으며, 일반적으로 'Lean Manufacturing'으로 불린다. 자동차 산업의 고객, 공급자를 포괄하면서 뛰어나고 차별된 생산

---

18) 'TQC'는 'Total Quality Control'로 동아리를 통해 부문 내 문제를 해결하는 방법론. '전사적 품질 관리'로 불림. 'CWQC'는 'Company-Wide Quality Control'로 일본형 'TQC'를 지칭함.
19) 'ZD'는 'Zero Defect'로 품질 결함을 최소화시키기 위한 품질 혁신 운동, 방법임.
20) 'TQM'은 'Total Quality Management'로 'TQC'의 미국형 품질 경영론임.

혁신 시스템이 창조된 것이다. 원래 'JIT 생산(Just-In-Time Production)'으로 불리다 1980년대 중반 MIT IMVP(International Motor Vehicle Program)의 연구 결과, 토요타는 이미 타 자동차 제조업체에 비해 절반의 제조 시간, 2/3의 공수, 1/5의 불량률을 기록한 것으로 알려졌으며, 이에 'TPS'를 일컬어 'Lean Production'으로 명명하고 연구 결과를 「The Machine that Changed the world(1990)」라는 책을 통해 세상에 알렸다.

이 외에도 가장 기본적인 활동부터 최고 관리 수준까지 생산 설비 보전을 이루도록 지원하는 「**TPM**(Total Productivity Maintenance)」, 업무 담당자들 간 커뮤니케이션 문제를 파악해 개선으로 연결하는 「**CEDAC**(Cause-and-Effect Diagram with the Addition of Cards)」, 근본 원인을 규명하기 위한 「**RCA**(Root Cause Analysis) **Technique**」, 프로세스 흐름 중 병목 지점을 찾아 개선하는 「**TOC**(Theory of Constraints)」, 제품의 원가 절감을 위해 설계의 '기능 분석(Function Analysis)'을 수행하는 「**VE**(Value Engineering Methodology)」, 150만 건의 특허들을 조사해 품질 특성들 간 모순 관계의 최적 해를 소프트웨어로 구현하고, 그를 이용해 문제를 해결하는 「**TRIZ**」[21], 제품 개발 단계에서 내재된 문제를 찾아 미리 해결하고 제품의 강건성을 확보하기 위한 Ford社의 「**DFQ**(Design for Quality) **Process**」가 있다. 모두 기업에서 생산성과 제품의 질을 높여 경제적 이득을 쟁취하기 위한 목적으로 탄생한 '방법론(Methodology)'들이며 국내 대부분의 기업에서 유용하게 사용되고 있다. 물론 설명에 포함되지 않은 이외의 많은 방법론들도 무수히 존재한다. 앞서 설명된 '방법론'들은 사용 빈도가 매우 높은 유형들이며 그들의 명칭과 그들을 만든 각각의 창시자 및 간단한 쓰임새를 표로 간략히 정리하면 다음 [표-3]과 같다.

---

21) '창의적 문제 해결 이론'의 러시아 말인 'Teoriya Resheniya Izobretatelskikh Zadach'에서 첫 자를 따옴.

[표-3] 기존 '방법론(Methodology)'들의 예

| No | 방법론 | 개발자 | 내용 |
|----|--------|--------|------|
| 1 | SQC | 1924, Walter A. Shewhart | 표집, 관리도, 프로세스 능력, 실험 계획을 주축으로 한 생산 중 문제 해결 방법론 |
| 2 | Acceptance Sampling Plans | 1925, H.F.Dodge | 전수 검사가 아닌 표집을 통해 품질을 파악하는 접근법 |
| 3 | Value Engineering Methodology | 1947, Lawrence Miles와 | 주 기능은 강화하고 보조 기능 등을 조정하여 원가 절감을 실현하는 방법론 |
| 4 | Reliability | 1950, 미 국방부 | 확률 분포 함수를 이용하여 제품이나 부품의 수명을 연장시키기 위한 방법론 |
| 5 | TQC/TQM | 1951, A.V. Feigenbaum | 기업 내 품질 문제를 동아리 활동을 통해 해결하는 전사적 품질 관리 접근법 |
| 6 | TRIZ | 1956, Genrich Altshuller | 문제에 대해 가장 이상적인 결과를 정의 →관건이 되는 모순을 찾아냄→ 모순을 극복할 수 있는 해결 안을 찾는 방법론 |
| 7 | ZD(Zero Defect) | 1961, Philip B.Crosby | 종업원들의 주의와 연구를 통해 작업상 발생하는 모든 결함을 없애는 방법론 |
| 8 | KT(Kepner-Tregoe) Technique | 1965, Charles H. Kepner 외 | 우수하게 일처리를 하는 사람들의 사고 과정을 가시화시켜 만든 인간의 4가지 '사고 프로세스'를 이용한 문제 해결법 |
| 9 | CEDAC | 1976, Ryuji Fukuda | 표준과 관련된 직원 간 소통상 문제를 찾아 품질 문제를 해결하는 방법론 |
| 10 | TPS or Lean Production | 1975, Taiichi Ohno 외 | 크게 JIT(Just in Time)와 자동화로 구성되는 생산 혁신 방법론 |
| 11 | TOC (Theory of Constraints) | 1984, Eliyahu M. Goldratt | 생산 공정 전체의 속도를 느리게 하는 병목(제약 조건)을 찾아 문제 해결 |
| 12 | Six Sigma | 1986, Bill Smith | 발생 문제를 과제화하고 전문 벨트를 양성하여 문제를 해결하는 방법론 |
| 13 | RCA (Root Cause Analysis) Techniques | 1993, Wilson, Paul F 외 | 제품이나 프로세스에서의 오류나 문제들의 근본 원인을 규명하는 방법 |
| 14 | DFQ(Design for Quality) Process | 2004, Ford Company | FMEA Handbook에 실린 제품 강건성 설계를 위한 방법론 |
| 15 | Risk Management | 2009, ISO 31000 | 발생 가능한 위험을 미리 차단시키거나 줄이려는 노력의 접근법 |

'방법론'들은 기업이 늘 고민하던 공통의 문제를 다루어 왔으며 '생산성'과

'품질' 모두를 높이는데 주력한다. '현재의 생산성과 품질'을 유지하는 기업의 역량은 '현재 운영 수준'에 의존하므로 현 수준을 능가하는 성과를 내기위해서는 현재의 방식보다 한 단계 업그레이드된 '새로운 방법'이 요구된다. 따라서 이와 같은 요구는 '검증된 또는 새로운 방법론'의 탄생을 예고한다.

[표-3]에 주어진 '문제 해결 방법론'들은 오랜 연구와 수많은 기업에 적용되면서 그 진가를 발휘한 검증된 방법론들이다. 따라서 그들의 특징과 장점들을 잘 파악하면 기업인으로서 또는 앞으로 기업에 입사를 희망하는 취업 준비생들에겐 문제 해결 역량을 높일 수 있는 매우 좋은 기회를 갖게 된다. 이들을 정리해 누구나 유익하게 활용할 수 있는 '방법론'을 만들어 제시하는 것이 바로 본 책에서 수행할 핵심 주제가 되겠다.

# 6. 'PSM' 결정을 위한 '문제 영역'

앞서 [표-3]에 기술된 '문제 해결 방법론' 각
각은 한 기업 전체에 적용되는 전사적 혁신 방법론의 성격을 띤다. 그렇다고
기업에서 발생되는 문제들에 늘 전 직원이 매달려 해결해야 하는 것은 아니
다. 기업에서 발생되는 '문제'들 대부분은 특정 부서의 정해진 담당자 몇몇에
귀속된다. 모든 프로세스는 영역별로 부서와 담당자가 정해져 있고, 적어도 발
생된 '문제'는 어느 부서, 어느 담당자가 처리해야 할지 정확하게 알 수 있기
때문이다. 이 논리대로라면 **'문제 해결 방법론'을 개인이 학습해 '문제 해결
역량'을 키워야 할 충분한 근거를 제공**한다.

발생된 '문제의 원인'이 전제 공정에 골고루 퍼져 있기보다 특정 프로세스
에 귀속됨을 보여주는 대표적 경험 사례가 있다. 차세대 신제품을 경쟁사보다
먼저 시장에 내놓기 위해 A 사가 수천억 원의 투자를 집행하고 있던 중의 일
이다. 개발 경험을 쌓고 소규모 양산을 할 수 있는 파일럿 라인에서 품질 문
제가 터졌다. 최종 검사 단계에서 확인된 것이므로 이전 공정 어디엔가 원인
이 있을 걸로 추정될 뿐 일주일이 지나도 출처를 찾지 못하고 있었다. 말이
수천억 원이지 한 개 기업에서 이 정도 시설 투자를 하면 사운을 걸었다고 해
도 과언이 아니다. 회사의 모든 임직원은 신경이 곤두서고 날카로워진다. 이들
중 가장 속병을 앓는 사람은 사업부 책임 임원이며 어떤 형태로 폭발할지 몰
라 모두 살얼음판을 걷는 기분이다.

일주일이 지나도 문제 해결의 실마리가 보이지 않자 전 공정의 모든 부서장
들이 회의실 한 곳에 모였고 불량 특성이 완제품 전반에 걸친 점을 들어 재료
투입부터 완제품 직전 공정까지 골고루 악영향을 미친 것으로 의견이 모아졌
다. 아직 완전히 안정화되지 않은 전체 파일럿 라인의 한계를 용의선상에 올

려놓은 셈이다. 그러나 여기서도 명확한 해답이 나오지 않자 결국 사업부 임원은 활화산이 폭발하듯 불같이 화를 내었고 분위기는 순식간에 북극이 되었다. 올게 온 것이었다. 사업 초기 상태라 인원들이 대거 영입되기도 했지만 중대한 문제가 발생하면 책임을 통감하고 담당자가 사퇴(?)하는 일도 빈번하게 발생했다. 이 문제 역시 한두 명이 일의 압박감에서 벗어날 목적으로 퇴직을 결심하기도 하였다. 그만큼 모두에게 힘든 시기였다.

  이 시점에 투입된 필자는 우선 최종 검사에서 나온 데이터를 살펴보았다. 수집한 6개월간의 데이터는 파일럿 라인의 특성상 재료나 구조 변경 등이 많아 로트별 특징이 확연했다. 따라서 알려진 변경 점 때문에 영향 받은 데이터 변동은 쉽사리 분류가 되었다. 반면에 문제의 증상은 전 제품에 골고루 분포하고 있었다. 이 때문에 엔지니어들로 하여금 원인이 전 공정에 조금씩 산재해 있을 것이란 추측을 낳게 한 것이었다. 3일 정도의 추가 분석 기간이 지난 뒤 똑같진 않더라도 공통된 특이 패턴을 발견하게 되었다. 공정 엔지니어들도 그것이 어떤 현상을 반영하고 있는지 설명하질 못했다.

  이어 데이터에 특이 패턴이 왜 형성됐는지 밝히기 위해 최종 검사장을 방문했다. 있는 그대로의 모습을 보기위해 멀찍이 선 채 평가하는 과정을 관찰·분석하였다. 공교롭게도 분석 결과인 패턴의 흐름과 측정 순서가 정확히 일치했고, 그 상황을 제품에 나타난 증상의 메커니즘 규명에 활용하였다. 최종적으로 첫 번째 측정 위치와 맨 나중 측정 위치 간 시간 차이에 따른 전기적 특성 변화가 불량을 야기한 근본 원인임을 밝혀냈다. 차세대 제품인지라 생산이나 평가 모두를 처음 시행한 데서 오는 '무경험'이 원인이었다. 제조 공정상의 문제가 아니라 측정 단계에서 일어난 해프닝이었던 것이다.

  경험적으로 문제의 원인이 모든 프로세스에 조금씩 나뉘어 존재하는 경우는 매우 드물다. 프로세스에서의 '5M-1I-1E'[22]들 중 하나 이상의 변경이나 변형 때문에 문제가 야기되며, **원인을 찾는 활동은 전사가 움직이기보다 해당 부서**

의 담당자가 그 변경 출처를 어떤 시각과 방법으로 찾아내느냐가 더 중요하다. 개인이 문제 해결 역량을 키워야 할 이유가 여기에 있다.

그렇다면 의문이 생긴다. 모든 문제들은 그 형태가 제각각인데 어느 문제에 어떤 방법론이 필요할지 어떻게 알 수 있을까? **어떻게 해야 문제 해결에 딱 맞는 방법론을 떠올릴 수 있을까?** 이에 대해 다음 [그림-8]이 답을 줄 수 있다.

[그림-8] '문제 영역' 구분도

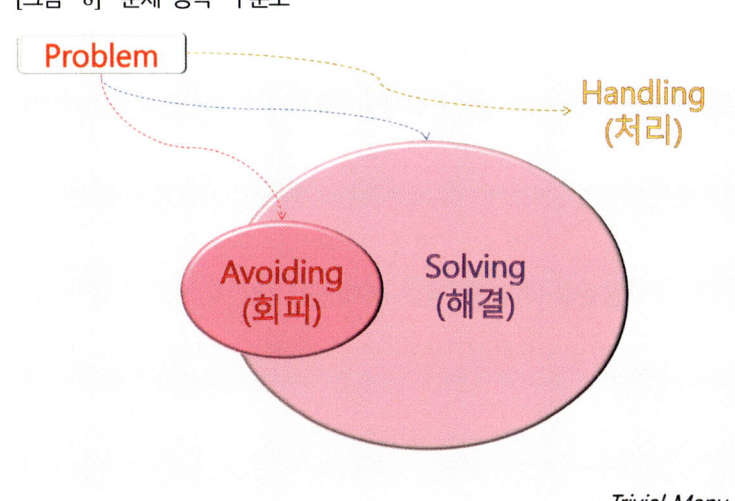

[그림-8]은 문제와 맞닥트렸을 때 해결을 위해 어떤 방법론을 선택해야 할지에 대한 영감을 준다. 영어 단어가 의미 전달이 명확해서 'Handling(처리)', 'Solving(해결)', 'Avoiding(회피)'으로 표현하였다. 개념도가 어떻게 문제 해결을 위해 작동하는지 영역별로 각각 알아보자.

---

22) Man, Machine, Material, Method, Information, Environment.

## 6.1. '문제 처리(Problem Handling)' 영역

먼저 우리가 마주치는 '문제(Problem)'들이 [그림-8]의 사각형 전체라면 그들 중 상당수에 해당하는 '사소한 다수(Trivial Many)'는 '문제 처리(Problem Handling)' 영역에 속한다.

K 기업에서 반기동안 이루어지는 과제들을 전수 조사한 적이 있다. 그 결과 놀라운 사실이 밝혀졌는데 조사 대상 중 '93%'가 문제를 어떻게 해결할지 방향을 알고 있었으며, 심지어 답을 정해놓고 가는 경우도 상당수 포함되어 있었다. 만일 바로 처리가 가능한 문제들을 해결하기 위해 [표-3]에 기술된 방법론들을 활용하면 어떻게 될까? [표-3]에 기술된 '방법론'들은 답을 가늠할 수 있는 문제들을 위해 탄생한 것이 아니라 해결에 어려움을 느껴 그 대안으로 고안된 방법론들이다. 따라서 **해결 방향이나 답을 알고 있는 문제들에 기존의 어려운 방법론들을 적용할 경우 부작용이 생긴다.**

K 기업 역시 이 같은 문제를 고민해오고 있었다. 속된말로 그냥 빨리 처리하면 될 일을 이미 알고 있는 원인 규명에 로드맵까지 하나하나 밟아가니 소위 'Paper Work', 또는 '불필요한 작업', "왜 이런 일에 시간을 낭비하고 있을까?"하는 불평불만이 쌓인다. 회사에 만연된 문제들을 해결하고 그로부터 수혜를 보며, 그 과정 속에서 리더들의 역량을 높이려는 노력이 선순환은커녕 역효과를 낳고 있는 것이다. K 기업은 이 문제를 심각하게 받아들였는데, 당시 운영 중인 '문제 해결 방법론'엔 두 가지의 제약이 있었다. 하나는 꼭 '분석' 과정을 거치도록 한 것이었고, 다른 하나는 '과제 수행을 모니터링 하는 관리 시스템에 '분석 내용'을 반드시 기입하게 한 것이었다. 물론 내용이 적절하게 입력되어야 승인을 거친 후 다음 단계로 넘어갈 수 있었다.

모든 문제들엔 '원인'이 있고, '원인'은 분석을 통해 실체가 파악된다. 전혀 틀린 말이 아니다. 그러나 현업에서의 '분석적 접근'에 다양성이 있다는 점을 고려하지 않은 게 오히려 역효과를 양산한다. K 기업에서 조사한 '약 93%'의 문제 해결 유형들이 역효과의 상황을 방증한다. 이 문제들의 속성은 '분석'이 필요하되 수치나 논리적 과정을 거쳐야만 원인이 밝혀진다기보다 업무에 밝은 엔지니어들이 그들의 전문 지식과 경험을 토대로 '원인을 규정'하는 것만으로도 충분했던 것이다. 대부분의 리더들은 해결할 문제가 정의되면 관계된 전문가들이 모여 원인을 도출하면 되므로 "바로 이러이러한 것들이 원인이야!"하면 될 일을 "이런 논리적 과정을 거친 결과 바로 이게 원인이야"처럼 원인이 나오게 된 과정을 만들어내느라(?) 머릴 짜고 시간 내는 활동에 지쳐있었던 것이다. '약 93%'의 문제 해결 과정이 '바로 처리가 가능한 유형'이면 '원인 규정'과 '즉 개선'을 동시에 수행할 수 있는 적합한 방식을 마련해주는 것이 옳은 제도이자 접근법이다.

K 기업은 필자의 의견을 받아들여 원인 규명과 개선을 동시에 이룰 수 있도록 '분석과 개선'을 하나로 합친 '빠른 해결 방법론'[23] 사용을 허용했다. 이 방법론의 'w-Phase'는 관계자들이 모여 원인(Xs)을 내고, 순위를 매겨 바로 해결하도록 지원한다. '문제 유형'에 맞게 '방법론'을 제공함으로써 바로바로 처리(Handling)할 수 있는 환경을 마련해준 것이다. 작은 변화 같지만 다음 반기에 리더들의 전수 조사를 통해 '빠른 해결 방법론' 사용 점유율이 전체의 '90%'를 넘어섰다는 점은 분명 시사하는 바가 크다. 설문 중 단 한 명도 불만족을 토로한 리더가 없었다면 너무 과장된 표현일까? 전반기 설문과는 수행 만족도에 극을 달렸다.

과제 관리 시스템도 손을 봤는데, 시스템은 곧 업무 프로세스이므로 흐름이 현업과 괴리가 생길 경우 변화를 막는 주요 요인으로 작용한다. 아무나 편한 대로 바꿔서 사용할 수 없기 때문이다. 리더들은 시스템에 '분석 단계'를 입력

---

23) 로드맵은 'D-M-w-C'로 '분석'과 '개선'을 합친 'w-Phase'에서 원인 규명과 개선이 전문가 경험과 협의를 통해 빠르게 전개된다. 다음 단원인 「Ⅲ. '핵심 PSM'의 이해」에서 자세히 설명된다.

해야만 다음으로 넘어갈 수 있기 때문에 설사 오프라인에서 분석과 개선이 동시에 이루어져도 시스템상 받아들여지지 않았다. '분석'이 입력되어야 수행이 인정됐기 때문이다. 물론 시스템 역시 상황에 맞는 방법론 도입을 결정한 이후 예산 확보를 통해 'D−M−w−C'의 네 개 Phase도 수용하도록 보완하였다.

문제 해결을 위한 '과제 수행'은 개인이 알아서 선택하기보다 회사 정책에 따라 분기마다 이행되므로 회사에서 제시한 어려운 방법론을 처리가 쉬운 문제에 그대로 적용하면 '저항 세력 형성'이란 역효과가 생겨난다. 따라서 **많은 점유율을 차지하는 '사소한 다수(Trivial Many)'의 문제들은 담당자 선에서 그냥 '처리(Handling)'하는 수순을 밟는 것이 쉽고 합리적이며, 회사의 운영 정책도 이에 보조를 맞춰야 한다.** 이 같은 과정은 모두 'Problem Handling(문제 처리)' 영역과 관계한다.


## 6.2. '문제 해결(Problem Solving)' 영역

대부분의 주요 문제 유형들이 이 영역에 속한다. 제품을 생산하는 제조 분야나 서비스를 판매하는 분야 모두 프로세스를 공통으로 운영하고 있으며, 그들이 완벽한 프로세스 운영 체계를 갖추고 있지 않는 한, 늘 원치 않는 증상들에 시달린다. 이때 '원치 않는 증상'들은 모두 해결이 필요한 사안(문제)들이고, '문제 해결 과정', 즉 '과제'의 형태로 공식화되어 '과제 수행'으로 이어진다.

기업의 경우 현 프로세스가 운영 중에 있으므로 결국 해결이 필요한 '문제'들은 프로세스 안에서 어떤 이유로 발생하는지 경로가 밝혀져야 해결이 되며, 따라서 '해결(Solving)'이 요구되는 '문제'들은 '분석(Analysis)'이 매우 중요하다. '분석'이 완전하지 않으면 원인 규명에 실패한 것이니 당연히 근본적인 개선도 기대하기 어렵다.

한 기업의 분기동안 수행된 과제들을 전수 조사한 결과 '문제 해결 영역'에 속하는 과제는 '약 7%' 수준이었다. 다시 '7%' 중 '약 3~4%'는 고질 문제들이며, 고질 문제는 늘 모니터링하고 있으므로 과제 선정 과정이 불필요하다. 고질 문제를 포함한 '7%'의 과제들은 '분석의 심도'가 깊지 않으면 결코 해결책이 나오지 않으므로 **문제 해결(Problem Solving)' 영역을 수행하는 리더는 '분석 역량'을 키우기 위해 철저히 노력해야 한다.** '분석 역량'은 다시 '확증적 자료 분석'과 '탐색적 자료 분석'같은 '데이터 분석(Data Analysis)' 영역과, 현물을 물리·화학적으로 해석하는 '고장 해석(Failure Analysis)' 영역으로 나뉘며, 문제 해결 전문가가 되기 위해서는 둘 모두에 대한 깊이 있는 사전 지식이 요구된다. 이들에 대해서는 「V. '문제 해결'을 위한 'Solver' 되기」의 '[단계-4] DA와 FA 모두의 활용 능력'에서 자세히 다룬다.

## 6.3. '문제 회피(Problem Avoiding)' 영역

[그림-8]을 보면 '문제 회피' 영역의 상당수가 '문제 해결(Problem Solving)'과 겹쳐있고 아주 일부만 벗어나 있다. '문제 회피'는 두 개 유형으로 나뉘는데 **하나는 '앞으로 발생 가능한 문제들을 미리 예측해서 처리하는 활동'과, 다른 하나는 '앞으로 얼마만큼 일어날지 예측하는 활동'**이다. '문제'를 '회피'하려면 우선 문제를 미리 적출해 사전에 차단하거나 줄이려는 노력도 중요하고(주로 'FMEA'를 활용), 또 '수명(Life)'과 같이 설계치를 만족하는지 확률적으로 예측해 미달된 양만큼 설계를 보정도 해야 한다(주로 '신뢰성' 방법을 활용). 따라서 '문제 회피'는 '연구 개발(R&D)' 부문에서 이루어지는 문제, 즉 과제들이 속하는 영역이다.

‘연구 개발(R&D)’ 부문은 목표로 정한 ‘기능(Function)’을 만족시키기 위해 제품의 구조나 재료들을 새롭게 추가하거나 변경하는 활동이며, 앞으로 양산될 제품을 대상으로 한다. 그런데 설계를 완료하고 양산을 했더니 예상치 못한 문제들이 쏟아진다면 연구 개발 활동이 제대로 이루어졌다고 보기 어렵다. 문제에 대응하는 방식이 ‘문제 해결(Problem Solving)’과 다른 이유가 여기에 있으며, 일어날 일을 미리 알고 대처하므로 접근 방식에 있어서도 큰 차이가 있다. 접근 방법론에 대해서는 「Ⅳ. ‘핵심 PSM’들의 화학적 융합」의 ‘(문제 회피) 50-세부 로드맵과 품질 기법들의 화학적 융합’에서 상세히 다룬다.

 지금까지 기업에서 많이 쓰이는 ‘문제 해결 방법론(PSM)’들과 해결해야 할 ‘문제 영역’들에 대해 알아보았다. 다음 단원부터는 개인의 문제 해결 역량을 높이는데 필요한 좀 더 중요한 주제들에 대해 다뤄볼 것이다.

# Ⅲ

# '핵심 PSM'의 이해

개인의 '문제 해결 역량'을 높이기 위해 '문제 영역'별 기본으로 알아야
할 '핵심 PSM'들을 규정하고, 또 그들의 특징과 습득해야 할 주요 내용
들도 알아본다. 본문에서 정립된 핵심 내용과 개념들은 이후 단원에서
모두 하나로 융합되어 '문제 해결'을 위한 강력한 무기로 구체화된다.

# 1. '핵심 PSM'이란?

"모든 문제가 못으로 보이면 적합한 '방법론'은 '도구(Tools)'인 '망치'와 '기법(Technique)'인 '잘 두드리는 효율적 방법'만을 떠올릴 뿐이다." 그러나 안타깝게도 모든 '문제'는 '못을 박는 하나의 해결책'만으로 답을 얻을 수 없다. 따라서 앞 단원의 [그림-8]에서 보여준 영역별 '문제'를 해결하기 위해 최적의 '방법론'이 필요하다. '문제 해결 역량'을 높이려는 대다수의 독자들이 집중해야 할 중요한 주제임에 틀림없다. 다음 [그림-9]는 프로세스에서 개인이 문제 해결 때 꼭 알아둬야 할 기존의 주요 방법론들을 나타낸 개요도이다.

[그림-9] 문제 해결에 필수인 '핵심 PSM'의 정의

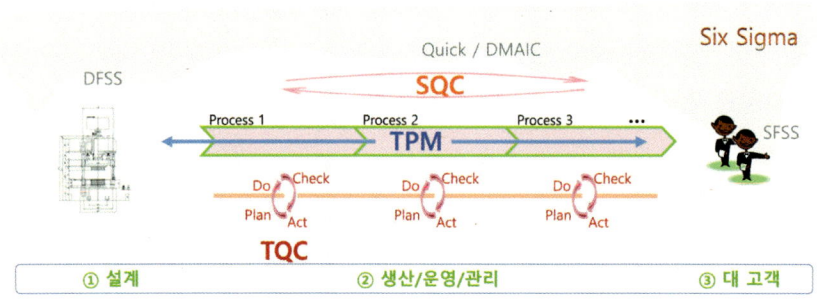

[그림-9]는 크게 '① 설계', '② 생산/운영/관리'와 '③ 대 고객'으로 구분해놓았다. 일반적으로 기업에서 이루어지는 전체 프로세스는 시작 단계인 제품이나 프로세스의 '설계 활동'부터, 설계 대상이 제품이면 이후 '생산'이, 프로세스면 '운영/관리'를 통해 부가가치가 창출된다. 끝으로 만들어진 최종 재화나 상품이 '대 고객'에서 고객 만족을 실현한다.

이들 중 가장 활동이 왕성한 '② 생산/운영/관리'를 보자. 'Process 1~3'이

오른쪽으로 흐름을 갖는다. 이때 'Process 1'에 'TQC'가 위치하며, 'Plan - Do - Check - Act Cycle'로 부문 내 문제 해결 활동에 이용된다. 물론 부문 내 문제 해결 활동은 'Process 2'나 'Process 3' 등에서도 동일하게 이루어진다.

또, 'Process 1~3' 안에는 'TPM'이 위치한다. 만일 각 'Process'에 주요 설비가 있다면 'My Area 관리' 차원의 활동이 꼭 필요하다. 특히 'TPM'을 왼쪽에서 오른쪽으로 통과하는 직선은 'TPM'이 포괄하는 영역을 상징한다. 설계 단계에서 아예 설비의 고장을 차단하려는 목적의 '보전 예방(Maintenance Prevention)'뿐만 아니라, 프로세스의 생산/운영/관리의 가장 바탕이 되는 '3정 5S', '눈으로 보는 관리' 등 '자주 관리'를 고려한 범위 설정이다. 'TPM'은 부문 내부터 부문 간의 전체 효율을 높일 수 있는 기본 방법론 역할을 담당한다.

'Process 1~3' 위에는 회전 화살표가 전체 프로세스를 감싸고 있으며 그 안에 'SQC'가 자리한다. 'TQC'가 '부문 내' 문제 해결에 유용한 방법론인데 반해, 'SQC'는 프로세스의 전체 흐름을 관찰하며 문제를 찾아 개선하는 용도에 적합하다. 따라서 'SQC'가 'TQC'와 함께하면 부문 내 시각은 물론, 부문 간 전체 흐름에서 문제 해결 접근에 긍정적 영향을 미친다. 모니터링을 위해선 주로 '관리도'가 쓰이며, 따라서 '관리도'를 운영, 해석하고, 관리하는 체계가 뒷받침되어야 문제 해결에 유용하다. 대부분의 기업은 모든 관리에 IT 정보화 체계를 갖추고 있어 'SQC'의 활용은 상대적으로 매우 적합하고 용이하다.

끝으로 그림 상단, 구름 모양 영역에 'Six Sigma'가 있다. 'Six Sigma'는 일단 문제가 정의되면 해결에 바로 들어갈 수 있는 '로드맵'과, 그에 붙은 '도구/기법'들이 매우 강한 구조로 엮여 있다. 따라서 문제의 출처가 어디인지 굳이 따질 필요가 없어 'TQC', 'SQC', 'TPM'의 용법상 빠진 영역을 메우는 용도로도 매우 적합하다. 또 설계 활동에도 오랜 기간 검증된 '제품 설계 방법론'이 지원되는 만큼 타 방법론들과 상호 작용하며 전체 프로세스에서의 문제 해결에 유용하게 쓰인다. 'Six Sigma'의 경우 문제 유형별로 적용될 수 있는

'하위 방법론(로드맵)'들에 '① 설계'의 '제품(또는 프로세스) 설계 방법론', '② 생산/운영/관리'의 'Quick 방법론 및 프로세스 개선 방법론'과, '③ 대 고객' 중 영업 수주 과제에서의 '영업 수주 방법론'이 있다.

[그림-9]에서의 활동을 '① 설계, ② 생산/운영/관리, ③ 대 고객'처럼 세 개로 나눈 이유는 'TQC', 'TPM', 'SQC', 'Six Sigma' 방법론들이 앞서 설명한 대로 문제 해결 때 프로세스 활동의 특성을 반영해 탄생했기 때문이다. 이들 네 개 방법론들은 다음의 이유 때문에 개인의 문제 해결 과정에 필수 정보를 제공한다.

1) 'TQC', 'TPM', 'SQC', 'Six Sigma'가 지금까지 변함없이 활용되는 이유는 그만큼 용도가 명확하고 쓰임새가 있다는 방증이다.
2) 네 개 방법론들은 기업 내 모든 프로세스 활동을 포괄한다.
3) 문제가 프로세스의 어느 단계에서 발생하든 이들 방법론들 중 하나, 또는 그들의 조합을 통해 문제 해결에 이를 수 있다.
4) 방법론들에서 요구하는 문제 해결 도구, 기법, 스킬들의 상당수가 개인이 습득할 수 있을 만큼 구체적이고 명확하다.

따라서 **문제를 해결할 해결사(Solver) 입장에선 그들의 특징적 장점을 정확하게 이해하고 체득해야 한다. 그래서 어느 영역에서 문제가 드러나든 방법론들을 융합해 그 근원을 규명하고 개선시킬 수 있는 역량을 확보할 필요가 있다.** 이런 차원에서 앞으로 'TQC', 'TPM', 'SQC', 'Six Sigma'를 문제 해결에 필수 방법론이란 뜻에서 **'핵심 문제 해결 방법론', 줄여서 '핵심 PSM'으로 통칭**할 것이다.

다음 [그림-10]은 필자가 정립한 [그림-8]에서의 '문제 영역'과 '핵심 PSM' 간 연계도를 나타낸다.

[그림 - 10] '문제 영역'과 '핵심 PSM' 간 연계도

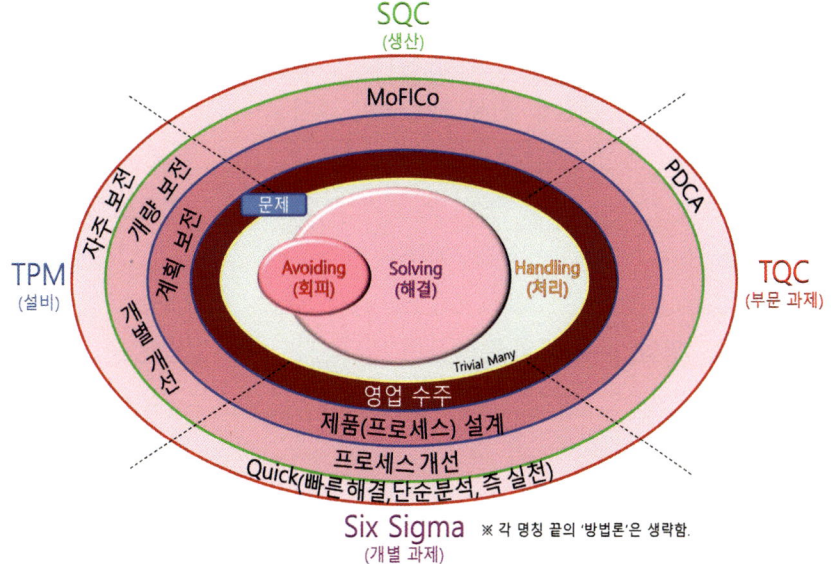

[그림 - 10]의 중앙은 [그림 - 8]의 '문제 영역'이 자리하고, 외벽에 문제 영역별 해결에 필요한 '핵심 PSM'들, 즉 'SQC', 'TQC', 'Six Sigma', 'TPM'이 위치한다. 기업에서 발생하는 문제 대부분을 처리할 수 있는 핵심 중의 핵심 방법론들이다. 중요성을 고려해 '핵심 PSM'을 요약 설명한 뒤, 이어지는 소주제에서 각 방법론별로 좀 더 상세하게 다룰 것이다.

먼저 [그림 - 10]에서 '**SQC(Statistical Quality Control)**'는 "생산 중 발생되는 문제 해결에 유용한 방법론"이며, '**TQC(Total Quality Control)**'는 "부문 내 품질 문제를 해결하기 위해 적합한 문제 해결 방법론"이라고 설명한 바 있다. 'TQC'는 보통 '전사적 품질 관리'로 번역하며, 미국으로 건너가 개념이 좀 더 확장된 'TQM(Total Quality Management)', 즉 '전사적 품질 경영'으로

발전하였다. 문제 해결 시 'Plan – Do – Check – Act Cycle'의 로드맵이 있으며, 줄여서 'PDCA Cycle'이라고 한다.24)

'**Six Sigma**'는 기업 전략과 연계한 '과제 전개도(Project Tree)'를 작성하고 그 최하단에 위치한 문제들을 전문 벨트들이 리더로 참여해 개선하는 통합 방법론이다. 여기서 '통합'은 과제 선정부터 그들 간 관계, 문제 유형별 방법론 적용, 해결 과정 안내와 성과 측정 및 성과 보상까지를 아우르는 큰 틀의 의미를 담는다. 'Six Sigma'는 과제 성격에 따라 다시 '하위 방법론'들로 나뉘며, 이들엔 'Quick 방법론', '프로세스 개선 방법론', '제품(또는 프로세스) 설계 방법론'25), '영업 수주 방법론'26)들이 있다. 각 '하위 방법론'들 속에는 '도구'나 '기법'들, 고유한 '로드맵'이 포함되어 있다. 참고로 'Quick 방법론'은 사안에 따라 바로 처리하는 '즉 실천(개선) 방법론', 한두 건의 분석만으로 해결이 가능한 '단순 분석 방법론', 담당자들이 모여 협의를 통해 문제를 해결하는 '빠른 해결 방법론' 및 연구 개발 단계에서 원가(비용) 절감 목적으로 제품(또는 프로세스)을 변경하는 '원가 절감 방법론'27)이 있다.

끝으로 '**TPM**'은 '설비 보전'에 완전한 해법을 제시하는 통합 방법론으로, 이 역시 몇 개의 '하위 방법론'으로 나뉜다. 설비 담당자들이 직접 보전하는 '자주 보전', 보전 중 발생하는 주요 문제들을 과제화해서 해결하는 '개별 개선', 확률 밀도 함수를 이용해 고장 전 미리 대처하는 '계획 보전'이 있으며, 설비의 문제를 설계 단계부터 고려하는 '예방 보전'들이 속해있다. 이들은 다시 각각의 '세부 로드맵'으로 상세하게 전개된다.

---

24) 출처에 따라 'PDCA Cycle'을 로드맵이 아닌 '방법론'으로 분류하기도 한다.
25) '연구/프로세스 개발' 부문에서의 '문제 회피 방법론'임. 로드맵엔 'D – I – D – O – V'도 있으나 국내에선 'D – M – A – D – V'가 일반화되어 있음.
26) 영업 부문의 '수주' 과제에 특화된 문제 해결 방법론임.
27) 'Value Engineering(VE)'을 지칭. '주 기능'을 유지하고 '보조 기능', 또는 '불필요 기능'을 줄이거나 제거해서 원가를 줄이는 R&D형 '문제 해결 방법론'.

[그림-10]으로 다시 돌아가 방법론들 간 연계성에 대해 알아보자. 유사한 문제 해결에 쓰이는 '방법론', 또는 '하위 방법론'들은 같은 타원 안에 위치한다. 예를 들어, 가장 바깥쪽 타원의 경우 'Six Sigma'의 'Quick(빠른 해결, 단순 분석, 즉 실천) 방법론'과 'TPM'의 '자주 보전', 'TQC'의 'PDCA'는 유형이 비슷한 문제 해결에 적합하다. 그리고 두 번째 타원에서 'Six Sigma'의 '프로세스 개선 방법론'과 'TPM'의 '개별 개선/개량 개선' 및 'SQC'의 'MoFICo'[28]는 서로 맥을 같이한다. 세 번째 타원에서도 비슷하게 'Six Sigma'의 '제품(또는 프로세스) 설계 방법론'과 'TPM'의 '계획 보전'이 유사 수준의 문제 해결에 적합하다. 즉 같은 타원 속에 포함되어 있는 방법론(또는 로드맵)들은 해결하려는 문제의 난이도나 수준이 비슷하다는 뜻이다.[29]

　또 타원들의 바깥에서 안쪽으로 들어갈수록 '포괄적 다수의 문제들'에서 '특별한 소수의 문제들'에 쓰이는 '방법론(또는 로드맵)'이 자리한다. 예를 들어, 가장 바깥에 위치한 'Quick', '자주 보전', 'PDCA'들은 모두 부문 내 또는 사안이 복잡하지 않은 문제 해결에 적합한 반면 그 다음 안쪽 타원의 '프로세스 개선', '개별 개선', '개량 보전', 'MoFICo'는 깊이 있는 분석이나 해석이 요구되는 문제 해결에 적합하다. 이어지는 안쪽의 '제품(또는 프로세스) 설계'나 '계획 보전' 등은 R&D형 '문제 회피'에 필요한 방법론(또는 로드맵)들이다. 맨 안쪽의 '영업 수주'는 영업 부문, 특히 '수주 과제'에 한정된 '특별한 소수의 문제' 해결에 쓰인다.

　모든 '문제'의 해결에 100% 딱 맞는 방법론을 미리 규정하긴 어렵다. 그러나 일단 '문제'가 생긴 시점에 적합한 방법론을 결정하는 일은 100% 가능하다. "아니! 발생한 문제를 앞에 두고 그를 해결할 방법을 100% 결정할 수 있

---

28) 'SQC'의 문제 해결 단계를 필자가 알파벳으로 정한 것임. 'Mo'는 'Monitor', 'F'는 'Find', 'I'는 'Improve', 'Co'는 'Control'를 각각 나타냄.
29) [그림-10]에서의 '자주 보전', '개별 개선', '계획 보전' 들은 자체가 '로드맵'을 포함하고 있어 'Six Sigma 방법론'들과 동등한 성격으로 간주함. 그 역도 성립함.

는 건 당연한 게 아닌가?"하고 의문을 제기할 독자도 있을 것이다. 그러나 현존하는 'PSM'은 문제의 형태에 맞도록 오랜 연구 과정을 거쳐 완성된 결과물이며, 우리가 그 방법론들의 내면을 이해하지 못하면 적합한 방법론을 결정하지 못하고 개인이 스스로 터득한 문제 해결 방식에 의존해야 한다. 이것도 그리 나쁘진 않으나 개인의 방식이 늘 옳다는 보장도 할 수 없을뿐더러 많은 사람들이 소속된 기업에서 문제 해결을 위해 직원 개개인의 경험으로 형성된 주관적 방법에 의지한다면 결코 한 방향으로 나아갈 수 없다. 또 현존하는 'PSM'들은 마치 표준처럼 절차나 쓰이는 '도구' 등이 치밀하게 짜여있어 굳이 개인의 문제 해결 방식에 의존할 하등의 이유도 없다.

따라서 문제가 생기기 전에 어느 방법론을 적용할지 미리 정하긴 어렵지만 **해결이 필요한 문제를 눈앞에 접하고 있는 상황에서 그에 맞는 검증된 방법론을 찾아내는 일은 얼마든지 가능하다. 이것도 개인에겐 매우 중요한 '문제 해결 역량' 중 하나이다.** '방법론의 특징'을 파악하지 못한 상태에선 아무리 해결할 문제를 앞에 놓고 있다한들 그에 맞는 효율적인 방법을 알아내기란 쉽지 않기 때문이다.

다음 단원부터 [그림-10]에 포함된 '핵심 PSM'들에 대해 자세하게 학습하고 '문제 해결 역량'을 키우기 위해 어떻게 그들을 활용할 것인지에 대해서도 상세히 알아보자.


## 1.1 '핵심 PSM'들의 이해

[그림-10]에 소개된 '핵심 PSM'들엔 'SQC', 'TQC', 'TPM', 'Six Sigma'가 있으며, 개인이 문제를 해결하는데 이들을 어떻게 유용하게 활용할 것인지 각각의 내용과 특징들에 대해 상세하게 알아보자.

## 1.1.1. SQC(Statistical Quality Control, 통계적 품질 관리)

'SQC'에 대해서는 「Ⅱ. '문제 해결'과 '문제 해결 방법론'」의 '기업에서 형성된 PSM엔 어떤 것들이'에서 탄생 배경을 간략하게 소개했었다. 즉, '산업혁명' 이후 '테일러 시스템'과 '포드 시스템'처럼 대량 생산 방식을 통한 양적 확대 이후 생산품 모두에 대한 전수 검사의 어려움과, 시장에서 늘어나는 불량품들의 압박이 새로운 관리 체계를 절실히 요구하는 시대적 배경이 되었다.

이 같은 요청은 1908년 W. S. Gosset의 '소 표본 이론'과 1918년, 1921년, 1925년 R. A. Fisher의 '분산 분석(ANOVA, Analysis of Variance)'의 발표 같은 통계적 접근의 발전(Statistical), Dodge & Romig의 '샘플링 이론'의 정립(Quality), Shewhart의 양산 상황에서 품질 특성 관리를 가능케 한 '관리도'의 탄생(Control) 등을 통해 '통계적 품질 관리(SQC)'의 서막이 열렸다.

새로운 품질 관리의 장을 연 Shewhart, Deming, Juran, Dodge & Romig 등 주요 인물들로부터 제각각 탄생했던 도구(기법)들은 이후 한 곳에 모여 'SQC'의 실체가 완성되는데 바로 미국의 Western Electric社가 그 주역이다. 지금으로 치면 IT 공룡인 구글에 버금가는 통신업계 선두 기업이었다. 따라서 당시 품질 구루(Guru)들이 모임직도 했거니와, 13명이나 되는 노벨상 수상자를 배출한 벨연구소도 소속되어 있어 주요 품질 도구 대부분이 한 곳에서 만들어졌다고 해도 이상하단 생각이 전혀 들지 않는다. 상기한 전문가들이 탄생시킨 품질 도구들을 모두 모아 1956년 Western Electric社의 Bonnie B. Small 이 주축이 되어 완성한 「Western Electric Statistical Quality Control Handbook」이 바로 'SQC의 원조이자 바이블 '이다. 핸드북은 품질을 높이기 위해 생산에 종사하는 담당자들을 체계적으로 교육시킬 목적으로 제작된 것이며, '통계적 품질 관리(SQC)'를 다음과 같이 정의하고 있다.

생산 가동(Manufacturing Operation) 중,

▷ 통계적(Statistical) → 숫자 또는 데이터의 도움으로(With the help of numbers, or data),

▷ 품질(Quality) → 우리 프로세스의 특성치들을 조사(We study the characteristics of our process)함으로써,

▷ 관리(Control) → 그들을 설계된 대로 작동시키기 위함(In order to make it behave the way we want it to behave).

핸드북엔 조직 관리는 물론 품질 관리에 쓰이는 작은 도구나 기구, 통계 처리, 용어 정의들까지 상세하게 열거하고 있어 여러 세대가 바뀐 지금까지도 토씨 하나 버릴 것이 없을 정도로 완성도가 높다. '통계적 품질 관리(SQC)'를 개요도로 표현하면 다음 [그림-11]과 같다.

[그림-11] '통계적 품질 관리(SQC)' 개요도

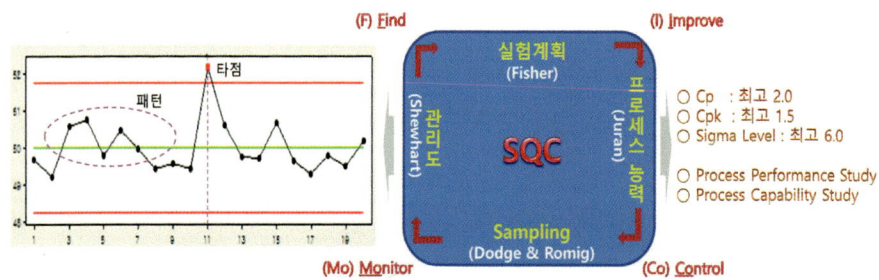

[그림-11]의 왼쪽 그래프는 프로세스에서 일정한 시간 간격으로 데이터를 수집해 타점한 예이다. 기업에서의 '개선 활동'은 지속적이면서 잘 운영되고 있는지가 중요하므로 측정 가능한 데이터를 주기적으로 수집해 그림과 같이 타점하면 시간에 따른 변동 상태를 눈으로 확인할 수 있다. 이때 쓰이는 도구

가 Shewhart가 고안한 '관리도(Control Chart)'이며, 프로세스 상태를 '지켜보고 있다'의 의미로 '**Monitor(Mo)**'라 표현한다. 그런데 지속성을 갖는 프로세스는 그만큼 데이터양도 늘어나므로 모두를 타점하는 것은 현실적으로 어렵다. 따라서 경제적이고 합리적인 'Monitor'를 위해 적은 데이터로 '관리도'를 작성할 필요가 있는데, 이때 Dodge & Romig의 '샘플링(Sampling) 이론'이 필요하다.

[그림-11]의 '관리도'를 보면 관찰할 사항이 두 개 존재한다. 하나는 개별 '타점'의 이상 변동(튐)여부이고, 다른 하나는 타점들로 이루어진 '이상 패턴(Pattern)'의 존재 여부이다. 예를 들어, 그래프에서 상한선을 벗어난 11번째 타점은 프로세스에 알 수 없는 변화가 생겼다는 신호일 가능성이 높다. 또 점선으로 표시된 '패턴'은 프로세스 내 특정 부위가 제 기능을 못해 '값이 점점 떨어지는 형태'로 나타났을 수도 있다. '이상 변동'은 분명 프로세스에 알 수 없는 변화가 생겼다는 신호일 것이므로 빠르고 정확히 그 원인을 찾아야 하는데, 이와 같은 활동을 '**Find(F)**'라 한다. 프로세스 운영 중에는 원인을 '분석(Analyze)'하는 일보다 늘 옆에서 지켜보아왔기 때문에 그동안 쌓아둔 많은 익숙한 경험들을 토대로 '원인'을 '찾는(Find)' 활동이 쉽고 우선한다.

'원인'이 찾아지면 원래 의도(설계)했던 값이나 상태로 돌려놔야 하며, 이를 최적화라고 한다. 이때 기술적으론 Fisher가 정립한 '실험 계획(DOE, Design of Experiment)'이 유용하며, 요인들을 한데 묶어 수리적으로 최적의 값을 찾아 준다. 그러나 변동을 유발시킨 원인들을 '최적화'시키기 위해 반드시 '실험계획법'만을 고집할 이유는 없다. 프로세스의 변동 요인을 가장 안정적으로, 그리고 최적의 상태로 유지시키는 모든 방법이 동원될 수 있다. 따라서 이와 같은 접근은 '개선', 즉 '**Improve(I)**'로 명명한다.

'개선' 후 '관리도'로부터 별다른 특징이 관찰되지 않으면 '프로세스 능력(Process Capability)'을 측정한다. 우리가 얼마나 잘 관리하고 있는지를 숫자로 표현하는 일인데, 이때 Juran의 작품인 '프로세스 능력(Process Capability)' 지표들을 이용한다. 예를 들어 'Cp'는 '2.0'이 최고이고, 'Cpk'는 '1.5'가, '시그마 수준(Sigma Level)'은 '6.0'이 최고치이다.[30] 어떤 측도를 들이대든 현재의 관리 수준과 최고치 간의 격차를 수용할 수 없다면 프로세스의 '산포'를 줄이는 활동으로 넘어간다. 반대로 수용 가능한 상태이면 변동을 유발하는 요인들이 다시 안 좋은 과거 상태로 돌아가지 않도록 최적의 수준을 철저히 유지시키는 활동에 전념해야 하며, 이 과정을 '**Control(Co)**'이라고 한다.

따라서 [그림-11]을 종합하면 운영 중인 프로세스에서 원치 않는 변화가 일어나는지를 지속적으로 관찰하다 실제 '이상 변동'이 확인되면 개선과 유지의 활동이 반복적으로 일어나야 하며, 로드맵적으로 'Monitor - Find - Improve - Control', 또는 영문 단어 첫 자를 따서 'MoFICo'라고 명명한다. 우리말로는 '모피코'이다.

[그림-11]에서의 '관리도'는 데이터가 '연속형'인지 아니면 '이산형'인지에 따라, 또 '표본 크기(Sample Size)'나 변동의 감지 정도에 따라 다양한 유형들이 존재한다. 특히 연속된 프로세스에서 여러 '관리도'를 적용할 경우 확률적으로 오판할 가능성이 높아지는 문제를 해결하기 위해 '다변량 관리도'가 쓰이며, 발생 빈도가 매우 낮은 상황에서의 '희귀 사건 관리도', 다품종 소량 생산에 적합한 '짧은 생산 주기 관리도' 같은 특수 목적의 관리도들도 포함되어 있다. 결국 운영 중인 프로세스 상태에서의 변동성을 과학적으로 파악하고 해결할 기회를 갖는데 있어 '통계적 품질 관리(SQC)'의 역할은 절대적이다. 소개된 '관리도' 유형들에 대해서는 「Be the Solver_통계적 품질 관리(SQC)」편에 용법과 함께 자세히 소개하고 있으니 관심 있는 독자는 해당 서적을 참고하기 바란다.

---

30) '시그마 수준(Sigma Level)'은 모토로라에서 개발한 지표이다.

추가로 [그림-11]에 포함된 'Process Performance Study(프로세스 성능 연구)'도 프로세스 운영 상태에서 문제를 해결하는 매우 유용한 접근인데, 앞서 설명한 'MoFICo'의 지속된 운영 과정이 'Process Capability Study(프로세스 능력 연구)'라면 'Process Performance Study(프로세스 성능 연구)'는 '프로세스 능력 연구' 전체 과정의 부분 활동이다. 즉 프로세스를 안정화시키기 위해 전체 과정을 '일시적 단계'들로 나누어(각 단계는 약 20여 개의 타점들로 구성) 관리도로 '이상 원인'에 의한 변동성을 확인하고, 개선해나가는 절차이다. 따라서 주로 '프로세스 능력 연구'의 초반에 프로세스의 급격한 변동성을 줄이거나 제거하기 위해 실시되는 것이 일반적이다.[31]

필자는 현재 개인의 '문제 해결' 역량을 키우는 방법에 대해 설명하고 있다. 이때 생산 중 'MoFICo'를 효과적으로 사용하려면 꼭 체득해야 할 핵심 역량이 필요한데 바로 **'관리도'의 해석 능력**이다. Western Electric社의 'SQC 핸드북'에 따르면 그들의 오랜 운영 경험을 토대로 다음 [표-4]와 같이 관리도의 '타점'과 '패턴'을 분류·해석한다.

[표-4] 관리도의 패턴(Pattern) 분류(Western Electric社)

| 구분 | | 설명 |
|---|---|---|
| 정상 패턴<br>(Natural Patterns) | '비정상 패턴'에 포함되지 않는 패턴 | |
| 비정상 패턴<br>(Unnatural Patterns) | 검정(Tests) | Western Electric Rules(4개),<br>Nelson Rules(8개) 등. |
| | 특이 패턴<br>(Unusual Patterns) | [표-5]의 총 10개 항목 |

'관리도의 해석 능력'을 키우려면 [표-4]의 '비정상 패턴'을 정확하게 이해

---

31) 「Be the Solver_통계적 품질 관리(SQC)」편 참조.

해야 한다. 우선 표에서 '검정(Tests)'은 출처에 따라 '검정 항목'이 '4개', 또는 '8개'로 명확히 구분되어 있어 정해놓은 기준에 따라 패턴을 인식하고 프로세스에서의 문제 발생 여부를 판단한다. 예를 들어, 모니터링 중 "9개의 연속된 점이 중심선으로부터 같은 쪽에 있음"이 관찰되면, 프로세스에 이상 변동이 발생한 것으로 인식한다. 만일 '관리도'에 이 같은 패턴이 뜨면 기계적으로 문제가 있는 것으로 판단하고 원인을 찾는 활동으로 들어간다(물론 꼭 문제가 있는 것은 아니다!).

[표-4]의 '비정상 패턴' 중 또 다른 분류인 '특이 패턴(Unusual Patterns)'은 다음 [표-5]에 기술한 유형들이 포함된다.

[표-5] 특이 패턴(Unnatural Patterns)

| 유형 |
| --- |
| 1) 주기(Cycles)<br>2) 돌출(Freaks)<br>3) 수준의 점진적 변화(Gradual Change in Level)<br>4) 군집 또는 뭉침(Grouping or Bunching)<br>5) 불안정(Instability)<br>6) 상호 작용(Interaction)<br>7) 혼합(Mixtures)<br>　　7-1) 안정형 혼합(Stable Mixture)<br>　　7-2) 불안정형 혼합(Unstable Mixture)<br>8) 층화(Stratification)<br>9) 수준의 급변(Sudden Shift in Level)<br>10) 규칙성 변동(Systematic Variation) |

[표-5]의 '특이 패턴'에 대해서는 '검정(Test)'만큼 정확한 해석 기준은 마련되어 있지 않다. 따라서 이들은 소속 부서에서 오랜 시간 관리도의 운영과 관찰 및 개선 경험을 축적해야 "이 현상이 A 특이 패턴이군!"과 같은 일정

수준 이상의 해석 경지에 오를 수 있다. 짧은 운영 경험이나 충분한 학습이 이뤄지지 않은 상태에서 생산 현장의 관리도로부터 얻은 다양한 패턴들이 [표-5]들 중 하나라고 판단하기란 쉽지 않다. 국내 기업들 중 생산 현장의 관리도를 모니터링하면서 [표-5]의 유형들을 분류하는 곳이 몇 군데나 될까?

얼마 전 전자 부품을 생산하는 M 기업의 생산 현장을 찾아 갔을 때의 일이다. 멘토링을 위해 생산 공정을 소개 받던 자리였다. 설명을 듣던 중 눈에 가장 잘 띄는 벽면에 표준에서 정한 주기대로 표집과 계산식에 의거해 타점을 찍어놓은 관리도가 보였다. 한 눈에도 다수의 타점들이 '관리 한계'를 넘어선 것이 보였고, 최근 타점에선 하락하는 '추세(Trend)'도 관찰되었다. 궁금해서 그들이 어떻게 처리되고 있는지 직접 타점을 찍던 담당자한테 물었지만 정작 적절한 대답을 듣진 못했다. 후속 활동은 없었다는 것이다. 눈에 잘 띄는 위치였으므로 전시용(?) 목적이 아닌가 싶었다. Western Electric社의 'SQC Manual'에서 그들이 보여준 '이상 패턴'들에 대한 하나하나의 꼼꼼한 처리 과정과 너무 대비되어 아쉽게만 느껴졌다.

[표-5]는 Western Electric社에서 오랜 프로세스 운영 노하우를 통해 '관리도'에 나타난 패턴과 실제 프로세스 안에서 일어난 현상을 연결해 얻은 결과물이다(핸드북에는 각 '특이 패턴'별로 프로세스 내 존재 가능한 잠재 원인들을 기술하고 있다). 끊임없는 관찰 경험을 토대로 [표-5]의 패턴 분류를 정립한 WE社의 깊이 있는 연구 노력에 감탄하지 않을 수 없다. 물론 누구나 [표-5]의 패턴을 참고해서 관리 중인 프로세스에서의 유사 문제 해결은 가능하다. 그러나 프로세스가 속한 공간적 특성과 생산되는 제품·서비스가 모두 다른 상태에서 해석과 원인이 모두 같을 순 없다. 따라서 **본인이 운영 중인 프로세스에 'SQC' 관리 체계를 적용해가면서 [표-5]의 분류를 기반으로 자신만의 해석 노하우를 축적하고, 그로부터 패턴 파악 즉시 프로세스의 원인 발생 위치를 찾아내는 경지에 하루 빨리 올라야 한다. 'SQC'에 대한 개인의 문제 해**

**결 역량도 바로 이 부분에 맞춰져야 한다**는 점을 명심하자.


## 1.1.2. TQC(Total Quality Control, 전사적 품질 관리)[32]

'TQC'의 유래와 내용에 대해 알아보고 그 속에서 '문제 해결'에 꼭 필요한 핵심 사안을 짚어보자. 1924년 Shewhart의 '관리도'로부터 시작된 'SQC'는 1925년 Dodge[33]에 의한 통계적 품질 검사법이 개발되면서 '통계적 품질 관리'의 체계가 완성되었고, 제2차 세계대전 중 군수 장비의 품질 향상 수단으로 적용된 이래 이론과 실무 모두에서 확실한 검증 과정을 거쳤다. 이를 바탕으로 1956년 Western Electric社의 'SQC Handbook'이 완성됨으로써 민간 기업으로까지 확산되는 계기가 마련된다.

전쟁이 끝난 후 일본에서 미국에 의한 군정이 시작되고, 황폐해진 나라를 재건할 목적으로 Western Electric社의 통신 설비 품질을 다루던 Deming, Juran 등이 일본에 초빙된다. 1950년의 Deming에 의한 일본 기업 순회강연과 Juran이 강조한 훈련 프로그램의 영향으로 '일본 과학 기술 연맹(JUSE)'[34]은 1951년 '데밍상(Deming Prize)'을 제정함으로써 일본 기업들이 '품질 관리'에 지대한 관심을 갖게 해주는 기폭제 역할을 한다. 또 같은 해인 1951년도에 A.V.Feigenbaum은 「Total Quality Control」을 발표했는데[35], '통계적 품질 관리'만으로는 품질 개선, 품질 관리의 한계를 경험하던 시기여서 회사 내 전원

---

32) 이어 설명되는 역사적 배경은 「Be the Solver_통계적 품질 관리(SQC)」편의 본문을 재구성함.
33) H.F.Dodge (1925), Acceptance Sampling Plans.
34) JUSE: Japanese Union of Scientists and Engineers.
35) Armand Vallin Feigenbaum, (1951), Total quality control: engineering and management: the technical and managerial field for improving product quality, including its reliability, and for reducing operating costs and losses, McGraw-Hill, 1951 p.627.

이 'QC'를 이해하고 조직적으로 제품의 질을 높이도록 주문하던 시도는 당시로선 신선한 접근이었다. 'TQC'가 탄생한 것이다.

'TQC'는 1956년 'Harvard Business Review'에 발표되면서 대중화에 이르렀고,[36] 기존의 'SQC'가 생산에 집중했던 것과 달리 회계, 설계, 재무, 인사, 마케팅, 구매, 영업 부문 모두가 품질 관리에 참여하도록 제도화하였다. 'Total'이 우리말 '전사적'으로 해석되는 이유이다. 특히 품질이 완전하지 못해 그를 보정하는데 들이는 비용들의 개념인 '품질 비용(Quality Cost)'을 도입했으며, 순수 금전적 손해뿐만 아니라 생산 계획이 안 맞거나 불필요한 낭비 처리에 투입된 시간, 고객 요구에 잘못 대처해 들어간 비용 등을 '숨겨진 공장(Hidden Plant)'으로 분류하였다. 이들로부터 유발된 비용이 이상적(Ideal)으로 생산할 때의 전체 비용 대비 '약 40%'를 차지한다고 주장하였다.[37] 기존의 'SQC'와 'TQC'의 차이를 한마디로 이야기하면 "SQC는 통계를 중시하고, TQC는 금전적 가치를 중시한다."로 요약할 수 있다.

그러나 미국식 개념의 'TQC'는 일본의 품질 분야 구루인 이시가와에 의해 일본 기업 정서에 맞는 'CWQC(Company-wide Quality Control)'로 재편된다.[38] 이시가와에 따르면 '미국식 TQC'는 품질 관리 기술에 여러 기능 부서들(생산, 영업, 구매, 서비스 등)이 관여할 수 있는 시스템을 제공해주는 반면, 'CWQC'는 좋은 제품과 낮은 가격을 제공함으로써 고객과 직원, 주주 모두에게 이익을 가져다주고 그들 삶의 질을 윤택하게 해주는 방법이라고 하였다. 둘의 차이를 좀 더 구체적으로 구분한 예가 [그림-12]의 '품질 강화 7단계'이다.[39]

---

36) Feigenbaum, Armand V. (1956). "Total Quality Control". Harvard Business Review (Cambridge, Massachusetts: Harvard University Press) 34 (6): 93‑101.
37) '품질 비용'의 자세한 내용은 「Be the Solver_과제 성과 평가법」편 참조.
38) Ishikawa, Kaoru (1985), What Is Total Quality Control? The Japanese Way (1 ed.), Englewood Cliffs, New Jersey: Prentice-Hall, pp. 90‑91.

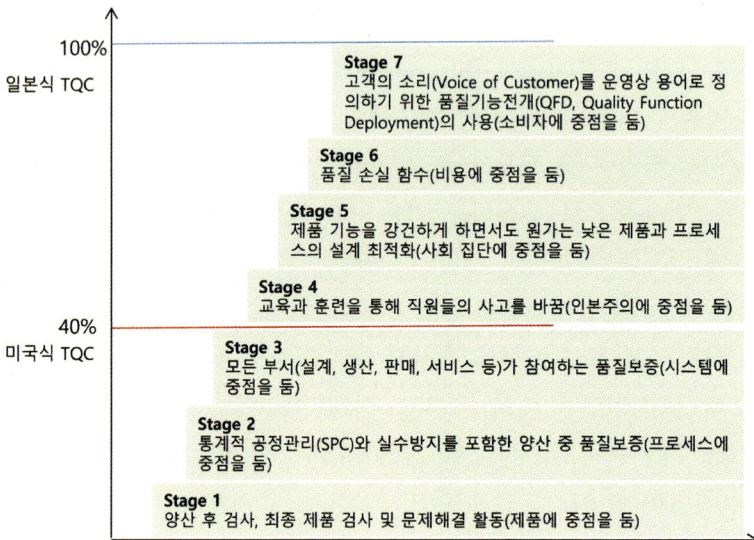

[그림-12] '품질 강화 7단계(미국식 TQC와 일본식 TQC 비교)'

**100%**
일본식 TQC

**Stage 7**
고객의 소리(Voice of Customer)를 운영상 용어로 정의하기 위한 품질기능전개(QFD, Quality Function Deployment)의 사용(소비자에 중점을 둠)

**Stage 6**
품질 손실 함수(비용에 중점을 둠)

**Stage 5**
제품 기능을 강건하게 하면서도 원가는 낮은 제품과 프로세스의 설계 최적화(사회 집단에 중점을 둠)

**Stage 4**
교육과 훈련을 통해 직원들의 사고를 바꿈(인본주의에 중점을 둠)

**40%**
미국식 TQC

**Stage 3**
모든 부서(설계, 생산, 판매, 서비스 등)가 참여하는 품질보증(시스템에 중점을 둠)

**Stage 2**
통계적 공정관리(SPC)와 실수방지를 포함한 양산 중 품질보증(프로세스에 중점을 둠)

**Stage 1**
양산 후 검사, 최종 제품 검사 및 문제해결 활동(제품에 중점을 둠)

[그림-12]를 설명한 자료(주39)에 따르면 '미국식 TQC'는 모든 부서의 참여에 초점을 맞추고 있으며 전체 이루어야 할 목표가 '100%'라면 '약 40%' 수준에 이른다(Stage1~Stage3). 그러나 '일본식 TQC(CWQC)'는 품질 향상을 위해 회사 전 기능 부서들의 참여뿐 아니라 비용과, 더 나아가 소비자를 생각하는 수준까지 고려한 품질 관리 활동으로 해석된다(Stage4~Stage7).

지금까지 'TQC'의 탄생 배경과 기본 활동 내용 및 개요에 대해 알아보았다. 그러나 현재 우리가 관심을 둬야 할 사안은 '문제 해결(Problem Solving)'이다. 'TQC'가 성격상 위아래로는 한 개 기업의 최상위 대표부터 말단 직원까지 전원이 참여하고, 좌우로는 모든 기능 부서들이 관계해야 함을 강조한다. 그러나

---

39) L.P.Sullivan (1986), The Seven Stages in Company-Wide Quality Control. p78 참조.

완벽한 '품질'을 유지하고 있다면 애초부터 '품질 관리(QC)'란 용어를 사용할 이유가 없다. 결국 'TQC'의 중요하고 특징적 요소인 '전사가 참여하는~'은 하나의 수단이지 그 자체가 목적이 될 수 없다. '고품질 확보'에 초점을 맞춰야 하며, 따라서 부족한 '품질'을 높여 비용을 줄이려는 문제 해결 활동이 핵심에 자리한다.

'TQC'에서 '문제 해결 절차'를 특히 'QC Story'라고 부른다. 수행 주체는 '품질 분임조(또는 동아리, QC Circle)'이며, 잘 알려진 것처럼 절차에 따라 문제 해결을 추진한다. 이때 주로 'QC 7가지 도구', 또는 '신 QC 7가지 도구'를 이용한다. '품질 분임조', 'QC 7가지 도구' 들은 모두 이시가와(Kaoru Ishikawa, 1915~1989) 교수에 의해 직간접적으로 정립된 결과물들이다. 다음 [그림-13]은 'TQC'에서의 'QC Story'를 나타낸다.

[그림-13] TQC에서의 '문제 해결' 절차인 'QC Story'

| 단계 | 단계 명 | 추진목적 |
|---|---|---|
| 1 | 주제선정 | 분임조 영역의 해결 과제 선정 |
| 2 | 활동계획 수립 | 활동 단계별 일정계획 수립 |
| 3 | 현상파악 | 문제(or 개선)점의 현상 정량화 |
| 4 | 원인분석 | 현상의 원인도출 및 대책수립 |
| 5 | 목표설정 | 대책의 기대효과/목표수립 |
| 6 | 대책수립 및 실시 | 수립된 대책의 개선 실행 |
| 7 | 효과파악 | 유/무형효과, 경영 기여도 파악 |
| 8 | 표준화 | 사내표준으로 등록 |
| 9 | 사후관리 | 지속적 관리로 유효성 검증 |
| 10 | 반성 및 향후 계획 | 활동과정과 결과에 대한 평가 |

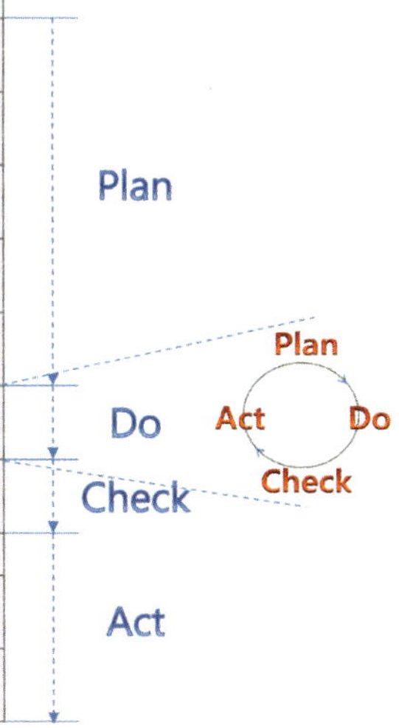

‘TQC’에서는 ‘QCC(QC Circle)’라고 하는 몇몇의 부서원들이 분임조(또는 동아리)를 조직해 부문 내 문제를 해결한다. 이때 [그림-13]의 절차를 따른다. ‘7-단계’로 나눈 출처도 있지만[40] [그림-13]과 큰 차이는 없다. 특히 ‘Plan’에서 세운 ‘목표’의 규모가 커서 그를 달성하는데 여러 문제들이 결부되어 있을 경우 ‘Do’에서 문제별로 ‘Plan - Do - Check - Act’를 반복한다. 이때 우리가 주목할 부분이 바로 ‘TQC’에서 문제 해결에 쓰이는 일의 순서, ‘Plan - Do - Check - Act’이며, 타 방법론에서의 ‘로드맵’에 대응한다. ‘Plan - Do - Check - Act’가 문제 해결을 위한 역량 향상에 왜 꼭 필요한 요소인지 그의 탄생 배경을 통해 알아보자.[41] 참고로 ‘PDCA Cycle’에 대한 자세한 정보를 원하는 독자는 “Evolution of the PDCA Cycle(by Ronald Moen, Clifford Norman)”을 참고하기 바란다.[42]

---

· **PDCA Cycle** ’39년 Shewhart는 ‘과학적 방법(Scientific Method)’에 “사양(Specification)-생산(Production)-검사(Inspection)”의 사이클을 적용했다. ’50년 Deming은 ‘Shewhart Cycle’을 “제품의 설계(Design of Product)-제품의 생산(Make it)-시장 출시(Put it on the Market)-시장 조사에 의한 제품 평가(Test it through Market Research)-제품 재설계(Redesign the Product)”로 수정하였다. 같은 해 JUSE에 의해 일본에서 강연했을 때 이 사이클은 일어로 ‘Deming Wheel’로 불리던 것이 ’51년 Plan-Do-Check-Act(or PDCA Cycle)가 되었으며, 이후 일본의 QC, TQC, QC 동아리 활동에 문제 해결을 위한 필수 요소가 되었다. ’93년 Deming은 확장된 개념의 ‘PDSA(Plan-Do-Study-Act) Cycle’을 새롭게 정립한 후 “Model for Improvement”라 명명하였다.

---

40) A3Thinking.com의 「Handbook for TQM and QCC」pp36~44.
41) 「Be the Solver_Quick 방법론」편 p67.
42) http://pkpinc.com/files/NA01MoenNormanFullpaper.pdf

사실 'TQC'가 전사적 활동이지만 그 운영 체계나 정책, 규정들을 걷어내고 내면을 들여다보면 부문 내 문제들을 해결하는 '분임조(또는 동아리) 활동'이 핵심이란 걸 쉽게 확인할 수 있다. 예를 들어, '산업통상자원부'가 전 기업들을 대상으로 매년 실시하는 '전국 품질 분임조 경진 대회'를 보더라도 '문제 해결'을 위한 과제 수행 과정과 결과 발표가 주를 이룬다. 즉, **'TQC'의 중심엔 '문제 해결' 과정이 자리하고 있으며 이때 'PDCA Cycle'이 일의 순서를 안내하는 '로드맵' 역할**을 한다.

'PDCA Cycle'이 1939년 이래 지금까지 '문제 해결' 과정에 지속적으로 유용하게 쓰이고 있는 이유는 무엇일까? '문제'라는 기본 속성은 그를 유발시킨 '원인'이 반드시 존재한다. 따라서 '문제를 해결'하려면 문제의 원천인 '원인'들을 찾아야 하는데, 이 과정이 바로 '분석(Analysis)'이다. 그런데 기업에서의 프로세스는 그 규모가 아무리 커도 잘게 쪼개어 전문 담당 조직이 관리하도록 체제 화되어 있다. 또 담당 조직은 짧게는 수년에서 길게는 수십 년간 같은 영역을 관리하며 상당한 운영 노하우를 쌓게 된다. 이 때문에 관리 중인 프로세스 안에서 '문제'가 발생하면 '심도 있는 분석'보다 그동안의 축적된 노하우만으로도 '문제의 원인'을 유추해낼 수 있다. 이때 '개선 계획(Plan)'을 수립하고 바로 '실행(Do)'한 후 예상대로 문제 해결이 됐는지 '확인(Check)'하는 절차가 매우 쉽고 익숙하다. 물론 요즘 들어 'TQC성 과제'들의 분석이 '6시그마 방법론'과 결합되면서 '특성 요인도(이시가와 다이어그램)' 외의 다양한 분석 방법들로 심화되기도 하지만 대체적으로 '부문 내 과제 수행'의 기본적 패턴은 유지된다.

정리하면 [그림-13]을 바탕으로 **오랜 기간 검증되고 지금까지 부문 내 '문제 해결 과정'에 매우 유용하게 쓰이는 로드맵, 즉 'PDCA Cycle'의 용법을 명확히 이해하고, 실제 '문제 해결'에 자유자재로 쓸 수 있는 역량을 반드시 키워내야 한다.** 구체적인 활용법은 이후 본문에 포함된 「(문제 해결) '40-세부 로드맵'과 'TQC'의 융합」에서 자세히 소개한다.


## 1.1.3. TPM(Total Productive Maintenance, 전사적 설비 보전)

'TPM'은 대상이 주로 '설비'에 있으므로 우리말 '전사적 설비 보전'이 대세이나 '생산적(Productive)'의 표현을 빌려 '종합적 생산 보전'의 표현도 쓰인다. '보전(保全)'은 '온전히 지킨다.'이다. 'TPM'이 '설비'를 대상으로 이루어진 활동이므로 '설비를 온전히 지킨다.'가 된다. '설비'는 생산 라인에 설치되어 기업의 주력 제품을 만들어내므로 '설비의 보전'은 곧 '생산성'과 직접적으로 관계한다. 따라서 '전사적으로(Total) 생산성을 높이기 위한(Productive) 설비의 보전(Maintenance)'이 'TPM'의 정확한 표현이자 지향하는 바이다.

보전의 역사가 시작된 것은 1951년 일본 동아연료공업에서 처음으로 미국식 'PM(Preventive Maintenance, 예방 보전)'을 들여오고부터이나 보전에 획기적 발전 계기가 되었던 배경은 1969년 토요타 그룹의 일본전장(현재의 닛본덴소)社가 'TPM' 개념을 적용하고부터이다.

당시 일본전장社는 부품 가공이나 조립 등에 자동화를 적극 추진하였으나, 종래 정비공(전문가)의 기술로는 자동화 설비의 보전 업무를 감당할 수 없게 되었다. 이에 작업자들이 설비의 일상 보전(청소, 급유, 조정, 점검 등)과 언제 발생할지 모르는 설비의 이상을 감지하고 담당자가 직접 응급조치를 하도록 강구하였다(**자주 보전**). 또, 조치할 수 없는 경우나 고장 전 관리를 전문 정비공이 담당토록 하였는데(**계획 보전**), 따라서 일상 보전 업무와 전문 보전 업무가 분리된 계기가 되었다. 이들은 모두 제품 불량이나 고장에 의한 돌발적 생산 설비 정지를 미연에 방지하는 전사적 보전 방식의 시초가 되었다. 여기에 설비 효율화를 목적으로 추진되는 '문제 해결(Problem Solving)' 활동이 있으며(**개별 개선**), 그 외에 자동화 기술에 대응하는 최신 기술과 보다 고도의 보전 기술(설비진단, 용접, 설치, 보전 기타)을 설비(설치, 보전) 담당자가 습득하도록 지원하고, 현재보다 짧은 시간과 적은 노력으로 보전 작업을 할 수 있도록 종업원의 체질 개선도 도모하였다(**교육 훈련**). '자주 보전'과 '계획 보전', '개별 개선' 들에 대한 'TPM'의 교육 과정은 수십 년 동안의 체험과 운영 노하우를 통해 매우 잘 체계화된 것으로 정통하다.

일본 전체 기업들을 대상으로 한 'TPM'의 보급은 1971년 JIPM(일본 플랜트 메인터넌스 협회)에서 'TPM'을 제창한 이후부터이며[43], 1974년 'TPM상'이 제정된 이후 기업의 품질, 생산성, 원가 절감에 혁혁한 성과를 올리면서 일본의 전 산업 분야로 확산되었다. 'TPM'의 전체 체계도는 다음 [그림-14]와 같다.

[그림-14] 'TPM' 운영 체계도

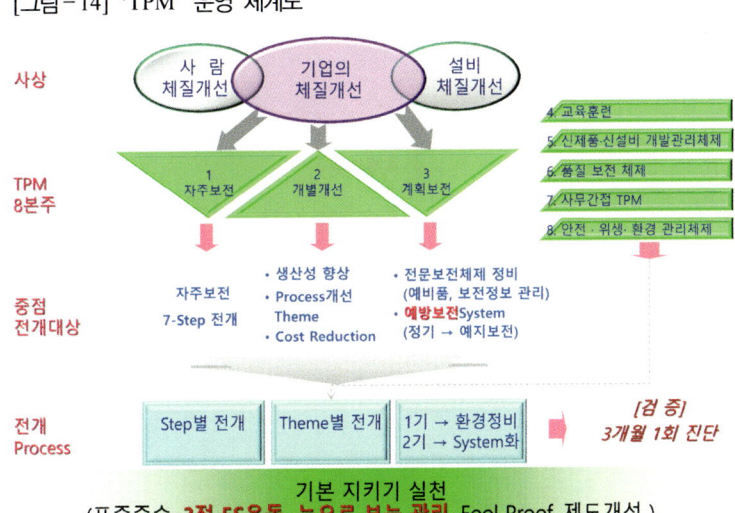

---

43) JIPM(Japan Institute of Plant Maintenance): 1969년 설립되어 TPM 혁신 활동을 최초로 체계화하고 전 세계에 보급해왔으며, 제조업 분야 컨설팅에서의 세계적인 전통과 권위를 자랑하는 기관임. 매년 전 세계에서 TPM 우수상에 도전하는 사업장들 가운데 엄격한 심사를 거쳐 수상자를 선정하고 있음.

[그림-14]의 왼쪽에 쓰인 'TPM 8본주(本柱)', 즉 8개 항목들이 'TPM'에서 추진되어야 할 핵심 활동들이다. 첫째인 '자주 보전'부터 여덟 번째 '안전·위생·환경 관리 체계'까지 단계별, 또는 병행되어서 한 기업 전체의 설비 보전을 통한 생산성 증대까지의 체질 개선이 이루어진다. 또 '체계도' 맨 아래엔 '기본 지키기 실천'이 있으며, '8본주'를 이행하기 전 미리 확보해야 할 프로세스에서의 가장 기본적 환경을 조성하는 활동들이 포함되어 있다. 특히 '3정 5S'는 '정량, 정품, 정위치'와, '정리(Seiri), 정돈(Seidon), 청소(Seosoh), 청결(Seiketsu)을 생활화(Shitsuke)' 하도록 체계적으로 지원하는 프로그램이다. 국내에선 '5S'를 '5행'으로 부르고 있다.

또 하나 기본 활동으로 '눈으로 보는 관리(목시 관리)'가 있다. '목시 관리'는 작업 상황이나 상태를 눈으로 보고 직감적으로 알 수 있도록 공정 내 모든 주요 요소(활동, 위험 요소, 핵심 관리 등)들을 드러나 보이게 하는 조치로, 크게 '표시'나 '표식'으로 관리하는 '시각화', 가려진 곳을 보이게 하는 '투명화', 한계를 설정해 위험 관리 등을 유도하는 '단순화' 접근이 있다. 보통 '순서-0'부터 '순서-5'까지 총 '6단계' 과정을 거쳐 '목시 관리'를 완성한다.

'TPM'의 특징은 '8본주'가 어떤 내용으로 이루어졌는지를 학습하면 쉽게 알 수 있다. 앞서 요약 설명했던 내용을 부연하면, 첫 번째가 **자주 보전**이다. 'My Area'처럼 '설비에 강한 인재 만들기'로서 담당자가 '청소'부터 주기적 점검 및 유지 관리까지 직접 담당하도록 설비 구조와 작동을 배우고 보전 기능을 갖추도록 지원한다. 다음 [표-6]은 '자주 관리'를 위한 '7 단계 로드맵'과 단계별 활동 내용을 담고 있다. 각 단계별 자세한 사항은 본문의 범위를 벗어나므로 필요한 독자는 관련 문헌을 참고하기 바란다.

[표-6] '자주 보전' 추진 로드맵

| 구분 | Phase Ⅰ | | | Phase Ⅱ | | Phase Ⅲ | |
|---|---|---|---|---|---|---|---|
| | 1 Step | 2 Step | 3 Step | 4 Step | 5 Step | 6 Step | 7 Step |
| 활동 | 청소 점검 | 발생원 곤란 해소 대책 | 자주 관리 기준서 작성 | 총 점검 | 자주 점검 | 공정 품질 보증 | 자주 관리 철저 |

두 번째는 '**개별 개선**'이다. 설비, 공정(Line), 품질 등의 정해진 대상에 대하여 철저한 Loss의 배제와 성능 향상을 추구하여 극한 효율을 달성하기 위한 활동이다. '개별 개선'은 불합리한 요소나 문제들을 찾아 과제화해서 해결하는 '문제 해결' 활동이다. 세 번째는 '**계획 보전**'이다. '8본주' 중에서 가장 중점적인 활동이다. '계획 보전'이란, 본래 설비의 예방 의학적인 차원에서 실시하는 설비 이상(또는 고장)의 조기 발견과 조기 치료를 말하며, '최적 보전 주기'에 의거한 '정기 보전(TBM)'이 주를 이루는 전문 보전 활동이다. 쉽게 얘기해서 고장 나지 않도록 미리미리 유지 활동을 한다는 뜻이다. 대표적인 활동으로 '주기적인 설비 검사'와 그 결과에 따라 계획적으로 열화를 회복시키는 '예방 수리'가 있다. 다음 [표-7]은 '계획 보전'을 위한 '8 단계 로드맵'과 단계별 활동 내용을 담고 있다.

[표-7] '자주 보전' 추진 로드맵

| 구분 | 0 Step | 1 Step | 2 Step | 3 Step | 4 Step | 5 Step | 6 Step | 7 Step |
|---|---|---|---|---|---|---|---|---|
| 활동 | 도입 준비 | 설비 평가와 현상 파악 | 열화 복원과 약점 개선 | 개량 보전의 적극화 | 정기 보전 체제 확립 | 예지 보전 대상 선정과 실시 | 계획 보전 체제의 평가 | 설비 관리 정보 System 구축 |

[표-7] 각 'Step'별로 세부 활동들이 있으나 내용은 생략한다. 관심 있는 독자는 관련 문헌을 참고하기 바란다.

그 외에 다섯 번째로 '**신제품·신설비 개발 관리 체계**'가 있으며, 설계의 중요성을 강조하기 위해 도입된 활동이다. 일곱 번째는 '**사무 간접 TPM**'이며, 사무 간접 부문까지 확대해 체질 변화를 꾀하는 활동이다. 기업 내 사무 환경 개선을 위해 주기적으로 수행하기도 하며, 대부분 '3정 5S' 활동이 주를 이룬다. 여덟 번째는 '**안전·위생·환경 관리 체계**'를 갖추는 활동이 있다.

'TPM'은 세 번째인 '계획 보전'이 가장 중요한데, 다음 [그림-15]는 '계획 보전'을 이해하기 위해 '보전' 전체를 세분화한 전개도이다.

[그림-15] 'TPM'의 '보전' 전개도('계획 보전'에 초점)

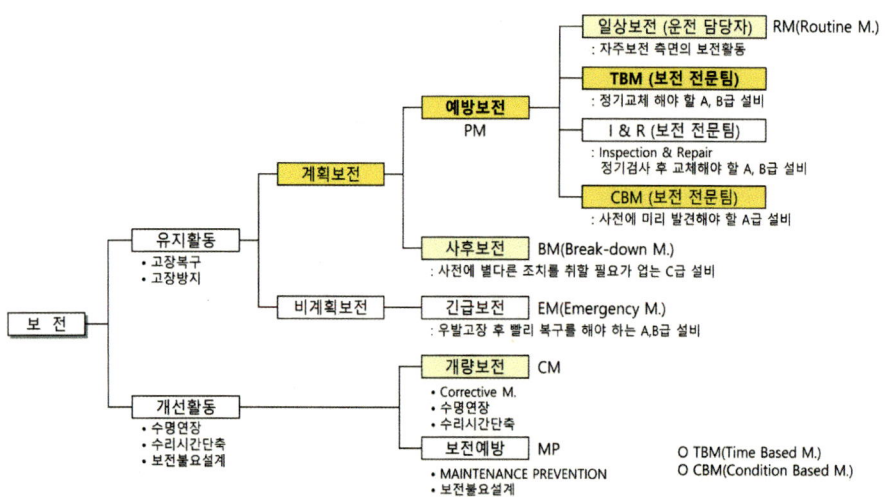

[그림-15]의 전개도에서 '계획 보전'은 설비가 고장 나지 않도록 평상 시 철저하게 관리 감독하는 접근법을 말하며, 주로 '고장 복구'나 '고장 방지'를 목적으로 하는 활동이다. 특히 '예방 보전'의 한 분야인 'TBM(Time Based Maintenance)'은 '시간 기준 보전'이라고도 하며, 정해진 시간이 되면 부품을

교체해주는 운영 방식인데 보통 설비 제작社에서 부품별로 교체 시점을 정해 준다.

그러나 한 단계 더 높은 관리 수준을 유지하기 위해서는 담당 설비별로 확률 분포를 이용해 그 특성을 파악하고 보전해주는 활동이 필요하다. 예를 들어, 부품은 아니지만 자동차의 엔진 내부 마모를 줄이는(부품 수명을 늘리는) '엔진 오일'은 5,000km 주행마다 갈아주도록 안내하고 있으나 만일 5,500km 마다 갈아주면 그만큼 비용이 절감된다. 제조사에서 정해준 5,000km는 자체 시험 평가를 통해 정해진 평균 개념이지만 만일 설비 담당자가 관리 중인 설비의 운영 상태를 분석해 '신뢰 구간'인 5,500km∼6,500km의 결과를 얻었다면 평균적으로 6,000km 때 교체해주는 시도도 가능하며, 위험 관리 차원에서 그 이전인 최소 5,500km 때 갈아만 줘도 5,000km 때보다 여러모로 비용 절감을 꾀할 수 있다. 이 같은 정량적 보전은 신뢰성 분야에 대한 이해를 바탕으로 관련 지식과 역량을 확보할 수 있다.

또 [그림−15]의 '예방 보전' 중 'CBM(Condition Based Maintenance)'은 '상태 기반 보전'이라고 하며, 공정이나 설비에 미리 장착해놓은 센서로부터 자료를 실시간으로 수집해 설비 상태를 계속 모니터링하다 나빠질 조짐이 보이면 보전하도록 경고하거나 알리는 기능을 제공한다. '예방 보전(Preventive Maintenance)'에 포함되어 있긴 하나 한 단계 더 높은 관리 방법이며 '예측 보전(Predictive Maintenance)'의 영역에 속한다. 설비 상태를 실시간 수집하므로 대용량 저장 장치 도입, 대량 데이터 분석 능력과 확률 통계적 알고리즘의 개발, 그를 뒷받침할 IT 인프라 등을 바탕으로 'Smart Factory'의 기반이 된다. 그러나 상당한 투자가 필요한 제약이 있다.

다시 [그림−15]로 돌아가 '개선 활동' 중 '개량 보전(Corrective Maintenance)' 이 있다. 설비가 고장 났을 때 수리 시간을 단축시키기 위해 설비를 개량하거나, 시간에 따라 기능이 점점 떨어지는 '열화(Degradation)'를 늦추기 위해(또는 수명을 연장하기 위해) 개량하는 활동이다. 기본적으로 운영 중인 프로세스 속에서의 설비 개량이므로 기존 축적된 다량의 '데이터 분석'을 토대로 현상을 파악한 뒤 그에 맞는 설비 개량이 이루어진다. 따라서 현상을 제대로 파악하기 위한 '데이터 분석과 그의 해석 능력'이 절대적으로 요구된다.

'TPM'의 전체 체계도인 [그림-14] 중 '기본 지키기 실천'과 '자주 보전' 등은 '활동 중심', 즉 정해진 로드맵을 따라 단계별로 주어진 일을 추진하면 목표 달성이 가능한 반면(물론 제대로 해야 한다), **'개별 개선'이나 '계획 보전', '개량 보전'은 '분석 중심'의 활동이다. 따라서 '문제 해결' 관점에서 학습 등을 통해 분석과 해석에 대한 역량 확보가 매우 중요한 영역이다. 기본적으로 '확률 분포'에 대한 학습이 필요하며, 그를 이용해 설비나 주요 부품들의 '수명(Life)'을 분석하는 능력도 요구된다. 이를 위해서는 '신뢰성(Reliability) 부문'에 대한 전반적이고 깊이 있는 이해가 필요**하다. 관련 내용은 「(문제 해결) '40-세부 로드맵'과 'TPM'의 융합」에서 자세히 소개하고 있으므로 필요한 독자는 해당 단원을 참고하기 바란다.


## 1.1.4. Six Sigma(6시그마 방법론)

'Six Sigma'는 국내에서 가장 'Hot Issue'를 일으키며 전 산업으로 전파되었을 뿐만 아니라 기업 내 저변까지 확산된 유일하고 범용화한 경영 혁신 활동으로 각인된다. LG전자가 GE와의 사업 파트너로 1996년부터 Six Sigma 도입을 시작한데 이어, 삼성 SDI(구 삼성전관)가 1997년 전사적으로 도입하면서 국내에 소개되었고, 그룹 차원에의 혁신 방법론으로 발전하면서 수평적으론 제조 부문부터 금융 등 서비스 부문까지, 수직적으론 협력업체 등 국내 모든 기업으로 그 범위가 확대되었다. 이어지는 탄생 배경 내용은 「Be the Solver_프로세스 개선 방법론」편 등의 내용을 요약해서 옮겼다.

'Six Sigma'의 탄생은 앞서 'SQC', 'TQC', 'TPM'이 생겨난 배경과 맥을 같이한다. 일본 전후 복구를 위해 미국에서 초빙된 품질 분야 대가들에 의해 제2차 세계대전 중 검증된 품질 관리 기법들이 일본 기업에 대거 전수되었다. 이후 30여 년간에 걸친 탄탄한 체질화를 바탕으로 질 좋고 가격 경쟁력 높은 제품들이 전 세계로 쏟아져 나오면서 기득권을 갖고 있던 글로벌 기업들이 타격을 받기 시작했다. 이들 중엔 미국의 모토로라社도 예외는 아니었다.

모토로라에서의 'Six Sigma'는 1979년 "모토로라 제품의 품질이 형편없다." 고 냉정한 평가를 자체적으로 내린 아트 선드리의 지적이 계기가 되었다. 또 1985년 엔지니어인 빌 스미스의 '제품의 수명과 생산 중 수리 횟수와의 관계' 연구 결과를 바탕으로 제품 설계와 제조 방법에 초점을 두어 품질 개선과 생산 시간 단축, 그리고 원가를 절감하기 위해 'Six Sigma'가 시작되었다.

모토로라는 'Six Sigma'를 통해 1988년 최초의 말콤볼드리지 상을 수상한 대기업의 명예를 부여받았으며, 국가적으로는 지금까지 품질에 있어서 일본의 'JIT(Just It Time)'[44]나 'TQM(업그레이드된 미국형 TQC)' 등에 의해 손상을 입었던 미국인의 자존심을 크게 세워 주는 결정적인 수단으로 작용하였다. 공식적으론 모토로라 엔지니어인 빌 스미스가 1986년 정립하였으며, 마이클 해리가 체계화와 확산을 시킨 주역으로 알려져 있다.

당시 상황을 모토로라 시각에서 좀 더 정리하면 1970년대 후반부터 일본 기업들이 품질을 마케팅의 무기로 삼아 세계 시장을 공격, 급기야는 모토로라의 주력 사업인 통신 장비와 반도체 부문의 시장 점유율이 일본의 경쟁 회사들에게 잠식당하는 지경에 이르게 되었다. 특히 1980년대 초 일본의 무선 호출기 시장에 진출하려던 모토로라가 일본 기업의 불량률과 비교해 자사 제품

---

44) 일본 토요타 자동차의 '생산 혁신 방법(TPS, Toyota Production System)' 중 하나. 부품을 미리 재고로 쌓아두는 대신 조립 시점에 맞춰 제공되는 체계를 말함. 다른 하나는 '자동화'를 일컬음.

의 품질이 낮다는데 충격을 받게 되었으며, 이를 계기로 당시 모토로라의 경영진은 일본 회사들에 대한 벤치마킹과 고객들에 대한 조사에 착수하게 되었다. 그 결과 "품질에 관한 새로운 정의가 필요하였으며, 품질은 고객의 입장에서 재조명되어야 한다."는 결론에 도달하였다. 즉, '품질이란 고객의 요구를 충족시키는 것'이란 당시로서는 매우 혁신적인 인식을 하게 되었고, 1981년 CEO인 로버트(밥) 갤빈(Robert W. Galvin)은 향후 5년 동안 10배의 품질 개선을 이룩한다는 야심찬 목표(매년 60% 개선)와 함께,

- 1987년 1월, 앞으로 2년간 10배의 품질 개선 목표 재설정
- 1989년 초, 향후 2년간 10배의 개선을 이루고,
- 1992년 1월 1일까지 모든 업무에서 Six Sigma 품질 수준을 달성한다.

등 지속적인 품질 향상 운동을 벌여 10년 뒤인 1992년 당초 목표인 '3.4 DPMO'에는 못 미쳤지만 그래도 '150 DPMO'를 달성함으로써 품질 만족의 큰 쾌거를 이룩했다.

1984년부터 모토로라 GEG(Government Electronics Group)의 선임 엔지니어였던 마이클 해리(Mikel Harry)는 제품 설계를 개선하고, 생산 시간과 비용을 감소시킬 수 있는 상세한 발전 계획을 수립한다. 이를 주축으로 그는 통계적 분석을 이용한 문제 해결의 가능성, 즉 'Six Sigma'의 초기 개념을 정립하고 품질에 좋은 영향을 주리란 확신을 갖게 된다. 급기야 3년 뒤인 1987년 이러한 노력이 'Six Sigma 가속화를 위한 모토로라의 전략적 비전' 보고서에 집약되어 전통적 통계분석이 비즈니스 문제를 실제로 해결하는데 중요한 역할을 한다고 믿은 당시 CEO 밥 갤빈의 책상에 오른다.

1990년 갤빈은 마이클 해리에게 아예 일리노이 주의 샤움버그에 '모토로라 Six Sigma 연구소'를 설립해 운영토록 하고 'Six Sigma의 실행 전략'과 '추진

방침', 여러 산업과 기업들에 적용할 수 있는 다양한 '고급 통계 도구' 등을 개발하도록 지원한다. 이때 문제의 원인을 파악하고 해결하기 위해 현장의 생산 문제를 통계적 문제로 전환해서 해결점을 찾은 뒤 다시 현장에 적용하는 'Measure－Analyze－Improve－Control'의 기본 로드맵이 완성된다.

다음 [그림－16]은 마이클 해리에 의해 정립됐다는 '문제 해결 방법론'의 개요도를 보여준다. 주로 기업에서 '블랙 벨트(BB, Black Belt)'45) 후보들을 위한 '6시그마 교재'에 포함되어 있는 것을 옮겼다.

[그림－16] 마이클 해리의 문제 해결 로드맵 'M-A-I-C' 개요도

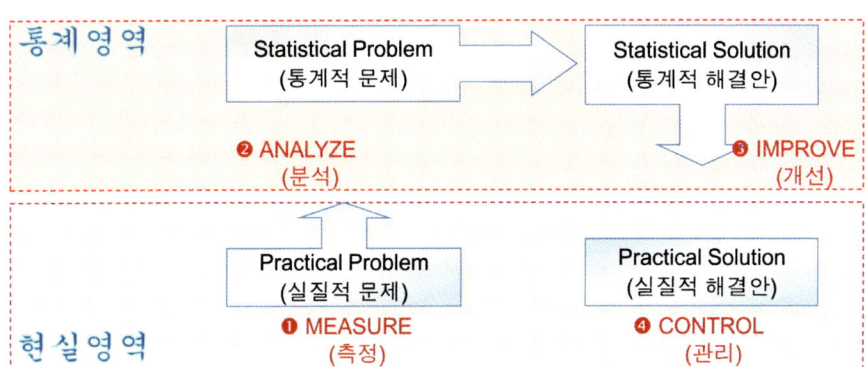

즉, 현실에서 맞닥뜨리는 '실질적 문제'(**Measure**)는 바로 해결하려 들지 말고, 관계되는 정보들을 모아(통), 계산(계)해 봄으로써(**Analyze**) 수치적인 상황에서의 '통계적 결론'을 이끌어 내고(**Improve**), 이를 '실질적 결론'으로 받아들여 현장에 적용(**Control**)해보는 과정을 강조하였고, 이를 더욱 체계화하는데 성공하였다. 이후 'Six Sigma'는 'Bottom-up'의 1세대 접근을 거쳐, Allied

---

45) 6시그마 경영 혁신에서 문제 해결을 위해 양성한 문제 해결 전문가를 지칭한다. 'GB(Green Belt)→ BB(Black Belt)→ MBB(Master Black Belt)'의 자격이 있다.

Signal社와 GE의 'Top-down' 체계인 2세대 접근이 성공하면서 전 세계로 확산되는 계기가 되었다. 정량적인 성과와 개념들에 대해 좀 더 탐구를 원하는 독자는 관련 자료를 참고하기 바란다.

그런데 한 가지 재미있는 사실은 품질 연구의 대가인 Juran은 'Six Sigma'를 다음 [그림 – 17]과 같이 해석했다는 사실이다.[46]

[그림 – 17] Juran의 'Six Sigma'에 대한 평가

□ (WIKIPEDIA.Eng) Noted quality expert Joseph M. Juran has described Six Sigma as "a basic version of quality improvement", stating that "there is nothing new there. It includes what we used to call facilitators. They've adopted more flamboyant terms, like belts with different colors. I think that concept has merit to set apart, to create specialists who can be very helpful. Again, that's not a new idea."

[그림 – 17]을 요약하면 "Six Sigma는 품질을 개선하는 또 다른 견해일 뿐, 새로운 것은 없으며, 문제 해결 전문가인 벨트 제도가 있지만 이 역시 새로운 아이디어는 아니다."이다. 이미 전 세계 굴지의 기업들이 운영 효율을 높이고 비용을 줄이며, 문제를 해결하기 위해 전문가들을 대거 육성하는 등 전사의 경영 혁신 방법론으로 자리 매김하고 있는 상황에서 'Six Sigma'를 마치 폄하하는 듯한 Juran의 발언은 어떤 의미로 받아들여야 할까? Juran이 어떤 생각을 갖고 상기와 같은 발언을 했는지 다음 [그림 – 18]을 통해 간접적으로 이해해 볼 수 있다.

---

46) (출처) Paton, Scott M. (August 2002). "Juran: A Lifetime of Quality" 22(8).pp. 19-23.

[그림 - 18] 'Six Sigma'의 '문제 해결 방법론'을 설명하는 출처

# PART A
# Process Capability Studies

This part of the Handbook covers the theory and mechanics of the Process Capability Study. It starts with the selection of a problem to work on. The problem is translated into statistical terms. The problem is then solved statistically by following a definite set of procedures. Finally, the solution is translated back into the original terms.

The Process Capability Study is a basic technique for analyzing data. It can be used for any type of data obtained from a production process. It can be made by an engineer, a supervisor or anyone else having responsibility for the job. Primarily, however, the Process Capability Study is a research technique and, as such, it is particularly important in all fields of Engineering.

Process Capability Studies are also the foundation of all shop applications of quality control, and many studies are made jointly by Quality Control Teams.

[그림 - 18]의 밑줄 친 부분을 해석하면 "해결해야 할 문제를 선정하고, 그를 통계적 문제로 전환한다. 이어 정해진 절차에 따라 통계적으로 문제를 해결한 뒤, 해결책을 원래 형태로 다시 되돌린다."이다. 이 내용은 1956년도 Western Electric社의 「Western Electric Statistical Quality Control Handbook」, 즉 'SQC Handbook'에 포함된 글이다.[47] 그런데 공교롭게도 [그림 - 16]에서의 내용과 100% 일치한다. 'Six Sigma'가 'SQC'를 그대로 차용했다고 봐야할 것인가? 적어도 Juran에게는 그랬다. Juran은 그의 첫 직장으로 '통계적 품질 관리(SQC)'를 정립했던 Western Electric社에서 12년간 일했던 인물이다. 자신이 보고 경험했던 '통계적 문제 해결' 방법과 똑같은 방식이 50여년이 지나 새로운 것처럼 회자되는 상황이 묘한 여운으로 다가왔을 것으로 보인다.

물론 1956년도에 탄생했던 'SQC'와 1986년도에 나온 'Six Sigma' 간에는 약간의 차이가 있는데 전자는 주로 생산 현장에서 발생되는 문제들을 '관리도'로부터 파악한 뒤 최적화시키는 과정이었다면 후자는 생산 부문은 물론 모든 분야의 문제를 해결하는 방법론으로 확장됐다는 점이다.

---

47) SQC Handbook, p45.

또 'Six Sigma'는 2000년도에 들어서며 훨씬 달라진 면모를 보이는데 방법론에 대한 학습과 연구가 깊어지며 기존 통계적 접근뿐만 아니라 '문제 해결'에 필요한 모든 도구나 기법들이 총집결되어 Six Sigma 로드맵과 연결됐다는 점이다. **마이클 해리의 '통계'만을 문제 해결에 유일한 도구로 강조한 시기를 '1기'로 본다면 국내에서 모든 도구나 기법이 적용된 2000년대 초부터를 '2기'로 봄직하다.** 이어 **2000년대 중반부터 '문제 해결 방법론으로서의 Six Sigma'가 '3기'를 맞이한 것으로 보고 있다. 이는 Six Sigma가 또 한 차례 변모하게 된 것인데 바로 필자가 강조하는 '방법론(Methodology)'에 무게 중심을 둔 흐름**이 그것이다.

이후부터는 **'Six Sigma'로부터 필자가 발전시킨 내용**을 3개의 'Level'로 나누어 설명할 것이다. 앞으로 독자 개개인의 '문제 해결' 역량을 높이는데 매우 중요한 개념을 포함한다.

(**Level-1**) 다음 [그림−19]는 '문제 해결'에 필요한 'Level-1'[48] 수준의 로드맵을 나타낸다.

[그림−19] 'Level-1' 수준의 '문제 해결 로드맵', '5-Phase'

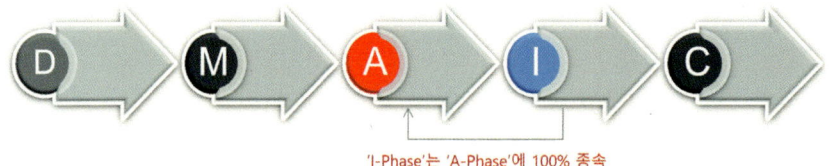

'I-Phase'는 'A-Phase'에 100% 종속

[그림−19]의 'Define - Measure - Analyze - Improve - Control' 각각을

---

48) 초보 수준이 '문제 해결' 때 쓸 수 있는 로드맵에 대응.

'Phase'라고 한다. 예를 들어, 'Define'은 'Define Phase'라 부른다. '문제 해결'에 '5-Phase 로드맵'만을 이용하면 '문제 해결 역량'에 있어 'Level-1' 수준에 해당한다. 교육 중 학습자들에게 다섯 'Phase'들 중 가장 중요한 'Phase'가 어느 것이냐고 물으면 대부분 'Improve Phase'를 선택한다. 프로세스에 직접적 변화를 야기하는 활동이기 때문이다. 그러나 프로세스를 바꾸려면 '근거'를 갖고 제3자를 설득해야 한다. 운영 중인 프로세스의 일부를 내 마음대로 바꿀 순 없기 때문이다. 이때 '근거'는 어디서 오는 것일까? 바로 'A-Phase'로부터 온다. '분석'을 통해 왜 바뀌어야 하는지 명확한 근거를 제시해야 하므로 'Improve'는 'Analyze'에 '100%' 종속된다. 'A-Phase'에서 '근본 원인'이 밝혀지고 그에 따른 '개선 방향'이 제시되지 않는 한 'I-Phase'에서의 변화는 절대 기대할 수 없다. 따라서 **'Level-1' 수준에서의 문제 해결은 'Analyze Phase'가 가장 중요하다.**

그런데 현실은 그리 녹록치 않다. 다음 [그림-20]은 A 기업에서 연간 수행했던 과제들 중 '60개'를 표본 추출해 분석이 얼마나 깊이 있게 이루어지고 있는지 '분석의 심도 '를 간접적으로 측정하기 위해 필자가 개발한 분석 예이다.

[그림-20] 'Analyze Phase'에서의 '분석의 심도' 측정 예

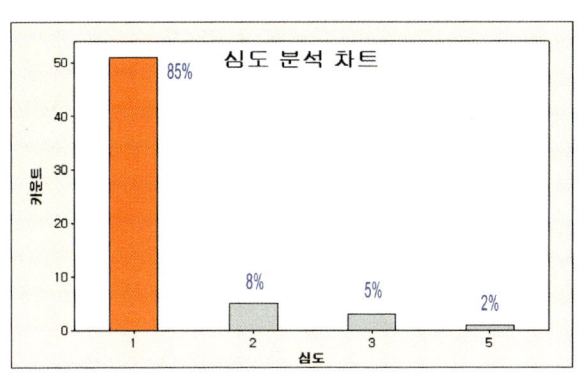

[그림-20]은 과제들이 'A-Phase'에서 각 원인 분석별로 문서가 몇 장씩 쓰였는지 헤아린 결과이다. 예를 들어, '온도'가 'Y'에 영향을 주는지 확인(또는 검정)하는 분석 과정에서 '상관 분석'을 했다면 문서는 약 1장이 쓰였을 것이다. 그러나 '상관 분석'과 항상 같이 사용되는 '산점도'[49] 작성 결과 대부분의 타점들이 '온도'가 증가할 때 'Y'가 증가하는 경향을 보이지만 일부 타점들이 직선으로부터 떨어져 관찰된다면 그들의 원인이 프로세스의 어디서 시작됐는지 추가 분석이 있어야 한다. 이때 '상관 분석'을 수행했던 문서에 다시 1장 이상의 문서가 덧붙여져야 한다. 따라서 한 개 원인 분석에 쓰인 '문서의 장수'는 '분석의 심도'가 깊어질수록 '근본 원인'을 찾기 위해 리더가 얼마나 깊이 있게 파고들었는지를 측정하는 간접적 잣대로 활용될 수 있다.

[그림-20]에서 'X-축'의 숫자 '1'은 원인 하나를 규명하는데 문서 '한 장'이, '2'는 '두 장'이 소요됐다는 뜻이다. 만일 문서 페이지 수가 두 장 쓰였다면 [그림-20]에서 측정값은 'X-축'의 '2' 위치에 빈도 하나가 추가된다. 이에 전체 조사 대상 중 '약 93%(= 85% + 8%)'의 분석이 한두 장으로 마무리됐다는 것을 알 수 있다. 원인 규명 대상 중 '약 93%'가 한두 장 규모의 내용만으로 '문제 해결'에 성공했다면(또는 과제 수행이 완료됐다면) 분석을 깊이 있게 할 필요 없는 과제였거나, 더 깊이 있게 파고들어야 하는데 초기에 끝냈다는 뜻이다. 후자의 경우라면 리더의 '분석 역량'을 검증해 볼 필요도 생긴다.

사실 더 큰 문제는 'Analyze Phase'에서 분석을 통해 원인이 규명되면 그를 어떻게 개선하리라는 산출물, 즉 '개선 방향'과, 'Improve Phase'에서 산출물을 기반으로 실제 이루어진 '개선 내용'이 '일대일 대응 관계'에 있지 않다는 점이다. 'Analyze Phase'에서의 '분석' 과정이 일종의 요식 행위나 흔히 얘기하는 'Paper Work'가 됐다는 의미로도 해석되며, 과제 수행 전 이미 '개선 방

---

49) X와 Y 데이터를 타점해 경향을 관찰하는 그림. X가 증가할 때 Y가 증가하면 '양의 상관관계가 있다.'고 판단함.

향’을 머릿속에 그려놓고 시작됐다는 뜻이기도 하다. 필자는 이런 유형의 과제들을 ‘벨트성 과제’나 ‘정치성 과제’로 분류하고 굳이 ‘5 – Phase’를 거치지 말고 ‘즉 실천(개선)’으로 처리할 것을 주문한다.

참고로 실제 관심을 둬야 할 문제는 해답을 몰라 진짜 ‘문제 해결’이 필요한 과제들이며, 이들에 대해 ‘분석적 역량’을 키우기 위한 접근은 「Ⅴ. ‘문제 해결’을 위한 Solver되기」에서 자세히 다룬다.

(**Level-2**) ‘Six Sigma’가 ‘문제 해결 방법론(PSM)’으로서 성숙된 모습을 보인 것은 아마도 국내 기업들의 엄청난 노력의 결과로 봐야 할 것 같다. 사실 [그림 – 19]의 ‘5 – Phase’는 초보자들이 ‘문제 해결’ 과정에 쓰기에는 너무 듬성듬성 떨어져 있어 각 ‘Phase’에서 무슨 활동을 해야 하는지 막막한 느낌이 든다. 이 때문에 애초 미국에서 넘어올 때도 ‘12 – Step’이나 ‘21 – Step’ 등이 있긴 했으나 국내 기업들이 정립한 ‘15 – Step’이 일종의 표준으로 자리 잡힌 상태다. ‘15 – Step’이 잘 만들어진 이유는 바로 어마어마한 인적·물적 투자를 수년간 지속해서 완성한 결과물이기 때문이다.[50]

‘문제 해결’ 과정을 ‘강을 건너는 활동’에 비유할 때 ‘15 – Step’의 의미는 두 가지로 특징지을 수 있다. 하나는 강폭에 오직 다섯 개(5 – Phase)만 놓였던 돌다리를 열다섯 개(15 – Step)로 늘려 누구라도 건너기 쉽도록 ‘문제 해결 접근성’을 높인 점, 다른 하나는 각 돌다리(Phase)에서 주요 용어들의 정의와 핵심 활동들의 규정, 도구나 기법들의 상세 설명을 달아놨다는 점이다.

‘Six Sigma’가 ‘문제 해결 방법론’임에도 ‘5 – Phase’만으로 이루어진 과제들을 보면, 각 ‘Phase’에 채워진 내용들의 연결이 매끄럽지 못한 부분이 많다.

---

50) 2001년 한 해 동안 삼성그룹 각 계열사 전문가들을 한데 모아 다양한 출처를 참고해서 15-Step이 완성됐으며, 2002년 각 계열사에 배포된 것으로 알려져 있음. 용어 정의와 기법들의 용법이 명확해서 초보자들의 접근성을 높였으며, 일부 제작자들이 컨설턴트가 되어 국내 확산에 기여함.

그러나 '15 – Step'처럼 단계가 '3배' 늘어남으로써 앞뒤 간 활동이 매끄러워짐과 동시에 '문제 해결 과정'이 흐름, 즉 '프로세스'임을 재확인하는 전환점이 되었다. 앞뒤 내용들이 훨씬 더 밀접한 관계로 연결되었기 때문이다. 다음 [그림 – 21]은 '5 – Phase'와 '15 – Step'을 동시에 보여준다.

[그림 – 21] 'Level-2' 수준의 'Six Sigma' 로드맵, '15-Step'

| Phase | **D**efine | **M**easure | **A**nalyze | **I**mprove | **C**ontrol |
|-------|------------|-------------|-------------|-------------|-------------|
| Step | Step-01. 과제선정 배경 | Step-04. Y의 선정 | Step-07. 분석계획 수립 | Step-10. 개선계획 수립 | Step-13. 관리계획 수립 |
| | Step-02. 과제 정의 | Step-05. 현 수준 평가 | Step-08. 데이터 분석 | Step-11. 최적화 | Step-14. 관리계획 실행 |
| | Step-03. 과제 승인 | Step-06. 잠재원인변수의 발굴 | Step-09. 핵심인자 선정 | **Step-12. 결과 검증** | Step-15. 문서화/이관 |

[그림 – 21]에서 각 'Phase별로 세 개의 'Step'들이 포함되어 있으며, '문제 해결'의 시작인 'Step – 01'부터 완료 시점인 'Step – 15'까지 흐름을 타고 있어 'PSM'으로서의 체계를 튼실하게 갖추고 있다. 이때 **문제 해결 과정에 '15 – Step'이 쓰이면 가장 중요하게 고려할 위치는 'Step – 12. 결과 검증'**이다.

'I – Phase'는 '개선(또는 최적화)'이 이루어지는 영역인데, '개선'이란 '현재로부터 변화된다.'는 뜻이며, 하나의 '변경점'으로 인식된다. 통상 운영 중인 프로세스에서 '변경점'이 발생하면 잘 되는 경우보다 잘 안 되는 경우가 더 많다. 프로세스란 국부적이고 독립적으로 작동하기보다 서로 연결되어 '상호작용'하고 있기 때문이다.

그런데 'I – Phase'는 정말 좋은 방향으로 개선이 이루어졌다고 '화사한 장밋빛 미래'만을 강조하는데 반해 'C – Phase'는 전혀 다른 상황을 연출한다. **'C – Phase'는 'I – Phase'에서의 최적화 내용을 실제 프로세스에 적용하는 활**

**동**이기 때문이다. 잘 알려져 있다시피 실제 프로세스는 온갖 예상치 못한 외부 변수들이 난무하는지라 최적화 내용이 딱 한 번의 적용과 실행만으로 멋지게 마무리될 확률은 그다지 높지 않다. 따라서 과정이야 어찌되었든 'C‒Phase'로 넘어가기 전 'Step‒12. 결과 검증'에서 발생 가능한 문제들을 충분히 걸러내지 못하면 최적화 때문에 오히려 다른 심각한 문제들이 고객사용 중에 야기될 수 있다. 최악의 경우 'Solver'가 아니라 'Troublemaker'가 될 수도 있다. 따라서 'Step‒12'에서 철저한 위험 관리 차원의 검증이 이루어져야 한다.

이 때문에 'Step‒12. 결과 검증'에서 개선 능력의 최고 수준인 '6시그마 수준'[51]을 달성해야 하며, 만일 그렇지 못할 경우 이전 'Step', 또는 이전 'Phase'로 돌아가 과정을 다시 밟아온다. '6시그마 수준'을 달성했다면 'C‒Phase'에서 실제 환경에 적용 시, 최적화 내용에 예상치 못한 외부 요인이 작용해도 이론상 '4.5시그마 수준' 이상을 유지하는 것으로 알려져 있다.


(**Level-3**) 'Six Sigma'의 '문제 해결 방법론'을 최상의 조건으로 사용하기 위한 환경을 제공한다. 필자가 **10여 년간 국내외에서 진행된 약 2천여 건의 과제를 분석한 결과 '문제 해결'에 필요한 모든 일의 단계는 '운영 중인 프로세스에서 발생된 문제 해결(프로세스 개선)'의 경우 '총 40개', '제품(또는 프로세스) 설계'의 경우 '총 50개'로 압축된다는 점을 확인**하였다.

국내에서의 'Six Sigma'는 화학, 전자, 조선, IT, 건설, 금융, 자동차 등 모든 산업들을 불문하고 추진되었던 혁신 방법론이었고, 또 전사의 모든 기능 부서들이 참여해 소속 부문에서 발생되는 다양한 문제들을 과제로 수행했던 만큼 기업의 낱낱의 사정들이 약 2천여 건의 과제 속에 그대로 녹아있다고 해

---

51) 100만 개의 잘못될 가능성들 중 오직 3.4개만의 결점을 허용하는 수준으로 문제 해결 활동에서 최고의 수준을 의미한다. 이 같은 수준으로 실제 프로세스(C‒Phase)에 투입하면 이론상 적어도 '4.5시그마 수준'의 높은 운영 능력을 확보할 수 있다.

도 과언이 아니다. 즉, 각 기업의 부서에서 오랜 기간 업무 경험을 쌓아 온 전문가들이 문제 해결 과정 중 제시한 다양한 산출물들은 그 자체로 대표성을 띤다.

이때, 그들의 '문제 해결'을 위한 일처리 단계가 '총 40개'라는 의미는 어느 문제를 다루더라도 최대 '40개(설계의 경우 50개)'의 일처리가 존재한다는 것이고, 이것은 기업에서 마주치는 모든 '문제 해결'을 위해 더 이상의 추가적인 활동은 존재하지 않음을 천명한 것이다. 결국 '문제 해결'을 위한 개개인의 역량은 운영 중인 프로세스에서 발생된 문제 해결엔 '총 40개', 새로운 제품(또는 프로세스) 설계를 위해서는 '총 50개' 단계를 한 번에 제대로 된 학습만 받으면 수준급으로 끌어 올릴 수 있다는 뜻이다. 어떤 영역, 어느 부문을 막론하고 적용될 수 있는 '문제 해결 방법론'이므로 개인의 역량을 높이기엔 최적의 환경을 제공한다. 이때 'Step' 이하의 활동들은 '세부 로드맵'으로 불린다. 다음 [그림-22]는 '프로세스 개선 방법론'의 '40-세부 로드맵'을 포함한 'PSM'을 나타낸다.

[그림-22] 'Level-3' 수준의 '프로세스 개선 방법론 로드맵', '40-세부 로드맵'

| Phase | **D**efine | **M**easure | **A**nalyze | **I**mprove | **C**ontrol |
|---|---|---|---|---|---|
| **Step** / 세부 로드-맵 | Step-01. 과제선정 배경 | Step-04. Y의 선정 | Step-07. 분석계획 수립 | Step-10. 개선계획 수립 | Step-13. 관리계획 수립 |
| | Step-1.1. 과제선정 배경기술<br>Step-1.2. 전략과의 연계 | Step-4.1. CTQ 선정<br>Step-4.2. 운영적 정의<br>Step-4.3. 성과 표준<br>Step-4.4. 데이터 수집계획 | Step-7.1. 분석계획/데이터 수집계획 수립 | Step-10.1. 최적화 전략 수립 | Step-13.1. 잠재문제 분석<br>Step-13.2. 실수방지<br>Step-13.3. 관리계획수립<br>Step-13.4. 표준화 |
| | **Step-02. 과제 정의** | **Step-05. 현 수준 평가** | **Step-08. 데이터 분석** | **Step-11. 최적화** | **Step-14. 관리계획 실행** |
| | Step-2.1. 문제 기술<br>Step-2.2. 목표 기술<br>Step-2.3. 효과 기술<br>Step-2.4. 범위 기술<br>Step-2.5. 팀원 기술<br>Step-2.6. 일정 기술 | Step-5.1. 측정 시스템 분석<br>Step-5.2. 현 프로세스 능력 평가<br>Step-5.3. 목표 재설정 | Step-8.1. 가설 검정 | Step-11.1 최적화 및 기대효과 | Step-14.1. Do: Scale up 실행<br>Step-14.2. Check: Scale-up : 결과분석<br>Step-14.3 Act: Scale-up 보완/ 장기 프로세스 능력 평가 |
| | **Step-03. 과제 승인** | **Step-06. 잠재원인변수의 발굴** | **Step-09. 핵심인자 선정** | **Step-12. 결과 검증** | **Step-15. 문서화/이관** |
| | Step-3.1. 과제 기술서 | Step-6.1. P-Map/X-Y Matrix<br>Step-6.2. PFMEA/RPN도출<br>Step-6.3. 특성요인도/ Multi-voting<br>Step-6.4. Screened Xs | Step-9.1. 핵심인자/ 개선방향 요약 | Step-12.1. Plan: 파일럿 계획<br>Step-12.2. Do: 파일럿 실행<br>Step-12.3. Check: 파일럿 결과분석<br>Step-12.4. Act: 파일럿 보완/ 단기프로세스 능력 평가 | Step-15.1. 과제성과의 통합<br>Step-15.2. 실행계획서 작성<br>Step-15.3. 문서화/공유/승인<br>Step-15.4. 차기 제안과제 요약 |

더불어 '연구 개발(R&D) 부문'의 '문제 회피 방법론'인 '제품 설계 방법론'
은 '5 – Phase'로 'D – M – A – D – V'가 있고, 각 'Phase'별로 'Step'이 세 개
씩 총 '15 – Step'과, '50 – 세부 로드맵'이 존재하며, 다음 [그림 – 23]과 같다.

[그림 – 23] 'Level-3' 수준의 '제품(프로세스) 설계 방법론 로드맵', '50-세부 로드맵'

[그림 – 23]의 '50 – 세부 로드맵'이 '40 – 세부 로드맵'과 다른 점은 제품이
나 프로세스에 변화를 가한다는 점이다. 구조를 바꾸든 부품이나 재질을 교체
하든, 아니면 새로운 기능을 부가하든 변화가 있어야 '설계(또는 개발)'라고
할 수 있다. 따라서 [그림 – 23]의 'Analyze Phase'에서 '제품이나 프로세스 내
에 존재하는 여러 기능들을 분석해 새롭게 변화된 모습의 제품(또는 프로세
스) 이미지를 정립'하는 '콘셉트 설계(Concept Design)'가 필수이다.

참고로 제품이나 프로세스를 변화시키는 'Analyze Phase'의 '콘셉트 설계'
연구는 그 앞 'Measure Phase'에서 조사·분석된 고객의 요구 정보를 토대로
전개되며, 그 이후는 정립된 콘셉트 이미지를 최적화하는 'Design Phase'와
연결된다.

연구 개발 활동에서 [그림-23]의 '50-세부 로드맵'은 매우 중요하다. 그러나 모든 제품(또는 프로세스) 개발이 초기 단계인 '고객 요구 조사'부터 하나하나 시작되어 '50-세부 로드맵' 모두를 밟아 나가진 않는다. 예를 들어, 이미 시장에서 판매되는 제품의 경우 원가 절감 차원에서 주요 기능은 유지하되, 보조 기능이나 불필요 기능, 또는 기능을 실현하는 부품·재료의 등급을 조정하는 활동이 가능한데, 이 경우 [그림-23]의 'Analyze Phase'부터 과제가 시작될 수 있다

이때 원가 절감을 목적으로 제품의 구조를 바꾸거나 저원가의 대체 부품으로 교체하는 접근법을 'VE(Value Engineering)'라고 한다. 우리말로는 '가치 공학'이다. 1947년 제2차 세계대전 중 GE에 근무했던 Lawrence Miles가 당시 물자 부족을 메우기 위해 공장 개수 확장으로 인한 바닥재 교환이 필요했고, 이때 바닥에 쓰이던 불연재 석면의 가격이 폭등하자 대체품인 종이 불연재로 원가 절감에 성공한 것이 계기가 되었다. 이를 시작으로 꼭 비싼 정해진 부품이나 재료를 쓰기보다 동등한 기능을 할 수 있는 저렴한 대체재를 쓰는 방안을 체계화시켜 'VE'를 탄생시켰다.

그러나 'VE' 접근법은 비록 제품을 새롭게 개발하진 않더라도 상용화된 제품의 일부를 변경하므로 '설계(또는 개발)' 영역임에 틀림없다. 로드맵 시각에선 'A-Phase'의 'Step-7. 아이디어 도출' 및 'Step-8. 콘셉트 개발' 활동에 대응하므로 **'VE'는 설계 로드맵의 전체 '50-세부 로드맵'을 따라 가는 대신 'A-Phase'에서 바로 시작되며, '제품 설계 방법론'의 'Quick 방법론'으로서 매우 유용**하다.

제품(또는 프로세스) 설계의 핵심은 '콘셉트 설계'이며, 제품의 일부를 변경하는 활동에 'VE'를 적용하면 빠른 과제 수행이 가능하다. 이때 'VE'에 로드맵을 부여해 재해석한 방법론을 '원가 절감 방법론'이라고 한다.52)

지금까지 설명된 '프로세스 개선 방법론'의 '40 - 세부 로드맵'과 '제품(또는 프로세스) 설계 방법론'의 '50 - 세부 로드맵'에 대해 한 가지 의문이 생긴다. 하나의 '문제 해결(또는 과제 수행)'을 위해 항상 이 많은 활동들을 모두 거쳐야만 하는가이다. 정답은 '꼭 그렇지 않다.'이다. '문제 해결' 유형에 따라 어느 '세부 로드맵'은 제외되거나 간단히 진행하고, 문제 해결에 꼭 필요한 '세부 로드맵'에서만 깊이 있는 고민과 분석을 통해 결과를 유도한다.

사고를 좀 더 진전시키면 '문제'가 무엇이든지에 관계없이 이미 그를 해결할 '세부 로드맵'들은 결정되어 있으므로 실제 '문제 해결' 활동에 들어가지 않고도 어떤 '세부 로드맵'에서 깊이 있게 고민해야 할지를 미리 결정할 수 있다. "시작이 반이다."란 속담이 정확히 들어맞는 상황이며, 하지 않았는데도 미리 알 수 있는 능력이므로 이를 '예지력(豫知力)'이라고 한다. 정리하면 **방법론' 학습의 최고 지향점은 바로 '예지력'을 키우는데 있으며, 개인의 '문제 해결 역량'을 높이는 일 역시 '예지력 향상'에 맞춰져야 함을 명심**하자.

[그림 - 22]와 [그림 - 23]의 '40 - 세부 로드맵'과 '50 - 세부 로드맵'을 이용해 어떻게 '예지력'을 키울 수 있는지는 「IV. '핵심 PSM'들의 화학적 융합」에서 자세히 설명한다.

끝으로 한 가지 짚고 넘어가야 할 중요한 요소가 있다. 바로 **'문제 해결'에 쓰이는 방법론(정확히 로드맵)은 오직 '40 - 세부 로드맵' 하나이고 나머진 모두 '아류'들이란 점**이다. 'PSM'을 이해하는데 매우 중요한 이론적 배경을 제공하므로 이어지는 설명을 정독하기 바란다.

우리가 행하는 모든 일은 '기 - 승 - 전 - 결'로 분류할 수 있는데 로드맵 'M - A - I - C' 역시 '기 - 승 - 전 - 결'과 일대일 대응관계에 있다. 다음을 보자.[53]

---

52) 「Be the Solver_Quick 방법론」편 참조.
53) 「Be the Solver_프로세스 개선 방법론」편, p38.

- **기(起)** '일어나다'라는 뜻이다. 시상이 발생하는 것으로, 소설의 구성 단계 중 '발단'에 해당한다. 'M－A－I－C' 관점에서는 문제의 발견과 규모를 확인하게 될 'Measure Phase'에 대응한다.
- **승(承)** '잇다'라는 뜻이다. '기'에서 일어난 시상을 이어 나가거나 좀 더 확장하는 단계로, 소설의 구성 단계 중 '전개'에 해당한다. 'M－A－I－C' 관점에서는 'M Phase'에서 확인된 현상과 규모를 보고, 그를 야기한 근본 원인들이 무엇인지 다양한 출처들로 시야를 확대해 나가는데 이 과정은 'Analyze Phase'에 대응한다.
- **전(轉)** '바뀌다'라는 뜻이다. '승'으로 이어져 온 시상이 급 전개를 보이거나 혹은 변화를 보여주는 부분이며, 소설의 구성 단계 중 '절정'에 해당한다. 'M－A－I－C' 관점에서는 'A Phase'에서 확인된 근본적인 문제들의 향후 바뀌어야 할 것에 대한 윤곽이 나오며, 그들을 통해 최적화의 '절정'에 이르게 될 것이므로 이 과정은 'Improve Phase'에 대응한다.
- **결(結)** '맺다'라는 뜻이다. '전'까지 고조되었던 시상이 맺어지는 단계이며, 소설의 구성 단계 중 '결말'에 해당한다. 'M－A－I－C' 관점에서는 'I Phase'의 최적화가 실질적인 상품이나 프로세스에 적용/운영되고 그로 인해 확실히 문제가 해결되었음을 확인한 후 개선 결과를 유지시키는 마무리에 들어가게 되므로 이와 같은 '결말' 과정은 'Control Phase'에 대응한다.

이 같은 해석은 'PSM'으로서의 'M－A－I－C'를 이해하는데 새로운 시각을 제공한다. 즉 일상의 모든 일들은 '기－승－전－결'로 나눠지며, 'M－A－I－C'는 '기－승－전－결'을 단지 알파벳으로 바꿔만 놓은 것이다. 차이점이 있다면 **'기－승－전－결'은 한시나 소설의 전개를 구분만 해놓은 것인데 반해, 'M－A－I－C'는 일을 구분해놓은 것에 '문제 해결' 용도를 추가했기 때문에 각 'Phase'별로 수많은 '도구'나 '기법'들이 굉장히 잘 배열**되어 있는 특징이 있다.
**결국 'M－A－I－C'는 모든 '문제 해결'에 있어 늘 존재하는 '고유한 활동'이며 본래의 속성은 불변이지만, 단지 일의 성격에 따라 'Phase'의 조정만 일**

**어난다**고 해석된다. 다음 [표-8]을 보자.

[표-8] 로드맵의 바탕이 되는 'D-M-A-I-C'와 그 아류들

| 문제 해결 관련<br>주요 로드맵 | 특 징 |
|---|---|
| D-M-A-I-C | • 프로세스가 존재하는 상황에서의 문제 해결에 적용.<br>• 가장 기본이 되는 로드맵('M-A-I-C'는 '기-승-전-결'에 각각 대응).<br>• '프로세스 개선 방법론'의 로드맵임. 원인 분석이 핵심. |
| Quick Fix | • 'M-A-I-C' 중 'A'와 'I'가 불필요.<br>• '즉 개선' 후 바로 실제 프로세스에 적용.<br>• 'Quick 방법론'들 중 '즉 실천(개선) 방법론'임. |
| D-M-w-C | • 'w'는 'M-A-I-C' 중 'A'와 'I'가 합쳐진 Phase임.<br>• 'w'는 'Work-out/Workshop'으로 담당자들이 모여 협의를 통해 '분석'과 '개선'이<br>이루어지는 활동임.<br>• 'Quick 방법론'들 중 '빠른 해결 방법론'의 로드맵임. |
| D-M-A-D-V | • 'M-A-I-C' 중 'A'를 반으로 나누어 전반은 '콘셉트 설계'를, 후반은 'I'와 합쳐져<br>'Design'을 형성. '제품(또는 프로세스) 설계 방법론'의 로드맵임.<br>• '제품/프로세스'의 콘셉트를 먼저 만들어 놓고 최적화 진행. |
| 영업 수주<br>(D-M-A-I-C)<br>↺ | • 'M-A-I-C' 중 'M', 'A', 'I'가 계속 반복됨.<br>• 영업 수주 과제에 적합한 문제 해결 방법론에 적용됨.<br>• 고객 요구가 'Xs', 고객 요구 대응 과정은 'A', 최종 대응책 마련은 'I'에서 구성됨. |

　예를 들어, [표-8]에서 **'Quick Fix[즉 실천(개선)]'**는 문제를 확인(Define) 후 바로 개선 내용을 실제 프로세스에 적용(Control)해서 성과를 확인하므로 'M-A-I-C'에서 'Control'만이 중요시되는 'PSM'이다. 반면에 **'D-M-w-C'**는 'w-Phase'에서 담당자들이 모여 문제를 제기하고(Xs 도출), 그 문제를 순위화한 후(분석에 대응), 해법을 찾는 과정(개선에 대응)이 담당자들의 경험을 토대로 이루어지므로 'Analyze'와 'Improve'가 합쳐진 전개이며, 이를 'w(Work-out/Workshop의 첫 알파벳)'로 표현한다. 'w'는 그 안에서 'Plan-Do-Check-Act'로 전개되므로 'TQC'에서의 문제 해결 접근법을 차용한 빠른 'PSM'이다.

　또 [표-8]에서 **'D-M-A-D-V'**는 연구 개발 부문인 '제품(또는 프로세스) 설계 방법론'의 로드맵이며, 'M-A-I-C'가 프로세스의 운영 상황에서

드러난 문제들을 해결할 때 쓰이는 'PSM'인 반면, 제품이나 프로세스 개발은 아직 그 윤곽이 잡혀 있지 않으므로(개발 전이므로) 먼저 제품이나 프로세스 이미지(콘셉트 설계)를 구성해야 한다. 이때 '콘셉트 설계'는 'M−A−I−C' 중 'Analyze Phase'를 반으로 나눠 전반부에서 '기능 분석'을 수행하며, 'Analyze'의 후반부와 'Improve'가 합쳐진 개념의 'Design'에서 '콘셉트 설계'를 최적화하는 활동이 전개된다. 내용이 다소 어려운 독자는 「Be the Solver_제품 설계 방법론」편의 개요인 '로드맵의 이해'를 참고하기 바란다.

끝으로 [표−8]에서 **영업 수주 방법론** 로드맵의 경우, 로드맵 'M−A−I−C'는 동일하나 'Measure Phase'에서 고객의 '요구사항(Xs)'을 회사로 들고 들어와 그를 만족시키기 위한 상황 분석이 이루어지며(Analyze), 적합한 대응책을 마련해(Improve) 다시 그것을 들고 고객을 만나 제시하는 활동이 반복된다. 'M−A−I−C'의 문제 해결이 'M'에서 'C'로 한 방향으로만 진행되는데 반해, '영업 수주 방법론'에서의 'M−A−I−C'는 고객이 'OK 또는 NG'할 때까지 계속 반복된다(Face−to−Face). 바로 영업 부문 중 '수주 과제'의 로드맵에 맞는 'PSM'이다. 문제 해결(수주) 과정이 반복되기 때문에 이 방법론을 활용하지 않으면 실제 수주 활동과 로드맵의 불일치가 일어난다. 이 때문에 영업 부문의 리더들로부터 다양한 불만과 운영상 부작용이 생겨난다. 과거 영업 부문에서 'Six Sigma'에 대한 반발이 가장 컸던 이유가 방법론 적용상의 불일치였음을 알았다면 더 많은 변화가 있었을 것이다.

지금까지 개인의 '문제 해결 역량'을 높이는데 필수 방법론들인 'SQC', 'TQC', 'TPM', 'Six Sigma'에 대해, 그리고 그들 속에서 학습해야 할 핵심 사항들을 알아보았다. 다음 단원에서는 이들을 하나의 체계로 융합한 뒤 '문제 해결'을 위해 유용하게 활용하는 방안에 대해 알아볼 것이다. 그 전에 기업인과 취준생들에게 '핵심 PSM'의 학습이 왜 중요한지 먼저 짚고 넘어가자.

## 2. 기업인에 중요한 '핵심 PSM'의 학습

　　　　　　　　　　　　문제 해결 역량을 키워나가야 할 기업인 각자에게 '핵심 PSM'은 어떤 도움을 줄 수 있을까? [그림-9]와 [그림-10]에 포함된 '핵심 PSM'들은 'SQC', 'TQC', 'TPM', 'Six Sigma' 들이었고 모두 회사의 경영 방침에 따라 도입되고 운영되는 전사적 활동들이다. 그러나 본문의 주제는 개인의 문제 해결 역량을 키우는 방법에 대해 논하고 있으므로 '전사적 활동 성향'과 '개인의 문제 해결 역량 향상' 사이에는 '전사'와 '개인'의 의미처럼 규모면에서 큰 간극이 있어 보인다. 정말 그럴까?

　대형 선박이 원활히 움직일 수 있는 배경에는 그를 구성하는 갑판, 화물칸, 부식 창고, 휴게실 등 부대시설과 엔진 시스템, 상태 진단 시스템, 항해 지원 시스템 등이 모두 올바로 작동하고 상호 작용해야 비로소 가능하다. 외형적으론 이들 모두를 포함하고 있는 거대한 선박이 눈에 들어오지만 실상 선박의 '기본 기능'은 물에 떠야 하는 '부양 기능'과, 움직여야 하는 '추진 기능'이 가장 핵심이다. 이 둘 중 하나라도 만족시키지 못하면 이미 '선박'이 아니다. 따라서 핵심 원동력만 따져보면 부대시설이나 편의 시설 모두를 걷어내고 예로써, '엔진 시스템 성능'같은 주요 하위 시스템이나 모듈들이 정상으로 작동해야 한다. 선박의 핵심을 '엔진 시스템 성능'이라 할 만하다.

　기업을 보자. 기업의 '기본 기능'은 수익의 창출이다. 수익 창출을 위해 가장 하부 조직의 누군가가 주어진 문제들을 지속적으로 해소시켜주지 못하면 모든 기업 내 다른 활동들이 아무리 순탄하게 돌아가도 문제 해결을 제대로 못하는 하부 조직의 부진이 전체 성능을 좌우한다. 마치 국부적이면서 아주 작은 혈관임에도 그것이 막혔을 때 사람의 전체 체계를 무너트리는 동맥경화와 유사하다. 엘리 골드렛(ELIYAHU M. GOLDRATT) 박사의 '제약 이론 (TOC, Theory of Constraint)'은 프로세스 전체가 올바로 상호 작용하는 과정에서 만약 가장 취약한 업무가 있다면 전체 성능의 운명은 그 일부에 의해 결정된다는 기업의 현상을 잘 설명한다.[54]

결국 기업에서 어려운 수익 목표 달성을 위해 도입한 혁신 방법론 역시 '전사적' 시각에선 큰 규모의 활동으로 여겨지나 관리 또는 운영 절차, 지원 체계, 보고 체계 등 대형 선박의 부대시설에 빗댈 수 있는 활동들을 걷어내면 실상은 과제를 수행하는 하부 기능부서나 개인들의 '문제 해결 역량'이 배를 움직이는 '엔진 시스템 성능'에 비유된다.

다음 [그림-24]는 대형 선박의 핵심인 '엔진 시스템 성능'과, '(기업 내) 혁신 방법론 운영'의 핵심인 '(직원의) 문제 해결 역량'을 비유한 개요도이다.[55]

[그림-24] 큰 규모의 체계에 늘 존재하는 '핵심'의 실체

어떤 체계가 있을 때 그것이 외형적으론 아무리 거대하게 보일지라도 항상 그를 작동시키는 핵심이 어딘가에 위치한다. 기업이 수익 창출을 목적으로 도입한 혁신 방법론의 체계 속에는 다양한 운영 활동들이 함께하고 있지만 실상은 **혁신 방법론 적용에서의 핵심은 바로 직원 '개개인의 문제 해결 역량'**에 맞춰져 있다. 개인의 문제 해결 역량을 통해 문제가 해결되고 그 결과는 회사

---

54) 엘리 골드렛, 제프 콕스 (2015), 「The Goal, 당신의 목표는 무엇인가?」, 역자 강승덕, 김일운, 김효, 동양북스

55) (그림 출처) http://www.nedcruise.info/oasis%20of%20the%20seas.htm

의 수익으로 연결된다.

그러나 선박의 핵심인 '엔진 시스템 성능'과 기업에서의 개인(또는 단위 부서)이 보유한 '문제 해결 역량' 간에는 큰 차이가 하나 있다. 전자는 정해진 프로그램대로 작동만 할 뿐이지만 후자는 학습을 통해 수행 역량을 극대화시킬 수 있는 특징이 있다. 이것이 **직원 개개인이 문제 해결 역량을 높이기 위해 학습이 필요한 이유**이다.

학습이 필요한 이유에 대해 기업에서 추진하는 경영 혁신, 또는 품질 혁신 활동을 예로 들어보자. 한 기업에서 혁신 프로그램을 추진하는 이유는 현재보다 더 나아지려는 목적에서 시작되며, 여기엔 대표 이사부터 말단 직원에 이르기까지 모두가 참여하는 '전사 혁신 방법론'의 도입, 또는 고객 서비스 부문이나 생산 현장 부문에서 선택적으로 도입하는 '부문 혁신 방법론'이 주를 이룬다. 다음 [그림-25]는 기업에서 이루어지는 '경영 혁신 순환 체계도'인 [그림-2]를 다시 옮겨놓은 것이며, 이 순환 체계도 속에 거대한 체계인 '전사 혁신 방법론(또는 '부문 혁신 방법론')'과 가장 말단의 실행 주체인 '문제 해결 수행자(또는 과제 수행 리더)' 간에 어떤 관계가 있는지를 잘 보여준다.

[그림-25] '경영 혁신 순환 체계도' 내에서의 '과제 수행 리더'의 역할

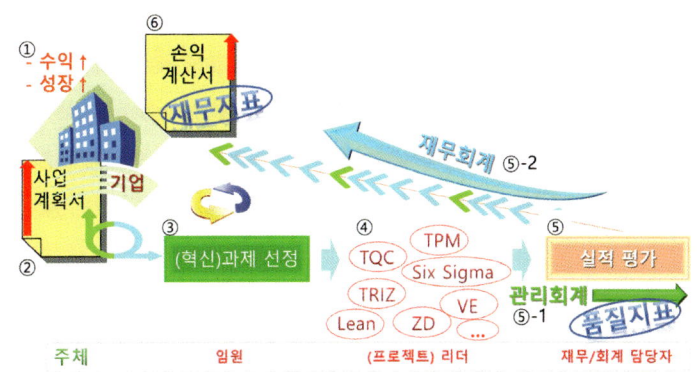

[그림-25]의 '④'는 [그림-2]에서 '과제 수행' 영역이었다. 즉 '③'에서의 '(혁신) 과제'들이 '⑤ 실적 평가'로 이어지려면 저절로 좋은 결과가 나올 리 만무하며, 이때 '수단'이 되어 줄 매개체가 반드시 존재한다. 어떻게 하면 현재 주어진 문제(과제)를 잘 해결(수행)하고 목표로 삼았던 최상의 성과를 기대할 수 있을까? 기업을 책임지고 있는 경영자나 주요 담당 부서장들에게는 큰 고민이 아닐 수 없다.

기업이 수익 창출을 위해 재화나 서비스를 오랜 기간 생산하면서 습득한 다양한 운영 노하우를 잘 다듬고 체계화한 후 그것으로 하나의 방법론을 만든 뒤, 이를 자체 'PSM'의 '수단'으로 활용한 예는 극히 드물다. 주로 경쟁사의 성공 사례나 선진 기업, 또는 유명 연구 기관에서 이미 검증된 방법론을 도입하는 경우가 대다수이다. 왜냐하면 수익성과 성장성을 담보하기 위해 끊임없이 변화를 추구해야 할 기업 입장에서 모험을 감수하면서까지 검증되지 않는 방식을 들여오는 일은 위험 관리 차원에서 선호할 이유가 없다. 이때 '검증된 방식(방법, 또는 체계)'들이 바로 [표-3], 또는 [그림-25]의 '④'에 기술된 '방법론(Methodology)'들이다. 보통 '전사적'으로 움직이는 방법론엔 'Total(전사적)'이 붙은 'TQC, TPM' 등이 선호되고, 창의적 연구 개발 관련해서는 'TRIZ, VE'가, 독립된 문제들 해결엔 'Six Sigma', 생산 혁신 관련해서는 'ZD, Lean' 등 주어진 환경과 요구되는 성과를 고려해 도입이 결정된다.

일단 기업에서 하나의 '방법론'을 도입하기로 결정하면 주어진 문제를 해결하기 위해 임직원은 새로운 방법론을 명확히 이해하고 그들이 요구하는 일정 수준 이상의 역량을 확보해야 한다. 또 도입 주체는 방법론이 조직에 잘 스며들어 체질화될 수 있도록 노력해야 한다. 그렇지 않으면 기존과 별반 차이나지 않는 문제 해결 수준에서 과제를 수행하게 되고, 이때 기업이 제시한 요구 역량과 개인의 실제 역량 간에 불합치가 발생하면 혁신 방법론의 부작용, 예를 들어 운영상의 비효율 발생이나 저항 세력 관리에 따른 자원의 낭비를 초래한다. 바람직한 결과를 얻기 위해 좋은 의도로 시작된 일이 예상치 못한 저항과 부작용에 시달리는 역효과가 날 수 있다.

'TRIZ'를 도입했음에도 일부가 아닌 모든 연구 활동에 강력 권장하는 바람에 필요성을 덜 느끼는 부문에서 피로감이 극도로 쌓이거나, 'Six Sigma'를 도입하면서 모든 영업 활동에 '영업 수주 방법론'이 아닌 '프로세스 개선 방법론'만을 강요해 학습 의욕이 꺾이는 예들을 주변에서 심심찮게 접한다. 따라서 기업에서 '문제 해결(또는 과제 수행)'에 필요한 '문제 해결 방법론(PSM)'의 도입과 보급은 매우 신중하게 고려하고 판단해야 할 사안이며, 이때 직원들이 공감하고 역량을 키워나갈 수 있도록 섬세한 전략적 접근이 필요하다.

반대로 과제를 수행할 리더 입장에서는 오랜 기간 연구를 통해 증명된 'PSM'이 문제 해결 역량을 키워 궁극적으론 시장에서 본인의 가치를 증대시킴과 동시에 경쟁력도 높일 수 있는 절호의 기회임을 명확히 인식해야 한다. 이와 같이 **혁신 방법론 적용에서의 핵심은 바로 직원 '개개인의 문제 해결 역량'에 맞춰져 있으며, 기업과 직원 간에 서로의 이해가 공유될 때 'PSM' 학습 파급력은 극대화**된다.

## 3. '취준생'에 중요한 '핵심 PSM'의 학습

                            기업 관점의 '문제 해결' 설명에서 잠시 벗어나 기업에 막 입사를 희망하는 취준생(취업 준비생의 준말)들에 꼭 필요한 역량에 대해서도 알아보자.

  필자는 3년간 H대 재학생들을 대상으로 '문제 해결 방법론'에 대한 프로그램을 수차례에 걸쳐 운영한 바 있다. 이때 학생들의 의견을 구하고자 실시한 FGI(Focus Group Interview)[56]에서 여러 질문을 통해 그들의 생각과 반응을 수집한 적이 있다. 기본 질문들 중 하나가 본 프로그램에 대해 어떻게 생각하는지를 묻는 것이었는데, 학생들은 모집 공고문에서 다른 내용들은 낯설어 잘 못 알아들었지만 '기업', '사전 체험', '문제 해결' 등의 단어가 눈에 들어와 지원하게 됐다고 했다. 또 이들 단어들이 왜 관심 대상이 됐는지 되물었을 때 사실 기업에 들어가 정확히 무슨 일을 하게 될지가 매우 궁금하다고 했다. 물론 관심 분야도 있고 그 분야에서 역할이 주어지면 성과를 내기 위해 열심히 노력하겠지만 그 단계까지 가기 전 현재 준비해야 할 일이 딱히 떠오르지 않는다는 것이다. 또 사전 학습이 이루어진다면 그 내용을 활용하기 위해 가장 중요하게 생각하는 시점이 '입사 면접 시', '입사 후 업무를 볼 때' 중 어느 쪽에 가깝냐고 했을 때 '입사 면접 시'를 대다수가 선택하였다. 매우 현실성 있는 답변들이다.

  이미 학생들은 5일 동안의 이론 학습과 영업, 연구, 제조, 관리 등 관심 분야별로 프로젝트를 수행하고 있던 참이어서, '문제 해결 방법론'이 실제 기업에서 유용하다는 점을 이해했고, 지금과 같은 커리큘럼이 제공된다면 향후 더 깊이 있는 내용을 접할 기회도 주어지길 희망하였다.

---

56) 학생들을 4~5명씩 여러 그룹으로 나눈 뒤 학습 프로그램에 대해 집중적으로 의견을 구하는 방법. 보통 제품 마케팅 등 특정 주제에 대해 고객의 깊이 있는 의견을 구할 때 사용하는 설문 방법이다.

그럼 현재 취준생들이 기업 입사를 위해 준비하는 내용들엔 어떤 것들이 있을까? 일일이 조사할 순 없지만 문헌을 통해 간접적으로나마 관련 내용을 확인할 수 있다. 다음 [그림−26]은 한 KDI 연구 보고서에 발표된 취준생 대상의 설문 조사 결과를 발췌해 옮긴 것이다.[57]

[그림−26] 대학생들의 기업 입사 전 준비 항목 우선순위

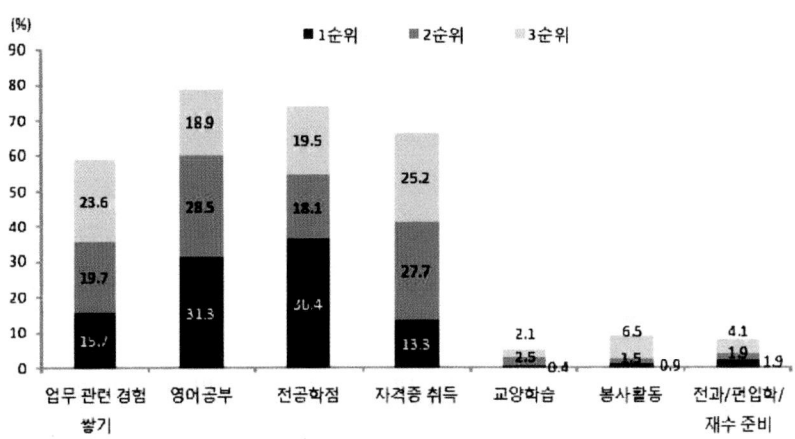

[원 자료] 김희삼(2011)의 연구에서 수행한 전국 대학생 3·4학년 1,500명 설문조사(2011. 11)

[그림−26]에서 각 막대는 취업 준비를 위해 우선시하는 항목들 중 3순위까지를 합산한 결과이다. 예를 들어, '영어 공부'에 대해 취업 준비로 중요하다고 생각하는 1순위, 2순위, 3순위의 합이 약 80%(X-축 항목들 중 '영어 공부'의 Y-축 전체 높이)임을 알 수 있다. 따라서 기업 입사를 위해 미리 준비해야 한다고 생각하는 항목들의 순위는 '영어 공부 > 전공 학점 > 자격증 취득 > 업무관련 경험 쌓기' 순이다. '1순위(각 막대 가장 아래쪽 검은색)'만 보더라

57) 김희삼, 영어 교육 투자의 형평성과 효율성에 관한 연구 (연구 보고서 2011-04, KDI, 2011. 12).

도 '전공 학점'과 '영어 공부'에 큰 비중이 있음을 알 수 있다. 조사 내용이 2011년이지만 현재까지도 딱히 분위기는 달라 보이지 않는다. 앞서 H대 재학생들을 대상으로 한 'FGI'에서도 그들은 외국어 학습에 많은 시간과 비용을 들인다고 하였다. 동일 문헌에서 어학 학습에 대해 해석하고 있는 내용을 요약해 옮기면 다음과 같다.

> "영어와 관련된 자원 배분의 효율성을 평가함에 있어 영어에 대한 투자가 개인의 노동 시장 성과를 통해 얼마나 큰 보상을 가져오는가의 문제와, 영어 능력을 노동 시장에서 선별·신호 도구로 사용하는 것이 바람직한가의 문제를 고찰하였다. 더욱이 영어 능력의 임금 프리미엄은 직장에서 영어 능력을 요구하는지의 여부와는 상관이 없었다. 이렇게 볼 때 우리나라 노동 시장에서 영어 능력의 임금 프리미엄은 영어 능력 그 자체의 업무 생산성 향상 효과에 대한 보상이라기보다는 영어 능력을 갖춘 사람의 관찰되지 않은 다른 특성이 가져오는 덤일 가능성이 있다. 즉 영어 능력은 노동 시장에서 구직자가 자신의 특성을 알리는 신호이고, 기업 입장으로서는 선별 도구가 되고 있는데, 대학생들은 영어 스펙을 준비하기 위해 다른 공부나 활동을 희생하는 경우가 많은 것으로 조사되었다."

취업 준비 항목에서 '전공 학점'과 '영어 점수'는 수치로 정확히 나타낼 수 있어 구직자에겐 자신의 수준을 기업에 전달할 수 있는 좋은 매개 역할을 한다. 다만 문헌에서는 영어 능력이 실무에 있어서 성과를 내는 데는 직접적 연관성을 찾아 볼 수 없고, 그 외의 다른 역량을 통해 이루어짐을 간접적으로 내비치고 있다.

최근 들어, 기업이 취준생을 뽑는 기준도 다양화되고 있다. 전공과 영어로 대변되는 천편일률적인 기준에서 벗어나 창조성을 강조하는가 하면 심층 면접을 통해 기업에 적합한 인재를 찾고자 노력한다. 시장 환경이 예견할 수 없을 정도로 급격히 변화하는데 따른 적응 과정으로 풀이된다. 이미 「Ⅰ. '문제 해결' 수행 사례」의 소주제들 중 「기성 사원을 능가하는 대학생들의 문제 해결 사례」에서 소개했듯이 대학교 재학생들이 평소에 드러내지 못한 기업형 '문제 해결 능력'을 확인한 바 있다. 학생들 눈높이에 맞는 체계화된 '문제 해결 학습 프로그램'을 구성하고 방학 기간 중 제공하는 등의 노력이 뒷받침된다면 기업에서 요구하는 문제들을 빠르고 정확하게 처리할 수 있는 능력을 미리 확보할 수 있다. 어학에 투자되는 시간과 비용을 줄이고 좀 더 실용적이고 필요한 부문에 매진케 하는 분위기 조성이 하루 빨리 다가서기를 기원하는 바이다.

다음 단원에서는 주어진 문제를 해결하는데 중요한 '핵심 PSM'들끼리의 화학적 융합에 대해 알아보고, 그들이 **하나의 방법론으로 통합될 수 있음**도 확인할 것이다. 이후엔 개인의 문제 해결 역량을 발휘하는데 그들을 유용하게 쓸 수 있는 방안에 대해서도 깊이 있게 검토할 것이다.

Ⅳ

# '핵심 PSM' 들의
# 화학적 융합

본 단원에서는 앞 단원에서 설명된 '핵심 문제 해결 방법론'들이 화학적으로 융합하는 과정과, 그 융합된 산출물이 어떻게 '문제 해결'에 유용하게 쓰이고 작동하는지를 학습한다. 독자는 본 단원의 학습을 통해 기업에서 맞닥트리는 다양한 문제들을 분류하고, 어느 '세부 로드맵'을 통해 해결되어야 하는지 그 '예지력' 향상의 진수를 경험하게 된다.

# 1. '핵심 PSM'들의 화학적 융합 개요

        기업에 소속된 개인이 업무 중 '문제(Problem)'
와 맞닥뜨렸을 때 'SQC', 'TQC', 'TPM', 'Six Sigma'들이 원인 규명과 최적
해결에 필수 방법론들임을 강조한 바 있다. 이들 '핵심 PSM'들의 공통된 특
징은 그 대상이 전사이다. 따라서 전사를 움직이기 위해 관리, 운영 원칙, 절
차들로 빼곡하지만 이들을 모두 걷어내면 활동의 원동력은 리더를 중심으로
한 '문제 해결(과제 수행)'이 핵심이다. 따라서 **각 '핵심 PSM'들이 보유하고
있는 순수 '문제 해결' 용도의 특징과 장점들을 모아 학습하면 리더의 '문제
해결 역량'을 크게 높일 수 있다.** 본론에 들어가기에 앞서 언급된 'SQC',
'TQC', 'TPM', 'Six Sigma'의 '문제 해결 역량'을 높일 수 있는 특징들을 재
정리하면 다음 [표-9]와 같다.

[표-9] '핵심 PSM'들이 보유한 '문제 해결' 전용 특징들

| 방법론 | 개인의 '문제 해결' 역량 향상에 도움 되는 특징들 |
|---|---|
| SQC | ○ 운영 중인 프로세스에서 '관리도'로 현황을 모니터링 하는 것<br>○ '비정상 패턴'인 '검정(8개 유형)'과 '특이 패턴(10개 유형)'의 제공. |
| TQC | ○ 부문 내 '문제 해결'에 유용한 'Plan-Do-Check-Act Cycle'의 로드맵 제공. |
| TPM | ○ 설비 보전과 관련하여 '개별 개선', '계획 보전' 중 'TBM', '개선 활동' 중 '개량 보전'의 방법 제공.<br>○ 확률 분포, 신뢰성 척도, 수명 데이터 분석법 제공. |
| Six Sigma | ○ 운영 프로세스에서의 '문제 해결'엔 '프로세스 개선 방법론', 제품 개발을 위한 '문제 회피'엔 '제품(프로세스) 설계 방법론' 제공.<br>○ Level-1은 '5-Phase', Level-2는 '15-Step', Level-3는 '40-세부 로드맵' 또는 '50-세부 로드맵'의 제공.<br>○ '문제 해결에' 필요한 '예지력'을 키울 수 있도록 지원. |

'Six Sigma'의 '세부 로드맵'은 대부분의 기업에서 과거 10여 년간 추진했던 모든 기능 부서들의 수행 과제 약 2,000여 건을 분석해 정립한 결과이다. '세부 로드맵'은 모든 '문제'를 해결할 수 있는 '완전한 방법론'이다. 여기서 '완전한'이란 '40-세부 로드맵'이나 '50-세부 로드맵'에 더 이상의 '세부 로드맵'을 추가하거나, 정해놓은 순서를 바꿀 필요가 없다는 뜻이다. 또 생산 중 문제 해결에 강력한 'SQC', 부문 내 문제 해결에 유용한 'TQC', 설비 보전에 필수인 'TPM'들 모두는 '문제 해결'이란 공통성을 갖고 탄생했으므로 결국 **'프로세스 개선 방법론'의 '40-세부 로드맵'을 바탕에 깔고 이들 세 개 방법론들을 융합할 수 있는 논리가 성립한다. '40-세부 로드맵'이 '모든 문제 해결'에 '완전한 로드맵'을 제공하기 때문에 가능한 일**이다.

'문제 해결'과 성격이 다른 **'문제 회피'** 영역은 **'제품(또는 프로세스) 설계 방법론'의 '50-세부 로드맵'과 '품질 기법'들이 융합**된다. 왜냐하면 설계 부문에서의 '콘셉트 설계'는 제품이나 프로세스를 바꾸거나 새롭게 구성하는 과정이 주를 이루므로 향후 어떤 일이 벌어질지 예측하고 미리 해결하는 활동이 필수이다. 때문에 최적화된 특별하고 강력한 '품질 기법'들이 추가되어야 한다.

앞으로 설명될 방법론들 간 화학적 융합은 다음 네 개 소주제로 나뉘어 제시된다.

1) (문제 해결) '40-세부 로드맵'과 'SQC'의 화학적 융합
2) (문제 해결) '40-세부 로드맵'과 'TQC'의 화학적 융합
3) (문제 해결) '40-세부 로드맵'과 'TPM'의 화학적 융합
4) (문제 회피) '50-세부 로드맵'과 '품질 기법'들의 화학적 융합

소주제들 중 '(문제 해결)'의 '1), 2), 3)'은 본바탕이 '40-세부 로드맵'으로

동일하기 때문에 **'SQC', 'TQC', 'TPM', 'Six Sigma'는 성격이 다른 별개의 방법론들이 아니라 결국 '40-세부 로드맵' 속에서 다루어질 하나의 '문제 해결 방법론(PSM)'으로 간주**한다. 화학적 융합의 결과 때문에 가능한 일이다. 따라서 크게 '문제 해결'과 '문제 회피'로 나누어 이해하는 것이 바람직하다. 각각에 대해 알아보자.

## 2. (문제 해결) '40-세부 로드맵'과 'SQC'의 화학적 융합

　　　　　　　　D 기업에서 내년도 '사업 계획'을 결정했다고 가정하자. '사업 계획'은 이익 목표 달성이 중요하며, 이를 위해 사외 고객들을 대상으로 연구 개발을 통해 제품의 부가가치를 높이거나 영업 활동을 통해 마진을 크게 남길 수 있다. 또는 사내 불합리한 프로세스, 낭비 요소들을 찾아 원가나 비용을 줄이는 두 가지 접근이 가능하다. 부가가치를 높이려는 신상품 개발은 '제품(또는 프로세스) 설계 방법론' 영역이고, 원가나 비용을 줄이는 일은 '프로세스 개선 방법론' 영역이다.

　만일 앞선 설명에서 낭비 요소 제거를 목표로 과제가 주어졌고, 이때 '프로세스 개선 방법론'의 '40-세부 로드맵'을 적용한다고 가정하자. 다음 [그림-27]은 개별 과제 수행 중 'Measure Phase'에서 자주 경험하는 예이다.

[그림-27] '개별 과제' 수행 중 'Measure Phase'에서 자주 경험하는 예

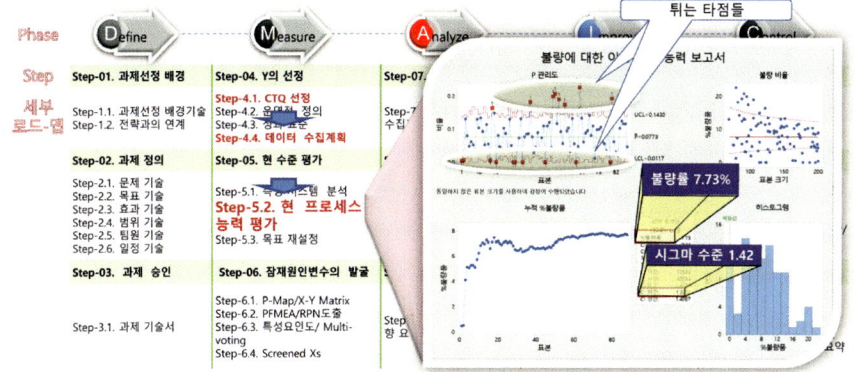

　[그림-27]은 과제가 결정됐을 때, 'Measure Phase'의 첫 '세부 로드맵'인

'Step-4.1. CTQ 선정'에서 '품질 특성'인 'Y'를 정하고, 이어 현 수준을 알아보기 위해 'Step-4.4. 데이터 수집 계획'을 통해 운영 중인 프로세스로부터 'Y의 데이터'가 수집된다. 다시 이 데이터를 이용해 'Step-5.2. 현 프로세스 능력 평가'에서 'Y'의 '현 수준'이 파악된다([그림-27]에서 'Measure Phase'의 '세부 로드맵'에 있는 화살표 흐름 참조).

[그림-27]의 예는 '이산 자료'를 가정하고 있어 '현 수준 평가'의 값은 '실패율', '불량률', '누락률', '결점률' 등 실제 관리 중인 측도나 '시그마 수준 (Sigma Level)'과 같은 범용 지표를 이용할 수 있다. 예에서는 'Y'의 현 수준이 '불량률 = 7.73%', 또는 '시그마 수준 = 1.42'로 측정되었다. '불량률'의 최저 수준은 '0'이고 '시그마 수준'의 최고치는 항상 '6'이므로 '불량률' 관점에선 최대 '약 7.73%'를 낮추거나, '시그마 수준' 관점에선 최대 '4.58(= 6 - 1.42)'을 높여야 한다.

그러나 [그림-27]의 '현 수준 평가' 결과에서 주목할 점은 바로 '$p$-관리도'이다. 수집된 데이터를 시간 순서로 타점한 것이 '관리도'인데 [그림-27]의 「불량에 대한 이항 공정 능력 보고서」 내 관리도를 보면 타원으로 강조한 부분에 한계선을 넘어간 다수의 타점들이 관찰된다(그림에서 '튀는 타점들' 참조). 프로세스에 원인 불명의 변화가 있었음을 알리는 메시지다. 여러분이라면 이 상황에서 어떤 결론을 내릴 수 있을까?

오랜 기간 과제를 멘토링한 필자의 경험으로는 리더들 중 열이면 열 모두 다음 '세부 로드맵'으로 그냥 넘어간다. 안타깝지만 막을 수도 없다. 대부분 납기일(?)이 정해져 있어 기간 내 'Measure Phase'가 완료되어야 하기 때문이다. 꼭 이런 정치적 이유만이 아니더라도 대부분의 리더들이 튀어 오른 타점들 모두의 원인을 규명하는 일에 주저하곤 하는데 상황에 맞는 표현이 있다. 바로 "엄두가 안 난다!"이다.

그러나 필자의 입장은 매우 완강하다. "문제를 해결할 것인가?", 아니면 "현실과 타협할 것인가?" 이도 저도 아니면 "해석의 의미조차 없는 현상인가?"
만일 "해석에 의미가 없어 무시해도 좋다."이면 과제 수행을 어떻게 받아들여
야 할까? 데이터는 튀는데 변동성을 유발시킨 프로세스는 괜찮다! 그렇다면
문제 해결 과정은 인증용? 정치용? 어쨌든 무시해도 좋다면 그냥 알아서 결론
내면 될 일이다. 그 외엔 타협이란 결코 있을 수 없다. 프로세스가 울퉁불퉁
바이킹 타는 현상을 목격하고도 그냥 넘어가다니! 업무 태만이요 직무 유기다
(심한 표현이지만 상황을 강조하기 위해 도입했다)! 해결 방법을 찾아야 한다.
문제를 해결하려고 과제를 하고 있는데...

　[그림-27]의 '관리도'만 떼어놓고 보면 [그림-11]에서 설명한 'SQC(통계적
품질 관리)'의 개요도가 떠오른다. 당시 개요도에 포함된 '관리도'를 [그림-27]
의 '관리도'로 대체해 다시 그리면 다음 [그림-28]과 같다.

[그림-28] 'SQC 개요도'에 '그림-27'의 '관리도'를 대체시킨 예

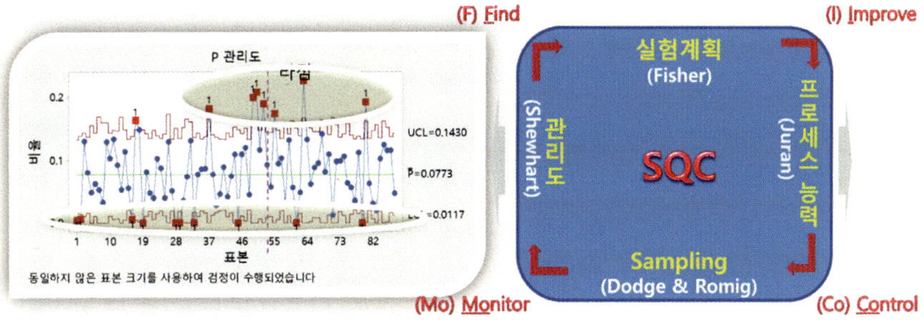

　'40-세부 로드맵'은 전개상 한 방향으로 나아가도록 구성되어 있다. 따라서
'Step-5.2. 현 프로세스 능력 평가'가 완료되었으므로 다음 '세부 로드맵'인
'Step-5.3. 목표 재설정'이나 'Step-06. 잠재 원인 변수의 발굴'로 넘어가야 한다.
그러나 [그림-28]에 따르면 프로세스 내 이탈 점들에 대한 개선이 이루어

진 후, '관리도'로 다시 모니터링과 재평가를 반복하고(MoFICo) 프로세스에 내재된 문제들이 모두 해소되어야 비로소 흐름이 끝난다. 결국 **'40-세부 로드 맵'의 'Step-5.2. 현 프로세스 능력 평가' 중 관리도를 통해 '비정상 패턴'이 관찰되면 'SQC 문제 해결 방법론'으로 전환**한다. 현재로선 다음 단계로 넘어갈 수 없다는 뜻이며, 'プロ세스 개선 방법론'으로부터 프로세스에서의 문제 해결에 유리한 'SQC 방법론'으로 수행 방법을 바꾼다는 의미이다.

다음 [그림-29]는 '프로세스 개선 방법론'의 '40-세부 로드맵'과 'SQC'를 화학적으로 융합한 개요도이다.

[그림-29] '프로세스 개선 방법론'의 '40-세부 로드맵'과 'SQC'의 화학적 융합 개요도

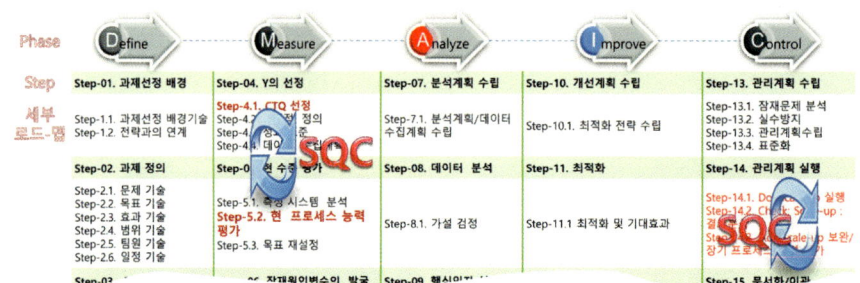

[그림-29]는 **'문제 해결'을 위한 '프로세스 개선 방법론'과 'SQC 방법론' 의 화학적 융합을 나타내며, 특정한 조건이 됐을 때 '프로세스 개선 방법론 → SQC로의 방법론 전환'이 있어야 함을 시사**한다.

그림에서 보여준 'Step-4.1. CTQ 선정'과 'Step-5.2. 현 프로세스 능력 평가' 간 회전 화살표는 '관리도'를 모니터링 할 때 개선이 필요한 '프로세스 변수 (X)'가 하나가 아닌 다수가 될 수 있기 때문에 반복적인 개선의 의미를 담고 있다. 'X' 하나를 개선했음에도 여전히 '비정상 패턴'이 관찰되면 또 다른 'X'

를 개선해야 하므로 'MoFICo'가 계속 반복된다.

'SQC 방법론'이 적용되는 또 한 번의 기회가 있다. 바로 'Control Phase'에서다. 'Measure Phase'에서의 'SQC'는 프로세스 상태가 '안정적'이지 못하기 때문에 이후 전개는 의미가 없다. '현 프로세스 능력(예에서 불량률, 시그마 수준 등)'은 '관리도를 통해 안정화가 확인된 상태에서 측정되어야'58) 하며, 따라서 관리도가 불안정하면 'SQC'를 통해 먼저 프로세스를 안정시킨 뒤 '40-세부 로드맵'을 이어나간다.

반면에 'Control Phase'에서의 'SQC'는 최적화 내용을 실제 프로세스에 적용하는 과정 중 예상치 못한 문제들을 찾아 해결할 목적으로 운용된다. 'Improve Phase'에서 이룬 '최적화'는 프로세스에 좋은 의미로 적용되지만 실제 프로세스에서 얼마나 성과를 낼지는 알 수 없다. '최적화 내용'도 하나의 변경점이며, '변경점'은 좋은 결과보다 안 좋은 결과로 이어질 가능성이 더 높다. 따라서 실제 프로세스 환경인 'Control Phase'는 'Improve Phase'로부터 넘겨받은 최적화 내용들을 '관리도'로 모니터링(Mo), 원인 규명(F), 최적화(I), 유지(Co)의 반복을 통해 그 적합성 여부를 판단한다.

이와 같이 실제 프로세스에 적용해서 적합성을 확인하는 'Control Phase'는 성과를 결정짓는 최종 관문이므로 어떤 문제 해결 과정이든 가볍게 넘어가서는 안 될 반드시, 그것도 제대로 거쳐야 할 절차이다. 전체 문제 해결 과정 중 성과가 측정되는 가장 중요도가 높은 영역이기 때문이다.

지금까지 '40-세부 로드맵'과 'SQC'의 화학적 융합을 통해 'SQC'로의 전환 시점이 명료해지고 하나의 문제 해결에 그들이 어떻게 상호 작용하는지 확인하였다. 참고로 현재 운영 중인 프로세스에서 'SQC'만으로 개선이 지속적으로 이루어지게 하는 방법과, '관리도'를 안정화시키는 방법들에 대한 자세한 내용 및 사례는 「Be the Solver_통계적 품질 관리(SQC)」편을 참고하기 바란다.

---

58) 측정 결과를 제조 부문에서는 '공정 능력'이라고 한다.

## 3. (문제 해결) '40-세부 로드맵'과 'TQC'의 화학적 융합

'문제 해결'과 관련된 'TQC'에서의 핵심은 'Plan－Do－Check－Act Cycle'의 활용이다. 'PDCA Cycle'은 [그림－13]의 'QC Story'에서 쓰이며 부문 내 '문제 해결'에 매우 유용한 로드맵이다. 출처에 따라는 'PDCA Cycle'이 '특성 요인도'같은 도구와 늘 요긴하게 쓰이므로 완연한 문제 해결 용도, 즉 그 자체를 '로드맵'이 아닌 '방법론'으로 분류하기도 한다.

참고로 '부문 내'라는 의미는 생산의 경우 특정 조립 라인이 될 수 있고, 영업이면 한 개 모델을 구매하는 고객들의 관리 업무, 구매는 특정 소재 업체를 발굴하는 일부터 입고할 때까지의 업무 등이 해당한다. 다시 말해 '정해진 분야에서 오랜 기간 유사 업무를 수행해온 조직, 업무' 쯤을 '부문 내'로 이해하자. 따라서 부문 내에서 오랜 기간 종사해온 담당자들은 부문 업무 환경에 대한 이해도가 높고, 작은 변화도 쉽게 알아차릴 수 있으며, 발생되는 문제들의 유형이나 발생원인, 발생빈도, 처리나 대처 방법들에 대해서도 다른 어느 동료들보다 빠르고 익숙하다.

만일 '부문 내'에서 문제가 발생하면 활동 계획을 수립하고(Plan), 바로 실행(Do)한 뒤 조치가 효과로 나타났는지 확인하며(Check), 목표에 미달하면 계획을 재수립(Plan)하는 과정을 반복한다. 이때 목표한 결과를 얻게 되면 다시는 정상 상태에서 벗어나지 않도록 표준을 개정하거나 제정하는 활동(Act)으로 이어진다. 통상 계획 수립(Plan) 후 원인을 규명하는 'Analyze' 활동보다 부문 내 이슈에 익숙한 이유 때문에 바로 'Do' 하는 쪽이 훨씬 더 효과적이다.

[그림－22]에서 설명했던 '프로세스 개선 방법론'의 '40-세부 로드맵'을 떠올려보자. 과연 해결할 모든 문제들이 40개나 되는 '세부 로드맵' 전체를 거쳐

야 하는 걸까? 먼저 결론을 말한 뒤, 세부 설명으로 이어가자. 다음 [그림-30]은 '40-세부 로드맵'에 'PDCA Cycle'이 적용되는 위치를 표현한 개요도이다.

[그림-30] '프로세스 개선 방법론'의 '40-세부 로드맵'과 'TQC'의 화학적 융합 개요도

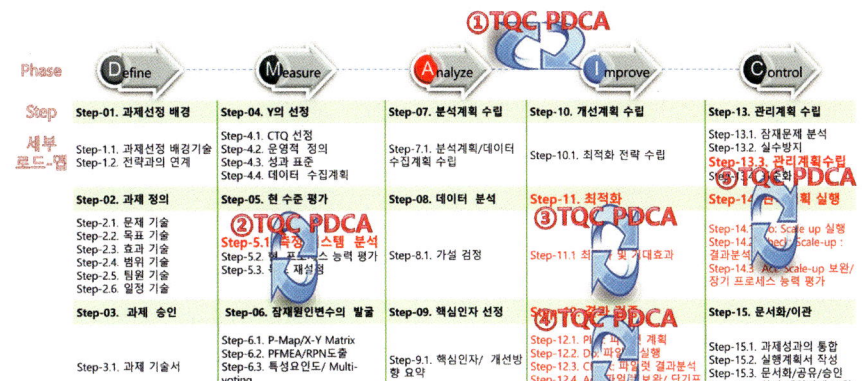

[그림-30]의 '40-세부 로드맵'을 보면 **'TQC'의 'P-D-C-A Cycle'이 적용되는 구역이 다섯 군데나 된다. 이 관계를 이해할 경우, 부문 내 업무와 관련된 주요 문제에 직면했을 때 '예지력'을 발휘**할 수 있다. '예지력'은 문제 해결에 들어가기 전 '40-세부 로드맵'들 중 어느 활동에 집중해야 하는지를 미리 알아내는 능력이라고 했다. 예를 들어, 문제가 있고 그를 처리할 배경이 주어지면 '과제'로서 공식화가 이루어지고 바로 'Define' 작성이 가능하다. 이때 문제 해결의 성격이 [그림-30]의 다섯 유형들 중 하나에 해당하면 부문 내 문제 해결 방식인 'P-D-C-A Cycle'을 로드맵으로 정한다. '40-세부 로드맵' 전체가 아니라 'Plan-Do-Check-Act'의 네 개 로드맵으로 일의 활동이 축소되는 것이다.

[그림-30]의 '원 번호' 순서대로 각각 어떤 특성들을 갖고 있는지 알아보

자. 해결할 문제의 유형이 이들 중 하나에 해당하면 '40-세부 로드맵'은 'P-D-C-A Cycle'로 대체된다.

먼저 '① **Analyze + Improve**'가 있다. 문제를 해결할 때 두 개 'Phase'가 결합되면 매우 유용한 방법론이 된다. 만일 해결할 문제에 대해 담당자들이 모여 토의로 문제의 근원이 무엇인지를 발굴하고(Xs 도출), 데이터 분석이 아닌 그들의 업무 경험과 축적된 노하우를 통해 우선순위를 정한다. 또 순위가 높은 내용('핵심 인자'에 대응)들을 대상으로 '개선 방향'을 도출하고, 그들을 프로세스에 실제 적용하는 최적화를 역시 토의 과정으로 수행한다. 도구나 기법들이 아닌 오직 사람들의 협의만으로 최종 결론에 도달한 것이다.

물론 약간의 데이터 처리가 오갈 순 있겠지만 'Analyze'와 'Improve'가 합쳐져 있으므로 그 안에서 어떤 식으로든 유연하게 대처하면 그만이다. 예를 들어, 회의 일정에 대한 계획을 수립한 후 예정된 회의에서 문제의 원인을 밝혀 도출된 개선책들을 적용한다. 그리고 그 결과를 점검 또는 확인한 뒤 유지시키기 위한 표준의 마련, 미진할 시 재논의를 거치는 과정이 연속적으로 일어난다. 정확히 'Plan－Do－Check－Act Cycle'과 일치하면서 두 개 'Phase'가 합쳐졌으므로 그 만큼 문제 해결 속도도 빨라지는 효율적인 로드맵이 탄생한다.

**필자는 상기한 Phase의 통합된 방법론을 '빠른 해결 방법론(로드맵은 DMwC)'으로 명명**했으며, 여기서 'w'는 'Work-out/Workshop'의 첫 자를 따온 것이다. 담당자들이 모여 문제를 해결할 때 적용하거나, 또는 'P-D-C-A'로 처리가 가능한 문제들 모두에 '빠른 해결 방법론' 적용이 가능하다. 현업의 문제를 해결(과제 수행)할 때, **'빠른 해결 방법론'은 전체 과제의 약 93%를 점유할 정도로 활동 빈도와 선호도가 매우 높다.** 'w－Phase'가 'Plan－Do－Check－Act Cycle'로 전개되므로 앞으로 이어질 '②~⑤' 유형의 문제 해결 모두에 '빠른 해결 방법론'이 공통으로 적용된다. 활용성이 뛰어난 방법론인 만큼 용법에 대해 확실히 알아두기 바란다. 좀 더 학습이 필요한 독자는 「Be the Solver_ Quick 방법론」편을 참고하기 바란다. '로드맵 D-M-w-C'에 대해서는 [표-8]에서 '로드맵 D-M-A-I-C'의 아류들 중 하나로 소개한 바 있다.

만일 'Define' 작성을 통해 '측정 시스템(Measurement System)'에 문제가 있는 것으로 파악되면 바로 [그림-30]의 '② Step-5.1. 측정 시스템 분석'이 유일한 해결책이다. '측정 시스템(Measurement System)'은 숫자가 나오는 고무 주머니로 상상하면 이해가 쉽다. 예를 들어, 고무 주머니를 손으로 가볍게 치면(예로써, 장치의 경우 외부에서 전기나 기계적 입력 신호를 가하는 상황에 비유됨) 입구에서 숫자 하나가 '똑' 떨어진다고 가정할 경우 그 숫자를 만들어낸 주머니 속 전체 환경은 '측정 시스템'에 해당한다. 주머니 속 환경에 사람이 들어있든, 설비가 있든, 온·습도가 급변하든, 또는 절차·습관·표준이 들어있든, 아니면 그들 모두가 포함되어있든 관계없이 숫자를 만들어낼 때 관계한 모든 것들을 총망라한 것이 '측정 시스템'이다.

그런데 그들 중 하나 이상이 정상 상태를 벗어나면 우리가 손에 쥐는 숫자에도 변화가 일어난다. 변동이 발생한 것이다. 수년 전 장치 산업의 A社 공정에서 있었던 일이다. 투입된 원재료 양과 최종 제품의 수율 간에 불일치가 존재한다는 것을 알게 되었다. 이에 시작 공정의 부서부터 최종 부서에 이르기까지 원인을 찾아 나섰는데 쉽게 밝혀지지 않았다. 분명 어디선가 재료가 빠져나가고 있었는데 장치 산업의 특성상 새로운 경로를 일부러 만들어놓지 않는 한 샐 구멍이 없었다. 그러나 결국 무게 측정에 문제가 있었다는 것을 밝혀냈다. 투입 재료의 무게가 수 톤에 이를 만큼 엄청난 규모에 달했는데 수율을 산정할 때 쓰는 저울이 문제가 있으리라고는 쉽사리 생각하지 못했다. 원재료의 무게는 수율 측정에 절대적 지표이므로 이 값이 흔들리면 당연히 이후

양품률 계산에 오차를 발생시킨다. 이와 같은 문제의 유형을 '측정 시스템 문제'라고 한다.

'측정 시스템 분석'은 '현 수준 평가'를 위해 데이터를 수집했을 때 변동이 '측정 시스템' 어디서 오는지 찾아 축소시키는 활동이 핵심이다. 앞서 기술된 무게 측정 예(측정기 자체의 영향)에서 문제 해결을 위해 과제를 수행한다면 오차의 형태를 파악해 보정 식을 마련하는 것도 한 방법이다. 당장 교체한다면 엄청난 비용이 들기 때문이다. 또는 교정(Calibration)이나 변동을 유발하는 특정 부품을 찾아 교체하는 일도 가능하다.

다른 예도 있다. 바이오 샘플로부터 측정된 'RNA 수'가 종잡을 수 없었는데 '측정 시스템 분석'으로 형광등 자외선이 변동 요인으로 판명 난 사례도 있고(측정 환경의 영향), 용액 내 입자 밀도를 측정하는 업무에서 표층으로부터 표본을 추출하는 A 담당자와, 용액 저층에서 표본을 추출하는 B 담당자 간 깊이에 따른 차이 때문에 값들이 달리 나온 예도 있다(위치별 밀도의 차이 존재). 또 측정 설비 자체가 마모되거나 노후로 인한 변동은 '설비 자체의 영향'이 요인이다. 생명보험사의 경우 보험 계약 시 계약자가 작성한 청약서상의 고지 의무 내용이나 건강 진단 결과 등을 토대로, 보험 계약의 인수 여부를 판단하는 최종 심사에 언더라이팅 업무가 있다. 이때 심사자인 언더라이터들에게 똑같은 청약서를 배포하고 평가하도록 하면 적합 여부의 판단이 달리 나오는 예도 있다. '재현성'이라고 하는 사람 간의 차이가 존재하는 것이다(사람 간 차이의 영향).

이와 같이 수치 변동을 찾아내는 과정을 '측정 시스템 분석(Measurement System Analysis)'이라 하고, '측정 시스템 분석'을 위한 계획을 마련(Plan)한 뒤 계획대로 실험을 하면서 데이터를 수집하고(Do), 그를 분석해서 변동의 원천을 찾아(Check) 보완하는(Act) 반복적인 작업이 요구된다. 이 활동은 정확히 'Plan－Do－Check－Act Cycle' 과정이며, '빠른 해결 방법론(D-M-w-C 로드맵)'으로 접근이 가능하다.

또 다른 '문제의 유형'에 '③ **Step-11. 최적화**' 활동이 있다. 모든 문제들에 해당하는 것은 아니고 주로 '연구 개발(R&D) 부문'에서 자주 맞닥트리는 유형이다. 예를 들어, 유리의 '투과율(Y)'을 줄이기 위해 '코팅 액의 A 성분 함량(X1)', '액의 밀도(X2)', '코팅 두께(X3)' 등등의 요인들이 기술적으로 영향을 준다고 가정하자. 목표는 고객이 원하는 '투과율(Y)'을 만족시키기 위해 요인들의 정확한 값을 알아내는 것이다. 전형적인 '실험 계획(DOE, Design of Experiment)'형 문제 해결이며, 통상 요인들을 찾기 위한 분석 과정이 불필요하다. 왜냐하면 '연구 개발 부문'에서 영향을 주는 변수들은 대부분 그동안의 실험이나 문헌들을 통해 잘 알려져 있기 때문이다.

따라서 일의 수행은 먼저 실험 계획을 '수립(Plan)'한 뒤, 그에 따라 실험을 '실시(Do)'하고, 결과를 통계적, 기술적으로 '분석·해석(Check)'하며, 만족한 결과를 얻었을 시 'X'와 'Y'의 관계식을 통해 'Y'를 최적화할 'X'들의 조건들을 찾거나, 필요 시 재실험을 '수행(Act)'한다. 즉 이 역시 'Plan‒Do‒Check‒Act Cycle'과 정확히 일치하는 수순을 밟는다. 따라서 '빠른 해결 방법론 (D-M-w-C 로드맵)'으로 접근이 가능하다.

다음 '④ **Step-12. 결과 검증**'과 관련한 문제 유형이 있다. 'Analyze Phase'에서 분석 결과 프로세스를 어떻게 바꾸면 좋을지에 대한 '개선 방향'들이 나오고, 'Step-12. 최적화'에서 실행에 옮긴다. 이때 최적화 활동은 '개선 방향'들을 근거로 실제 프로세스를 바꿀 수도 있고, 당장 실행이 어려우면 바뀐 최적의 상태가 어떤 모습인지를 결정한다. 둘 모두 '최적화'라고 한다.

이어 바뀐 최적화 내용들을 모두 모아 그들의 변화가 '품질 특성인, Y'의 수준을 정말 높여줄 수 있는 것인지 확인이 필요한데, 이 과정을 '결과 검증',

또는 'Pilot Test'라고 한다. 따라서 검증 '계획 수립(Plan)'과 '검증 활동(Do)', 결과에 대한 'Y'의 목표 달성 '확인(Check)'을 거치며, 만일 미진할 시 재검증 절차를 밟는다. 최종적으로 목표 달성이 확인되면 'Measure Phase'에서의 '현수준'과 비교해 얼마나 좋아졌는지 평가한다(Act). 이 과정 역시 'Plan－Do－Check－Act Cycle'과 정확히 일치하며, '빠른 해결 방법론(D-M-w-C 로드맵)'으로 처리가 가능하다.

끝으로 'Control Phase'에서의 '⑤ **Step-13.3. 관리 계획 수립 / Step-14. 관리 계획 실행**'이 있다. [그림－30]을 보면 'Step-13.3. 관리 계획 수립'이 'Plan'에 해당하고, 'Step-14. 관리 계획 실행'에 'Do, Check, Act'가 들어 있다.

'Step-12. 결과 검증'을 거쳐 확실한 개선 효과가 있다고 판단되면 실제 프로세스에서의 점검 '계획을 수립(Plan)'한 뒤, 계획한 대로 최적화 내용을 실제 프로세스에 '적용(Do)'한다. 이후 'Y'가 얼마나 향상된 것인지 그 효과를 '확인(Check)'하며, 이때 미진하다고 판단되면 과정을 반복한다. 따라서 'Plan－Do－Check－Act Cycle' 활동과 정확히 일치한다. 특히 상당수의 '문제 해결(또는 과제)' 유형들이 개선 후 바로 실제 프로세스에 적용해서 그 효과를 확인하는 쪽에 비중을 두고 있어 본 '세부 로드맵'에서의 'P－D－C－A Cycle' 활용 빈도는 대단히 높다. '빠른 해결 방법론(D-M-w-C 로드맵)'이 전체 과제의 '약 93%'를 점유할 정도로 높게 활용되는 이유가 여기에 있다.

# 4. (문제 해결) '40-세부 로드맵'과 'TPM'의 화학적 융합

　　　　　　　　　　　　　　'TPM(Total Productivity Maintenance)'은 설비 관련 문제들을 제거하거나 줄일 수 있는 완벽한 해법을 제시한다. [그림-14]의 'TPM 전체 체계도' 속에는 설비 자체의 기능을 유지시키는 활동뿐만 아니라 가장 기본이면서 바탕이 되는 주변 청소나 정리·정돈까지 포함한다. 따라서 설비의 작동 오류나 문제를 관리 담당자가 빠르게 파악할 수 있는 환경을 제공한다.

　생산 부문에서 '설비 상태'와 '품질'은 불가분의 관계에 있다. '설비 보전(Maintenance)'은 설비 자체의 고장률을 낮추고 상태를 온전하게 유지시키는 데 목적을 두기보다 제품의 질을 설계 수준대로 유지시키는데 최종 목적을 둔다. 따라서 설비가 정상으로 작동해야 그로부터 만들어지는 제품의 품질을 보증할 수 있다. 즉 생산 프로세스에서 제품이 만들어지고 정상 품질 여부를 확인하기 위해 주기적으로 '품질 특성'을 측정하게 되므로 이 값이 목표에 미달하거나 산포가 심하면 설비 이상을 의심할 수 있다. 이 때문에 설비의 현 상태를 진단할 수 있는 '시계열 데이터'[59]가 중요하다.

　'TPM'에서는 데이터 수집과 분석이 설비 담당자에 의해 직접 이루어지도록 'Dice Chart'[60]나 'X형 매트릭스'[61] 등이 제공된다. 그 외에 'SQC'에서 주요 도구로 쓰이는 '관리도(Control Chart)' 역시 시계열 데이터의 수집과 해석에 매우 유용하다.

　이들 도구들은 시계열 데이터의 '모니터링'과 '분석'이 동시에 이루어지며, 현

---

59) 시계열 데이터(Time Series Data): 시간에 따라 주기적으로 수집된 데이터.
60) 설비 유형별로 전월과 당월의 고장 건수를 비교할 수 있으며, 목표치와의 괴리를 시각적으로 파악할 수 있는 차트.
61) 설비별, 조건별, 고장 상태별, 부품별, 시간대별로 고장 건수를 종합적으로 나타낸 차트. 설비 고장의 원인 규명에 매우 유용.

상을 시각화시키는 공통점이 있다. 예를 들어, 설비의 마모, 또는 규칙적으로 발생되는 비정상 출력 등을 감지함으로써 그 원인을 규명하는데 이용된다. 요즘은 대부분의 기업들에 IT 인프라가 잘 구비되어 있어 모든 생산 프로세스나 업무 활동들이 실시간으로 차트나 표로 제공된다. 따라서 방법론에서 쓰도록 되어있는 도구나 기법들을 반드시 활용할 필요는 없다. 그러나 정보화 특성상 저장된 데이터양이 상상할 수 없을 정도로 많아져 그 속에서 설비 이상의 징후나 문제 발생을 파악해내는 일은 점점 어려워지고 있다. 수집 양이 엄청나므로 모두 차트 상에 타점할 수 없어 시간 평균이나 하루 평균 값을 이용하기 때문이며, 이때 주요 정보는 평균 속에 묻혀버리기 일쑤다. 이에 **기업인 각자가 대용량 데이터를 분석할 수 있는 역량을 갖추는 일이 문제 해결의 필수 요소**가 되고 있다. 시스템화가 증대될수록 사람의 전문성에 대한 요구 역시 커지고 있는 것이다.

설비 상태를 지속적으로 파악하고 문제 발생 시 개선할 수 있는 'TPM'적 접근은 '40-세부 로드맵' 내에 두 곳이 있다. 하나는 'Step-5.2. 현 프로세스 능력 평가'를 수행하는 'Measure Phase'이고, 다른 하나는 '관리도'가 직접 활용되는 'Control Phase'에서의 'Step-14. 관리 계획 실행'이다. 다음 [그림-31]은 그 두 개의 위치를 각각 나타낸다.

[그림-31] '프로세스 개선 방법론'의 '40-세부 로드맵'과 'TPM'의 화학적 융합 개요도

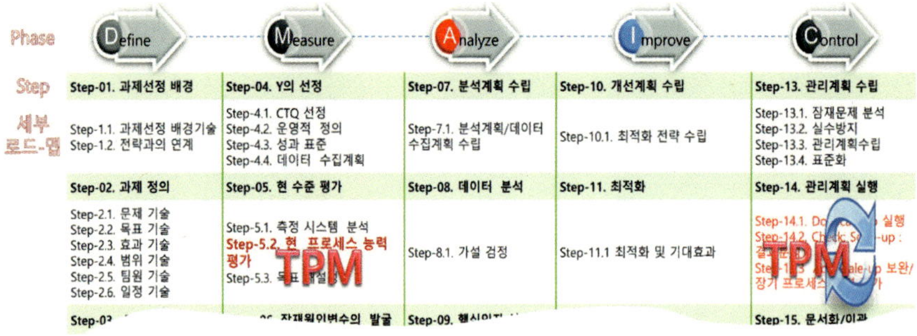

[그림-31]의 **'Measure Phase'**에서 **'TPM'**은 **'Step-5.2. 현 프로세스 능력 평가'**와 **직결**된다. '현 프로세스 능력'은 앞의 예에서 '불량률', 또는 '시그마 수준' 등으로 표현하였다. 이때 측정에 사용된 데이터는 프로세스로부터 추출된 '품질 특성' 데이터이며, 만일 '30개'의 '품질 특성' 데이터를 수집했다고 가정할 때 그들은 모두 같은 값이 아닌 왔다 갔다 하는 '변동'을 수반한다.

왜 동일한 위치에서 동일한 설계치 대로 형성된 데이터가 똑같지 않고 차이가 나는 것일까? 값을 흔들어 주는 요인이 프로세스 내에 존재하기 때문이다. 이 변동의 원인들을 충별 해서 줄이려는 노력이 프로세스 운영이나 품질 관리 측면에선 매우 중요하다. 통상적으로 이때의 '변동'의 출처(Source)는 다음 [그림-32]를 통해 정리된다.

[그림-32] '현 프로세스 능력 평가' 시 '변동'의 출처

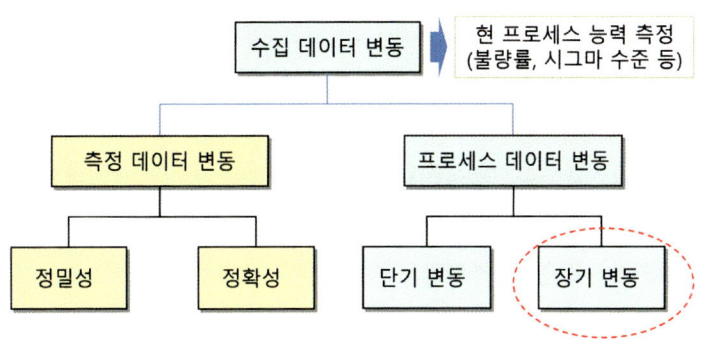

[그림-32]에서 가장 위의 '수집 데이터 변동'은 '현재 수준'을 측정하기 위해 손에 쥔 '품질 특성' 데이터이다. 그런데 같은 '품질 특성'임에도 값들은 약간씩 차이가 나며, 이들이 서로 다른(또는 변동하는) 이유는 '품질 특성'을 '숫자'로 만들어낼 때 '측정 시스템'의 문제로 '변동'하는 이유가 하나 있고(그

림의 왼쪽, '측정 데이터 변동'), 다른 하나는 실제 프로세스에서 '설비' 등의 문제로 '품질 특성'이 '변동'하는 이유가 있다(그림의 오른쪽, '프로세스 데이터 변동'). '품질 특성'의 '변동'은 품질에 직접적인 영향을 미친다.

우선 '측정 시스템'의 문제는 '품질 특성'을 측정하는 측정자들이 동일한 상황에서 서로 다른 값을 만들어 내거나(재현성 문제), 동일한 상황에서 두 번 이상 반복 측정된 값들이 서로 다르게 출력되는 경우(반복성 문제)들이 있다. 이 둘을 '정밀성의 문제'로 분류한다. 또 측정한 값들의 평균이 참값과 차이를 보이는 '정확성 문제'도 있다. '정밀성'과 '정확성'은 '측정 시스템'과 관련해 나타나는 문제들이며, 모두 '측정 시스템 분석'을 통해 개선될 수 있다. '측정 시스템 문제'에 대해서는 이미 [그림-30]에서 다루었으므로 필요한 독자는 해당 본문을 참고하기 바란다.

현재는 [그림-32]의 '프로세스 데이터 변동'에 관심이 있으며, 이 '변동'은 '품질'에 안 좋은 영향을 주고, 주로 설비의 이상으로 유발되므로 'TPM'적 접근이 필요하다. '프로세스 데이터 변동'에 영향을 주는 주요 출처는 바로 운영 중인 프로세스로부터 생겨난다. 여기에는 다시 주변의 미세한 환경 변화 등으로 어쩔 수 없이 야기되는 변동(단기 변동)과, 실제 품질에 안 좋은 영향을 미치는 이상 변동(장기 변동)이 있다. 문제는 후자이며 '5M-1I-1E'[62] 중 하나 이상이 바뀌거나 관리 미흡으로 인한 외부 요인들의 유입 등, '이상 원인(Assignable Cause)'에 의해 발생한다. '이상 원인'은 문제 해결의 직접적 대상이다.

통상 문제 해결을 위한 과제 수행은 프로세스 내 '장기 변동'을 줄이는 활동이 핵심이다. 초두에도 설명했듯이 생산 프로세스 안에서 '품질 특성'이 '이상 원인'에 의해 왔다 갔다 한다면 꼭은 아니더라도 '설비 문제'와의 관련성이

---

62) 5M-1I-1E: Man, Machine, Material, Method, Measurement, Information, Environment.

주요 이유가 될 수 있다. 즉 'Step-5.2. 현 프로세스 능력 평가'에서 '측정 시스템'에 문제가 없다는 결론에 이르렀음에도 '현 수준'이 안 좋게 나오고, 또 그 이유가 변동성에 있다면 운영 중인 프로세스에서 비롯된 변동으로 볼 수 있다. 다시 제조 부문이라면 그 원인이 '설비'에 기인하는 경우가 90% 이상이다.

그러나 '현 프로세스 능력' 자체가 '불량률'이나 '시그마 수준' 같은 하나의 값으로 표출되고, 그 값이 목표에 이르지 못하는 상황에서 숫자만으로 미달 원인이 '설비'로부터 기인한 것인지는 바로 파악이 어렵다. 그렇다고 설비 이상이 목표 미달의 주 요인일 가능성이 높다는 점을 감안할 때, 바로 '40-세부 로드맵' 내 흐름인 'Step-06. 잠재 원인 변수의 발굴'로 들어가는 것도 문제다. 따라서 **'품질 특성(Y)'의 측정 지점에 설비가 있고, 목표 미달일 경우 설비의 상태를 먼저 진단하는 것이 '40-세부 로드맵' 흐름에 우선**한다.

이때 진단하는 도구들, 예를 들어 매월 축적되는 'Dice Chart'나 'X형 매트릭스' 등을 해석할 필요가 있다. 이들은 'TPM'에서 '자주 보전' 활동의 하나로 생성되며, 설비가 속해 있는 프로세스로부터 주기적으로 수집된 데이터를 기반으로 하고 있어 설비에 대한 상황 분석이 가능하다. 다음 [그림-33]은 그 예이다(물론 이들 외에 설비 진단을 위한 다양한 도구들이 있다).

[그림-33] 'Dice Chart'와 'X형 매트릭스' 예

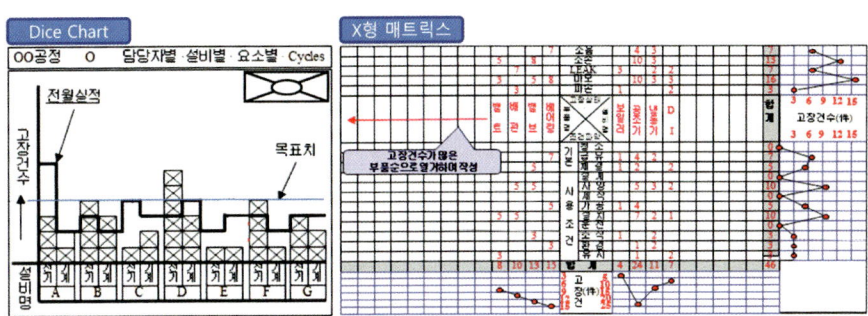

[그림-33]을 보면 'Dice Chart'로부터 설비별 '고장 건수(Y-축)'의 '전월 실적'과 '당월 실적' 및 목표치와의 '괴리도'를 쉽게 확인할 수 있다. 오른쪽의 'X형 매트릭스'를 통해서는 '설비별', '고장 상태별', '부품별', '설비 조건별' 고장 발생 원인이 한눈에 들어온다. 만일 프로세스 담당자가 설비에 대해 주기적으로 데이터를 수집해 차트로 관리해 왔다면 '현 프로세스 능력'을 평가한 후 수준의 저하 원인이 설비로부터 유래됐는지 확인하는 일은 그다지 어렵지 않다. '설비 보전'을 목적으로 탄생한 'TPM'에서의 다양한 분석 도구들은 [그림-31]의 경우처럼 '40-세부 로드맵' 전체를 밟아나가지 않더라도 문제 해결이 가능하다는 점을 시사한다. 그들 자체가 문제 해결을 위해 탄생한 도구들이기 때문이다.

다시 [그림-31]로 돌아가자. **'Control Phase'에서의 'TPM'**은 'Step-14. 관리 계획 실행'과 연결된다. 'SQC'에서의 설명 때와 마찬가지로 '관리 계획 실행'은 최적화 내용을 실제 프로세스에 적용해서 그 적합성 여부와 효과를 파악하는 활동이다. 이때 '관리도'를 통해 '품질 특성'에 대한 실시간(또는 그에 준한) 모니터링이 이루어지며 '이상 변동'이 발생할 경우 조치가 수반된다.

만일 모니터링 환경이 생산 부문이면 '품질 특성'의 변동은 '설비'의 이상 여부와 밀접한 관련성이 있다. 상당 부분의 개선이 설비의 마모, 오동작, 부분 고장 등과 관계한다. 즉 'TPM'은 '관리도'를 도구로 '품질 특성'을 모니터링하는 'SQC'와 불가분의 관계에 있음을 알 수 있다. 따라서 **'관리도'를 통해 발견된 '이상 변동'의 원인도 설비의 잘못된 조작이나 마모, 설정 오류 등에서 찾아지는 경우가 많으므로 'Step-14. 관리 계획 실행'은 'TPM'과 'SQC'가 동시에 작동하는 영역**이다.

다음 [그림-34]는 '관리도'에서 관찰된 '이상 변동'이 '설비'로부터 기인했음을 보여주는 한 예이다.

[그림-34] '관리도' 내 '품질 특성'의 '이상 변동'이 '설비'에서 비롯된 예

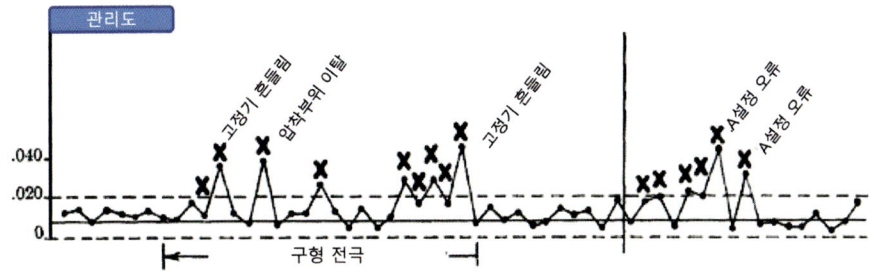

[그림-34]에서 '관리도' 상의 'X' 표식은 모니터링 중 '이상 변동'을 나타낸 것이며, 그 원인이 대부분 '설비의 문제'에서 비롯됐음을 알리고 있다. 물론 개선 후 안정화가 유지되는지 모니터링은 지속된다(고 가정한다).

지금까지 'Six Sigma'에서 발전시킨 '프로세스 개선 방법론'의 '40-세부 로드맵'을 바탕에 깔고 'SQC, TQC, TPM' 간, 또는 'SQC, TPM' 간 화학적 융합에 대해 알아보았다. '화학적 융합'은 '떼려야 뗄 수 없는 결합의 상태'를 의미하므로 '예지력'을 앞세워 문제 해결 때 유용한 정보로 활용할 수 있다. **개인의 문제 해결 역량을 단순히 '방법론 활용'만으로도 상당한 수준까지 끌어 올릴 수 있음을 강력히 보여주는 내용들이다. 또 이 분야에 익숙해질 때까지 조직 주변에서 수행된 다양한 형태의 과제들을 이용해 예지력의 하드 트레이닝(Hard Training)을 할 것도 요구하는 바이다.**

다음은 또 다른 중요한 융합인 '문제 회피(Problem Avoiding)'에 대한 내용을 다룬다.

## 5. (문제 회피) '50-세부 로드맵'과 '품질 기법'들의 화학적 융합

　　　　　　　　　　　'문제 회피(Problem Avoiding)'는 앞으로 일어날 문제들을 미리 예견해서 해결하는 접근이므로 당장 처리가 필요한 '문제 해결(Problem Solving)'적 접근보다 난이도가 높다. '문제 해결(Problem Solving)'과의 몇 가지 차이점을 다시 정리하면 다음과 같다.

① '문제 해결'이 현재 운영 중인 프로세스에서 드러난 문제들을 해결하는 데 반해, '문제 회피'는 제품이나 서비스를 개발하는 '연구 개발(R&D) 부문'에서 다루어진다. '문제 회피'가 '연구 개발 부문'에서 일어나는 문제 해결 접근법인 이유는 '연구 개발' 업무 자체의 속성 때문이다.

예를 들어, 판매되고 있는 제품이나 서비스라면 구조나, 재료, 절차, 기능 추가 등의 변화를 가하기도 하고, 기존에 없던 제품이나 서비스를 새롭게 창조하기도 한다. 즉 '연구 개발'이 주 업이다. 일단 변화가 가해지면 달라진 제품이나 서비스가 고객에게 불편이나 지장을 주지 않고 잘 활용될 수 있는지, 또 변경 시점엔 별 문제가 없었는데 시간이 지남에 따라 특정 증상이 점점 생겨나는지 들에 대해 사실 당장 알기란 쉽지 않다. 따라서 변경이 가해지는 '콘셉트 설계' 직후 앞으로 출시했을 때 어떤 문제가 일어날지, 또는 일어난다면 어느 정도 발생할지를 미리 예측하고 대비하는 접근이 개발 과정에서 매우 중요하다.

② 앞서 설명된 방법론들이 'SQC', 'TQC', 'TPM', 'Six Sigma' 간 각자의 유용한 장점들을 융합해 '문제 해결'에 접근했다면, '문제 회피'는 'Six Sigma'로부터 발전된 '제품 설계 방법론'과 품질 기법들 중 'FMEA'[63] 및

'신뢰성(Reliability)'[64]과의 융합을 필요로 한다. 다음 [그림-35]는 이 경우를 개요도로 나타낸 것이다.

[그림-35] '문제 회피'를 위한 접근법(Triangle)

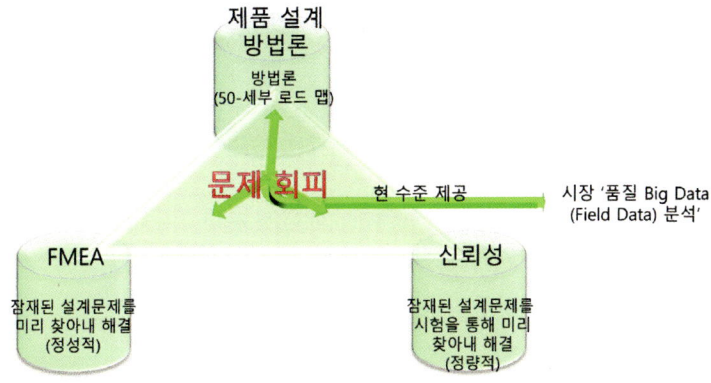

## 5.1. 제품 설계 방법론(50-세부 로드맵)

[그림-35]의 삼각형 상단 꼭짓점에 위치한 '제품 설계 방법론'은 [그림-23]에서 '문제 회피 방법론'으로서 상세히 소개한 바 있다. 모든 제품이나 서비스의 개발은 총 50개의 '세부 로드맵' 활동을 통해 완성될 수 있으며, '세부 로드맵'들 중 '콘셉트 설계(Concept Design)'의 실행 유무에 따라 '프로세스 개선 방법론'인지 '제품 설계 방법론'인지가 결정된다. 제품이나 서비스에 변

---

63) 'Failure Mode & Effects Analysis'의 약자. Design FMEA와 Process FMEA 두 종류가 대표적이다. 잠재된 설계 문제들을 적출해 미리 해결하는 접근 방법론이다.
64) 제품의 시간에 따른 고장을 정량적으로 다룬다. 통상 '수명(Life)' 관점에서 미래 품질을 확률적으로 예측하는 분야이다.

화를 가하면 미래 품질에 예상치 못한 문제가 생길 수 있다. 지속적이고 체계화된 개발 프로세스 속에서 발생 가능한 문제점들을 찾아 그 해결책을 설계에 반영하는 노력만이 우리가 할 수 있는 유일한 대안이다. '문제 회피'에 필요한 '제품 설계 방법론'은 [그림-23]의 본문 설명을 참고하기 바란다.

현재 '문제 회피'를 완전하게 하기 위해 '연구 개발(R&D)' 부문에서 일을 빠트리지 않고 수행할 수 있는 '50-세부 로드맵'을 설명하고 있다. 만일 개발 과제를 접했을 때, '50-세부 로드맵'을 머릿속에 펼쳐두고 주어진 문제 회피를 위해 어느 '세부 로드맵'을 밟고 추진해나갈지 미리 연상할 수 있으면 이것을 '예지력'이라 하였다. 개개인의 프로젝트 수행에 있어 시작의 반을 형성시키는 매우 중요한 역량이므로 연구원이나 개발 담당자는 로드맵을 반드시 본인의 것으로 만들려는 노력이 선행되어야 한다.


## 5.2. FMEA(Failure Mode and Effects Analysis)

[그림-35]의 삼각형 왼쪽 꼭짓점은 'FMEA'다. **'FMEA'는 미래에 발생 가능한 문제들을 정성적으로 적출해서 양산 전 미리 해결함으로써 설계의 강건성[65]을 높여주는 '유일한 접근법'**이다. '유일한 접근법'이므로 기업에서 연구 개발 중에 'FMEA'를 활용하는 방법 외에는 사실 다른 대안은 없다. 그만큼 중요하다는 얘기다. 자동차 업계에서는 국제 표준인 'TS-16949'의 영향하에 반드시 적용해야 하는 'Must' 기법이기도 하다.

역사적으로 'FMEA'는 '미국 항공 우주국(NASA)'의 복잡한 위성 설계 중 부품들의 영향력을 파악하기 위해 도입됐다. 그러나 민간 기업에서의 활용성

---

65) 요인들의 수준이 최적으로 조합된 상태에서, 안 좋은 데이터가 유입되거나 이상점의 존재, 또는 숙련도가 떨어지는 조작자나 재료 특성에 작은 변동이 존재하더라도 원하는 '반응'을 유지하는 성질이다.

을 높인 Ford社의 'FMEA'가 현재로선 업계를 불문하고 바이블로 통한다. Ford社는 설계 영역에만 쓰이던 'FMEA'를 뛰어넘어 그와 연동된 'Process FMEA'를 창조했으며, 이후 'Machinery FMEA', 'Concept FMEA', 'Environment FMEA'까지 모든 '가치 사슬'에서의 완연한 FMEA 체계를 구축하였다.

Ford社의 'FMEA'가 그 위력을 발휘하는 근본적인 이유는 '도구(Tool)'나 '기법(Technique)'으로서가 아니라 '방법론(Methodology)'으로서 그 용법이 격상된 데 따른다. 예를 들어, 제품 개발을 위해 '제품 설계 방법론'의 '50 – 세부 로드맵'을 밟아가며 '콘셉트 설계'를 할 때, 'Analyze Phase'에서 잠재 문제의 적출과 해결 방안들의 목록화, 그리고 해결됐는지를 점검하기 위한 용도로 'Design FMEA'가 쓰인다([그림 – 36] DFQ Process 참조).

그러나 '50 – 세부 로드맵' 중 'FMEA'의 사용은 어떤 내용을 어떻게 하라는 식의 구체적인 설명이 있기보다 정해진 로드맵 전체 틀 속에서의 'FMEA' 활용을 강조한다. 즉 '도구'나 '기법'적 측면이 강하다. 반면에 Ford社의 'FMEA'는 'FMEA' 자체만의 용법으로 이루어져 있지 않다. 개발하려는 제품의 '강건성 문제를 해결하기 위한 경로'가 '잠재 문제를 적출해서 제거하려는 FMEA 경로'와 병행하고 있으며, 둘이 서로 상호 보완하도록 짜여 있다. 이와 같은 접근은 실무 관점에서 매우 유용하다. 예를 들어, 설계 중엔 아직 제품이 나오지 않았으므로 '콘셉트 설계' 속에 혹 잠재 문제가 있는지 찾아보는 노력이 'FMEA'를 통해 이루어지며, 동시에 테스트 표본이 몇 개 만들어진 상태에선 시험으로 얻어진 데이터로 직접 '품질 특성'을 파악하는 노력이 더 현실적이다. 실험을 통해 데이터가 얻어지면 취약한 부분을 보완하거나 시장 수명을 예측하는 '강건 설계'가 가능하다. [그림 – 36]은 Ford社의 FMEA를 활용한 '문제 회피' 방법론을 보여준다.

[그림-36] Ford社의 'FMEA'를 활용한 '문제 회피 방법론(DFQ Process)'

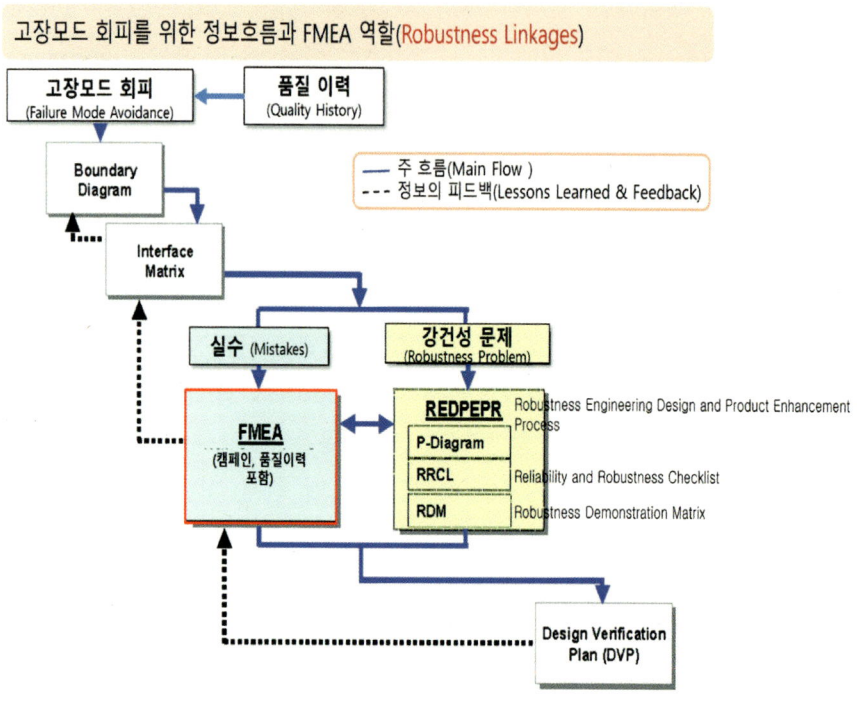

[그림-36]을 보면 'FMEA'는 '강건성 문제'를 처리하는 흐름(오른쪽 흐름
도)과 협력 관계를 유지하고 있으며, 입력 정보로서 'Boundary Diagram'과
'Interface Matrix'를 활용한다. 용법적으로 전자는 'FMEA' 분석이 제품의 어
느 영역에서 이루어질지 결정하는 도구이고, 후자는 해석하려는 영역과 그 주
변 시스템(또는 어셈블, 하위 시스템 등)과의 관계를 분석하는 도구이다. 이
둘의 산출물은 'Design FMEA'의 입력 정보로 활용된다.

그 이후는 두 개의 경로로 나뉜다. 통상 'FMEA' 쪽(왼쪽) 흐름은 '정성적'
인데 반해, '강건성 문제' 쪽(오른쪽)은 '정량적' 접근이다. 둘은 서로 상호 보완 관계에 있으므로 만일 'FMEA'에서 잠재된 문제가 도출되면 '강건성 문제' 쪽 기법들을 이용해 '문제 회피(또는 개선)'를 시킬 수 있고, 최종적으로 시험과 같은 검증 과정을 거쳐 개선된 내용을 설계에 재반영한다.

경우에 따라서는 '강건성 문제' 쪽의 흐름만으로 잠재된 문제들을 도출하고 해결할 수 있지만 제품이나 서비스의 복잡도가 증가하면 잠재 문제 도출에 'FMEA'만큼 강력한 기법이 없으므로 둘의 상호 보완적 관계가 문제 회피를 통한 품질 향상에 크게 기여한다.

Ford社는 여기에 양산까지 고려한 'Process FMEA'를 연동시켜 'DFQ Process (Design for Quality Process)'라는 설계 단계에서의 문제 회피 방법론을 완성하였다. 보통 필자가 '방법론'으로 정의하는 이유가 바로 'DFQ Process'를 두고 하는 말이다. 좀 더 자세한 내용에 관심 있는 독자는 「Be the Solver_FMEA」 편을 참고하기 바란다.


## 5.3. 신뢰성(Reliability)

[그림-35]의 삼각형 오른쪽 꼭짓점은 '신뢰성(Reliability)'이다. '신뢰성'은 개발 단계에서 테스트 표본들을 대상으로 시험을 통해 문제점들을 드러낸 뒤 설계를 보완하는 '문제 회피'적 접근이다. 'FMEA'와 '신뢰성' 간 가장 큰 차이는 'FMEA'는 테스트 표본이 나오기 전 설계를 보완하는 '정성적 접근'인데 반해, '신뢰성'은 테스트 표본이 나온 상태에서 시험을 통해 설계를 보완하는 '정량적 접근'이다. 이 점은 [그림-36]의 'DFQ Process'에서도 언급한 바 있다. 또 'FMEA'와 '신뢰성'의 일의 전후 관계에선 'FMEA'에서 드러난 잠재 문제들을 해결할 때 '신뢰성' 방법들이 동원되므로 'FMEA'가 '신뢰성'에 선

행한다. 굳이 일의 순서를 따진다면 'FMEA 수행 → 신뢰성 평가 → 강건성 확보'로 연결된다.

'신뢰성'은 그 분야가 넓고 한 번에 정의하기 어려워 초보자들은 어느 단계에서 어떤 기법들을 사용해야 할지 어려움을 호소하는 경우가 많다. 실제 기업에 소속된 연구원 또는 개발자들은 '신뢰성'이란 단어를 항상 입에 달고 산다. 그런데 실제 '신뢰성'이 무엇인지 질문하면 입 주변에서 맴돌 뿐 명쾌한 답을 듣긴 어렵다. 이해와 사용 간 갭이 존재한다. '신뢰성'을 한 마디로 정리하면 'Quality in Time Dimension'이다. 우리말로는 '시간에 따른 품질' 쯤 된다.

일반적으로 '품질(Quality)'은 현재 운영 중인 프로세스에서 "원치 않는 결과가 나왔네!" 했을 때 빠르게 조치할 수 있는 '$t=0$' 시점의 영역이다. 그러나 '시간에 따른 품질'은 현재는 문제가 없어 'OK' 하고 내보냈는데 운송 중 진동이나 충격, 기후, 고객의 사용 환경에 따른 비정상 작동처럼 시점 상 '$t=t_1$'의 영역을 다룬다.

'신뢰성'은 미래의 품질을 다루므로 '예측'을 위해 불가피하게 '확률'을 이용한다. 그렇지 않고 담당자 제각각이 주관대로 정상·비정상을 논하면 혼란만 가중된다. '확률'의 이용은 데이터가 존재하는 것이고, 결국 예측이긴 하나 수학적 처리이므로 누가 계산하든 데이터만 같으면 동일하게 재현된다. 혹시 나중에라도 예측한 확률에 오류가 생기면 그 원인을 찾을 수 있고, 경험치를 수학적 처리 과정에 반영해 이론과 현업과의 갭을 줄일 수도 있다. 경험치 정보가 늘어날수록 제품 특성에 맞는 강건성 확보 가능성도 높아진다.

다음 [그림-37]은 제품의 '수명 주기(PLC, Product Life Cycle)'별 주요 신뢰성 도구(또는 기법)들을 필자가 모아 정리한 개요도이다.

[그림-37] '제품 수명 주기(PLC)'별 '신뢰성 도구(기법)'들 개요도

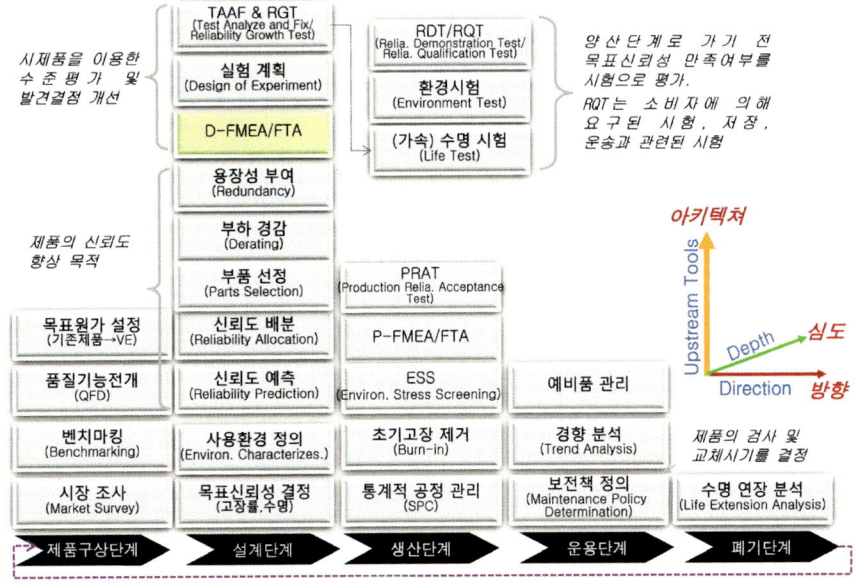

[그림-37]의 맨 아래에 제품 개발 단계의 흐름인 '제품 구상 단계~폐기 단계'가 있고 각 단계에선 위쪽 방향으로 세부 활동에 쓰이는 주요 도구(또는 기법)들이 쌓여있다. '설계 단계'를 보면 제품 설계가 '목표 신뢰성 결정'부터 진행되다 'D-FMEA'에 이르러 잠재된 문제들을 정성적으로 적출한다. 이때 조치 결과는 다시 설계에 반영된다. 그 이후인 '실험 계획~TAAF & RGT'[66] 활동들은 표본을 제작해 '실험 계획'과 '환경 시험', 또는 '(가속) 수명 시험'을 수행하는 구간이다. 정량적 과정이므로 '강건 설계'가 가능하다. 각각에 대해 간단히 알아보자.

---

66) TAAF(Test Analyze and Fix): 시험하고 분석한 후 보완하는 활동.
    RGT(Reliability Growth Test): 제품의 신뢰도를 높여가는 활동.

먼저 **'실험 계획(DOE, Design of Experiment)'**은 설계 단계에서 주로 강건성을 확보할 목적으로 이루어지는 '다구치 방법(Taguchi Method)'이 대세이다. 설계 중 '다구치 방법'의 중요성은 제품이 시장에 출시된 후 맞닥트리는 다양한 '잡음 요인'들에 휘둘리지(?) 않고 본래 설계치를 그대로 유지하도록 만들어 주는데 있다. 이것이 '강건성(Robustness)'이다. 제품의 '강건성' 확보 필요성에 대한 대표적인 예로 다구치 박사가 미국 벨연구소의 회로 랩을 방문해 그곳의 개발 활동을 보고 평한 대목에서 의미를 찾아볼 수 있다.

> "......1985년쯤 우리는 벨연구소 산하의 회로 연구소(Circuit Lab.)를 방문했었다. 그들은 다음 절차에 따라 새로운 회로를 개발했다. 먼저, '표준 조건' 상태에서 목표 기능을 만족하는 회로를 개발한 뒤, 부하를 늘리거나 실사용 환경으로 구성된 16개의 다른 조건들에서 평가가 이루어졌다.
>
> 그런데 제품이 16개의 조건들 중 일부에서 작동하지 않으면 설계 파라미터들을 조정해서 제 기능을 유지하도록 조치하곤 했는데, 이것은 구시대적 발상의 파라미터 설계로 여겨졌다. '품질 공학(Quality Engineering)'에서는 설계 파라미터를 조정해 목표 기능을 얻는 작업을 '튜닝(Tuning)'이라고 한다. '튜닝'은 '반응 분석(Response Analysis)'인 '평균'의 이동에 기반을 둔 개선이기 때문에, '다구치 방법'하에서는 '안정화 설계(Stability Design)', 즉 '산포'의 개선이 이루어진 상태에 한해서만 '표준 조건'에서 튜닝이 이루어진다.
>
> '산포'를 잡은 뒤 '평균(파라미터)'을 튜닝 하는 이유는 제품이 설사 앞서 언급한 16개의 조건들에서 잘 기능하더라도, 새로운 조건들에 놓였을 때 동일하게 작동할지 여부를 예측하기 어렵기 때문이다. 즉 기존의 절차로 만들어진 제품은 만일 예상하지 못한 다른 상황에 놓일 때 보증된 수명 기간 내이더라도 적절히 기능하리란 보장은 못 한다. 정리하면, '품질 공학'은 '반응'에 초점을 맞추기보다 '설계'와 '신호 또는 잡음' 사이의 상호 작용에 맞춰져야 하며, '강건 설계'가 끝난 뒤(즉 산포를 먼저 줄인 뒤)의 표준 조건하에서만 튜닝이 이루어져야 한다(중략)...... "

한마디로 설계 단계에서 '산포'를 먼저 잡은 후, '평균'의 조정인 '튜닝'이 이루어져야 한다는 뜻이다. 출시 후 문제를 100% 완벽하게 잡을 순 없다. 그러나 지금까지 검증된 '다구치 방법'의 효과를 감안하면 적용하지 않았을 경우와 적용했을 때의 제품들 간 품질은 비교할 수 없을 만큼 큰 차이가 난다고 알려져 있다. 필자가 강의 중에 '다구치 방법'의 적용은 "반드시 해야 합니다. 선택이 아닌 필수지요."로 항상 마무리하는 이유다.

다음 [그림-37]의 **'환경 시험'**은 '내구성 시험', '내후 시험' 등으로 다시 구분된다. '내구성'은 '원래의 상태에서 변질되거나 변형됨이 없이 오래 견디는 성질'이고 '내후성'은 '각종 기후에 견디는 성질'이다.

필자가 연구원 시절 당시 대표이사가 연구소에 신뢰성 연구그룹을 만들라는 지시를 내렸다. 그 첫 멤버로 지목된 필자는 다시 연구소장으로부터 생산 라인에 6개월간 파견해 내구성 시험들에 대한 보증 체계를 구축하란 지시도 받았다. 생산 라인 한 구석에 책상 하나가 덩그러니 놓였고 얼떨결에 그 자리의 주인이 되었다. 10년이 넘게 제품을 만들어 온 체계에서 신뢰성을 보증하라니 앞뒤가 안 맞았다. 보증이 안 되면 출하가 되지 않았거나 시장에서 신뢰(?)를 잃었어야 하지 않겠는가?

필자가 처음 한 달 동안 둘러 본 곳은 라인 내 내구성 평가장이었고 그곳에서 진동, 충격, 낙하 시험들이 진행되고 있었다. 가장 쉬운 접근은 표준과의 비교였다. 표준 조건들과 실제 시험 평가 조건들을 비교하던 중 시험 값들이 여러 번 개정된 사실을 발견했다. 어떤 이유로 왜 이 값이 되었을까? 조건이 바뀌면 제품의 다른 어떤 성능을 새롭게 지켜본다는 의미일 텐데 그러나 공교롭게도 주변에서 답을 주는 사람은 없었다. 너무 오래전에 변경된 일이기도 했거니와 설사 최근에 바뀐 값이더라도 '값 1'의 변화가 물리적으로 어떤 의미를 나타내는지 설명하는 이는 찾아볼 수 없었다.

왜 내구성 시험이 필요한 것일까? 아주 근본적인 질문에 이르렀을 때 근거

자료를 찾기 시작했다. 평가 설비 업체부터 관련 문헌, 전문가 방문 등 많은 시도를 했으나 역시 오리무중인건 마찬가지였다. '진동 시험'의 'Dwell/ Sweep/ Random Test' 들의 최초 시험은 제품별로 어떻게 이루어지고 파라미터들은 이론적으로 어떻게 연결되는 것일까? '충격 시험'의 최초 규격 설정 방법은? '낙하 시험'과의 연결은 어떻게 이루어지고 해석은? 또 최종 생산 제품을 위한 적합 평가 규격은 어떻게 확정하는 것일까? 제품 내구성을 최초 진단하는 일부터 규격이 확정되는 시점까지 뚜렷하게 연결되는 게 하나도 없었다.

"내가 못 찾는 건가, 자료가 없는 건가?" 국제 표준들을 모두 모아놓고 봐도 설명은 잘되어 있었으나 역시 어떤 이유로 그 값들로 결정된 건지, 또 우리 제품과의 연계성은 무엇인지 확인할 수 없었다. 급기야 규격을 처음 만들어내는 곳, 바로 '미 항공 우주국', 즉 'NASA'라면 답을 줄 수 있지 않을까란 생각이 들었다. 전혀 모르는 세계에 사람을 보내는 기관이라면 최초 제품 규격을 결정하기 위해 처음 어떻게 시작하는지 답을 갖고 있을 거란 판단이 섰다. 판단이 서면 다음은 실천이다. 'NASA'에 보내달라고 떼(?)를 썼다. 결과는 어떻게 되었을까?

예상대로 답이 있었다. 내구성 시험들에 대한 이런 저런 자료를 싸들고 돌아온 필자는 내구성 시험들이 서로 연결되어 순서 있게 진행된다는 점, 그들의 규격을 어떻게 정립해 가는지, 그때 시험 규격은 어느 값부터 시작해 제품의 내구성 수준과 고객 요구 조건을 비교하게 되는지, 설정값들 간 물리적 원리와 제품 평가법들은 무엇인지에 대해 기술 보고서를 작성했다. 그리고 그를 근거로 제품별 내구성 시험 평가를 규격이 없다고 가정하고 처음부터 다시 시작했고, 당시 표준들에 모호하거나 설명이 누락된 부분들을 마치 건물 골격 사이에 시멘트를 부어넣듯 튼실하게 구조화시켰다. 물론 해당 근거와 물리적 원리, 가속화 값들까지 포함시켜 제·개정 때 근거로 활용하도록 해놓았다. 이어 다른 신뢰성 시험 대부분의 규격들에 그대로 횡 전개시켰다. 속이 후련

했던 기억이 난다.

현재의 기업 상황은 어떨까? 교육 강의나 멘토링을 위해 기업에 들어가 시험 규격들이 어떻게 만들어진 것인지 물을 때면, 신뢰성 시험법을 고민했던 당시 필자의 초기 상황과 겹쳐지는 진풍경을 경험하곤 한다. '문제 회피'는 앞으로 일어날 일에 대한 대비책이므로 접근 방식에 확고한 체계가 정립되어 있지 않으면 노하우가 쌓이기 어려운 분야다. 현재 업무의 질을 높이기 위해 위쪽만을 바라볼 것이 아니라 바탕이 되는 아래쪽을 보는 여유도 향후 큰 폭의 기술 발전을 위해 시도해 봄직하다.

다시 [그림-37]의 **'(가속) 수명 시험'**은 'TAAF & RGT'의 한 분야로서 '신뢰성'이 'Quality in Time Dimension', 즉 '시간에 따른 품질'임을 감안할 때 양산 전에 치러야 할 대표적 시험에 속한다. '가속'은 테스트 표본에 강한 스트레스를 인가해 예정보다 빠르게 열화시켜 고장을 유도하고, 다양한 시간대에 고장 난 자료로 확률 분석을 수행하여 정상 상태에서의 수명을 예측하며, 수명이 설계치와 차이가 날 경우 재설계로 들어간다. 또 강한 스트레스의 인가로 취약한 부분부터 고장이 나므로 물리·화학적 분석을 통해 제품의 강건성을 단계적으로 확보해나간다.

필자가 신제품 사업부에 있을 때의 일이다. 당시 처음으로 등장한 대화면 제품의 수명을 파악하기 위해 여러 문헌들을 섭렵했으나 새로운 원리로 처음 시장에 나오는 제품에 대해 '수명 시험법' 내용은 어디에도 존재하지 않았다. 결국 자체 '가속 수명 시험법' 개발을 위해 수억 원의 비용, 1년여의 노력과 시간을 소모했지만 결과는 사뭇 대단했다. 강한 스트레스 인가로부터 취약한 부위가 드러났고, 정상 상태에서의 가속 배수를 얼마로 했을 때 적정 시험이 되는지에 대한 양질의 정량적 정보도 확보했기 때문이다. 개발된 시험법은 이후 제품의 업그레이드 때마다 표준 시험법으로 활용되었다.

그러나 현실은 그리 녹록치만은 않다. 안타깝게도 상당수 국내 기업들엔 '신뢰성 연구 그룹'을 보유한 연구소가 매우 희소하다. 우선 제품의 특성들을 파악해야 하므로 설비 투자비용이 막대하고, 설사 투자를 했더라도 다양한 조건 속에서 제품에 미치는 영향을 모델링하는 스킬들이 부족해 '연구'가 아닌 '테스트'에 머무는 경우가 많다. 또 '테스트'에 치중하다보니 지원 업무 성격이 강해 타 연구부서와 달리 실적이 미미하고, 반대로 실적을 좇다 보면 어정쩡한 성과로 이어져, 보다 못한 경영진들에 의해 '의미 없는 부서(?)'로 낙인 찍혀 급기야 사라지는 악순환이 반복된다. 가끔 특강 중에 이 같은 발언을 하면 상당수 연구원들이 동조하곤 한다.

기업 연구소에서 신뢰성 업무는 '테스트 업무가 아닌 연구 활동'이 필요하다. 예를 들어, 제품에 기존보다 강한 스트레스를 적용한다고 할 때 그냥 강하게만 인가하는 것이 아니라 스트레스 수준별로 나타나는 '고장 모드'가 동일해야 하며, 이들은 모두 수명 시험 그래프 상에서 일정한 패턴을 보여야 한다. 또 그들로부터 확률적으로 수명도 파악되어야 한다. 누가 수행해도 모형을 통해 재현이 되어야 나중에라도 보정이나 업데이트가 가능하다.

현재 기업에서 수행되는 신뢰성 업무는 '연구'가 아닌 '테스트'에 치우친 경우가 많으며, 주로 고객사의 요청이나 국제 표준 등에 준한 시험이 대부분을 차지한다. 그러나 수없이 이루어지는 설계 변경에 따른 문제점들을 사전 적출하기 위해서는 자체적으로 수행된 시험 노하우와 연구 데이터 확보가 중요하다. 그를 통해 다양한 시험 조건들을 개발해 자사 제품의 수명을 정량적으로 예측하고 잠재 문제를 회피시키는 노력이 절실하다.

그러나 기업의 신뢰성 연구 상황이 취약하다고 '문제 회피'를 위해 개인까지 마냥 손 놓고 있는 것은 어리석은 생각이다. **'신뢰성'은 학습을 통해 충분히 일정 수준 이상 지식을 쌓을 수 있으며, 개발 단계에서 '문제 회피'를 위해 매우 요긴하게 활용**할 수 있다. 본인의 역량은 본인의 관심 속에서 스스로 높여 나가야만 시장에서의 경쟁력도 확보될 수 있음을 명심하자. **'문제 회피'를 위한 '신뢰성'에서의 두 개 무기! '다구치 방법'과 '(가속) 수명 시험법'은 다른 연구원들과 본인의 연구 역량을 차별화시키는 핵심 기법들임을 다시 한 번 인식하고 반드시 학습을 통해 일정 수준 이상의 지식을 확보**해야 한다.


## 5.4. 시장 품질 Big Data 분석

[그림-35]에서 삼각형 중심 속으로 '현 수준 제공'이라고 표현된 선이 들어간다. 바로 '시장 데이터(Field Data) 분석'이다. 또는 데이터양이 많은 관계로 '시장 품질 Big Data'로도 불린다.

**'시장 품질 Big Data'를 분석하는 첫 번째 이유는 '설계 결점'을 파악**하기 위함이다. 모든 제품이나 서비스는 항상 완전하지 않고 불량이나 결점이 있으며, 이를 보상하기 위해 다양한 고객 대응 서비스가 기업별로 활성화되어있다. 기업 입장에선 '실패 비용(Failure Cost)'으로 분류해 줄여야 할 대상이지만 제품이나 서비스의 완성도를 높이려는 측면에선 매우 중요한 정보를 준다. 애초 제품이나 서비스를 개발할 때 모든 고객의 성향을 고려하거나, 또 사용 환경을 다 따져보고 설계에 반영할 수는 없다. 따라서 다양한 사용 환경과 여러 고객들의 생활 패턴이 제품에 끼친 영향을 해석하면 의외로 품질을 높일 수 있는 기회와 상당한 아이디어를 얻게 된다. '시장 데이터'는 바로 기업 서비스 센터의 수리, 또는 처리 내역 등의 정보를 말한다. 통상 '시장 데이터'는 그 양이 상당하므로 'Big'을 추가하고, SNS상에서의 무정형 데이터를 가리키는 'Big Data'에 비해 관리가 체계적이고 정리도 잘되어 있으므로 '품질'이란 단어를 추가해 '시장 품질 Big Data 분석'으로 명명한다.

필자가 디스플레이 연구원 시절 이미 출시된 텔레비전이나 모니터의 수리 내역을 얻으러 전자 계열사에 방문한 적이 있다. 당시로서는 한 번에 담아올 저장 장치가 마땅치 않아 애먹었던 기억이 난다. 그 정도로 많은 정보가 쌓여 있었으며, 그들 중 10%만 분석해도 제품의 어느 부위와 어떤 기능들이 설계 목표에서 벗어났는지, 기대 수명과 실 수명의 차이는 얼마인지, 수명의 패턴은 어떻고 어느 모델에 특히 문제가 야기되는지 등 설계할 때 필요한 모든 정보 들을 파악할 수 있었다. 너무 많고 다양해 정리하고 해석하는 일만도 어마어 마했지만 어떻게 그들을 분석할지 그 방법에 있어서도 큰 고민거리였다. 다행 히 요즘 SNS의 '빅 데이터 분석'의 중요성이 대두되고 있어 그나마 여건은 많이 나아진 것 같다. 하지만 여전히 대부분의 기업에선 '시장 품질 Big Data' 의 분석을 엄두도 못 내고 있는 게 현실이다. 품질을 높일 수 있는 보물 창고 이므로 하루라도 빨리 기업 연구소에서 그를 분석하는 전문 팀이 만들어지고 활성화되길 기원하는 바이다.

**'시장 품질 Big Data 분석'이 연구 개발 단계에서 중요한 두 번째 이유는 개발 제품의 '현 수준'을 알 수 있다**는 점이다. 연구 개발 중에는 많은 시험 표본을 확보할 수 없고, 아직 출시 전이므로 정확한 수명을 예측하기 어렵다. 물론 '(가속) 수명 시험'을 통해 확률적 수명을 예측하고 설계 수명과 비교해 설계 변경이나 보완책을 마련할 순 있지만 어디까지나 예측 수명을 기반으로 한다.

그러나 동일 기업에서 판매되는 제품들은 콘셉트를 완전히 새롭게 창조하기 보다 현재를 기반으로 한 업그레이드가 대부분이며, 따라서 이미 시장에 출시 된 동종, 또는 유사 제품군의 수명을 분석하면 '예측'이 아닌 '실제' 수명을 알 수 있고, 이 정보는 그대로 연구 개발 단계에서 '현 수준'으로 활용될 수 있다. 연구 개발 단계에서 '실제 현 수준'의 파악이 어렵거나 안 되면 눈을 가 리고 길을 걷는 것만큼이나 답답하다. 그러나 시장 데이터를 분석함으로써 제 품의 실제 수명이나 결점들을 충분히 파악한다면 개발 과정의 능률은 그만큼 높아질 수밖에 없다. 즉 '시장 데이터 분석'은 연구 개발 단계에서 '현 수준' 역할을 한다.

얼마 전 한 기업 제품의 품질을 평가해 달라는 요청을 받았다. 외국 경쟁사 대비 품질이 현격히 떨어진다는 자체 진단도 그랬지만 실제 시장에서 경쟁력을 잃어가는 뚜렷한 신호도 있었다. 판매량이 급격히 줄어들고 있었으며, 이에 구체적인 품질 향상 방안이 필요했다. 이때 가장 간단한 방법은 '시장 데이터'를 분석하는 일이다. 다만 그 양이 수백 기가바이트(Giga Byte)로 커서 분석 때 PC에 'R' 같은 통계 패키지[67]로 코딩 후 밤사이 걸어놓고 다음날 확인하는 불편하고 긴 여정이 이어져야만 했다. 양이 많다곤 해도 사실 자료 내 모든 내역들을 샅샅이 해석할 필요는 없다. 주요 관심 대상이나 핵심 부품 위주로 선택적 분석을 수행하면 기간을 최소화시켜 꼭 필요한 결과를 손에 쥘 수 있다. 이 기업의 경우 가장 핵심 부품의 '수명 분석'을 통해 설계치와 상당한 괴리가 있었음을 확인했다. 개발 단계에선 충분히 설계 목표를 달성했다고 결론짓고 출시했을 것이나 실제 수명은 예상치를 크게 벗어났던 것이다. 또 분석을 통해 핵심 부품과 연계되어 문제를 야기하는 장치들까지 찾아졌으므로 개발 방향을 잡고 일을 추진해나가는데 상당한 도움을 주었다. 보물 창고란 말 그대로라고 보면 틀림없다.

다른 예도 있다. 고질 문제를 찾기 위해 A 기업에서 공정 데이터 분석을 지원한 적이 있다. 센서로 자동 수집되는 포인트가 약 3천여 개가 되고, 한 개 센서가 1초에 수집하는 양도 수백 개가 넘는 엄청난 양이었다. 따라서 모든 데이터들은 일자별로 평균을 내 정보 시스템으로 관리한다. 그러나 프로세스에서 문제를 야기하는 데이터는 설계치를 벗어난 값들인데, 평균으로 그들을 찾는 데엔 분명 한계가 있다. 이상점들이 평균에 묻혀 버리기 때문이다. 또

---

67) 많은 양의 데이터를 분석할 수 있는 프리웨어. 빅 데이터 분석에 많이 활용된다.

'원 데이터'가 중요하다고 공감은 해도 당장 처리해야 할 일만도 산적해있는 상황에서 양도 너무 많아 붙잡고 분석하는 일은 엄두조차 못 낸다.

그러나 '원 데이터(Raw Data)'를 깊이 있게 분석해나가면 엔지니어가 시종 내는 소리가 있다. "어 이건 뭐지?" 또는 "이게 왜 이렇게 나타나지?" 등이다. 본인이 매일 보고 있고, 관리만도 수년 이상을 해오면서도 처음 보는 현상이 계속 나타난다. 아무리 유능한 엔지니어도 1초보다 작은 시간동안 데이터가 튀거나, 그렇진 않더라도 일정 시간 동안 묘한 패턴을 형성하는 타점들 모두를 알고 있을 순 없다. 프로세스가 변하면 반드시 데이터가 변한다. 기본 원칙이다. 따라서 데이터가 관리되고 있는 프로세스에서 '평균'이 아닌 '원 데이터'를 분석하는 역량은 문제 해결에 더욱 더 중요한 요소로 작용한다.

앞으로 '시장 품질 Big Data'의 분석 필요성은 점점 더 커질 것이다. 많은 양의 데이터 속에 엄청난 중요 정보가 숨겨져 있다는 것을 인식하게 되었으며, 분석법을 가르치는 기관도 속속 생겨난다. 따라서 **진정한 문제 해결의 'Solver'가 되려면 기업에서의 '시장 품질 Big Data 분석'을 위한 역량을 스스로 확보**해나가야 한다. 연구소엔 개발 제품들의 현 수준을 확인하는 용도로, 또 제품의 문제를 찾아 해결할 목적으로 '시장 품질 Big Data'의 분석은 매우 큰 변화를 가져다 줄 것이다.

# '문제 해결'을 위한
# 'Solver' 되기

기업에서 주어지는 다양한 문제들을 기업인으로서 빠르게, 그리고 충분히 잘 해결할 수 있는 방법은 없을까? 각자가 알고 있는 경험들을 토대로 대응할 수도 있지만 정해진 길이 있다면 그 길을 따라 가면서 개인별 경험들을 가미하는 것이 훨씬 더 효율적이다. 본 단원에서는 앞서 설명된 다양한 문제 해결 학습 내용들을 바탕으로 Solver가 되기 위한 주요 요건들에 대해 알아본다.

# 1. '문제 해결' 역량 확보를 위한 전제 조건

기업에서 운영되고 있는 다양한 혁신 방법론들엔 주어진 학습 과정과 요건, 예를 들어, 교육 이수, 과제 수행, 시험 점수 등을 통과하면 자격을 인증해주는 제도가 있다. 'Six Sigma'는 벨트 제도가 있어 'GB(Green Belt)', 'BB(Black Belt)', 'MBB(Master Black Belt)' 자격 등이 자체적으로 정립된 기준에 의해 주어지며, 창조적 문제 해결 방법론인 'TRIZ'는 국제적으로 공인되는 'Level-1', 'Level-2' 등이 있다.

그러나 자격증보다 더 중요한 것은 다양한 문제들과 마주쳤을 때 가장 빠르고 정확하게 주어진 목표를 달성할 실질적인 '문제 해결 역량'을 얼마만큼 갖췄느냐에 있다. '문제 해결 역량'이 있는지 없는지는 '인증 여부'가 증표 역할을 하고, 수준의 잣대 역할도 한다. 그렇다고 '인증자'가 문제 해결 전문가를 가리키는 'Solver'인가는 검증이 필요하다. 진짜 문제를 잘 해결하려면 실무적인 관점에서 꼭 갖추어야 할 요건들을 정확히 이해하고, 그 요건들 중 본인이 얼마만큼 확보하고 있는지도 명확하게 인지할 수 있어야 한다. 왜냐하면 마주치게 될 문제들은 어떤 형태, 어느 조건으로 존재할지 알 수 없으며, 따라서 하나의 방법, 하나의 도구나 기법만으로 긍정적인 결론에 도달하기란 생각처럼 쉽지 않기 때문이다.

기업에 속해있는 개개인이 '문제 해결 역량'을 키울 수 있는 방법은 무엇일까? 또 막 기업에 입사를 희망하는 취업 준비생들이 '문제 해결 역량'을 확보하기 위해 준비해야 할 사항들엔 어떤 것들이 있을까? 사실 기업인이든 취준생이든 시간차만 다를 뿐 확보해야 할 역량엔 근본적인 차이가 없다. '해결이 필요한 문제'란 수행자에 따라 색을 달리 가져가는 것이 아니기 때문이다. 이 부분에 대해서는 이미 「Ⅰ. '문제 해결' 수행 사례」에서 대학생들의 문제 해결 역량을 평한 바 있다. 따라서 오직 '문제' 그 자체만 바라보고 필요한 '문제 해결 역량'이 무엇인지에 대한 구체적인 답을 제시하는 것이 본 단원에서 해야 할 역할이며, 그 답들을 자신의 것으로 만든 사람을 'Solver'로 칭하고자 한다. 그 전에 몇 가지 알아야 할 전제 조건들이 있는데 이들을 정리하면 다음과 같다.

## 1.1. 기존의 '알려진 방법론'들을 최대로 활용

[표-2]와 [표-3]에서 지금까지 '문제 해결'을 위해 탄생한 주요 '방법론'들을 살펴보았다. 모두 기업에서 발생되는 다양한 문제 해결을 목적으로 탄생했고 체계화되었다. 그러나 현재 필자는 개인의 문제 해결 역량을 높이는데 초점을 맞추고 있으므로 그에 적합한 방법론들을 좀 솎아낼 필요가 있다. 예를 들어, 'TRIZ'는 기존의 150만 건이 넘는 특허들을 이용해 수많은 사람들이 해결책으로 제시했던 아이디어들을 활용하고 있다. 따라서 'TRIZ'는 특히 연구 개발 과정에서의 문제 해결에 매우 유용하나 방대한 정보를 깊이 있게 이용하기 위해서는 기본적으로 소프트웨어가 필요하다. 소프트웨어는 기업이 구매해서 제공해주지 않는 한 개인이 사서 활용하기엔 비용 부담이 크다. 한마디로 접근성이 떨어지는 단점이 있다.

또 기업에서 전사적으로 운영되는 방법론들도 고려가 필요한데, 이들엔 SQC, TQC, TPM, Six Sigma, TPS 등 대부분이 포함된다. 그러나 「Ⅲ. '핵심 PSM'의 이해」에서 설명했던 대로 이들 방법론들은 운영, 기준의 정립, 각종 지원책 마련 등 회사가 담당하고 지원해야 할 활동들이 있고, 방법론 내용 중 일부는 개인이 학습해 문제 해결에 유용하게 쓸 수 있는 항목들도 포함되어 있다. 따라서 기존의 방법론들로부터 개인의 역량 향상에 도움 되는 내용들엔 구체적으로 어떤 것들이 있는지 미리 구분해놓을 필요가 있다. 예를 들어, 'SQC'에서의 '관리도 운영과 해석법', '프로세스 능력 연구', '실험 계획' 등의 활용, 'TQC'에서의 'PDCA Cycle', 'TPM'에서의 '계획 보전' 방법, 'Six Sigma'에서의 '로드맵'과 여러 '도구' 활용들이 여기에 속한다.

그 외에 Ford社가 'FMEA 활용'과 '강건성 문제 처리 절차'를 합쳐 설계 방법론으로 정립한 'DFQ(Design for Quality) Process'나, 제품의 수명을 정량적으로 다루는 '신뢰성(Reliability)'이 필수에 추가된다. 'DFQ Process'는 FMEA를 중심에 두고 제품의 '강건성' 확보를 위해 '다구치 방법'이나 '신뢰성'과 협력 관계에 있으므로 따로 떼어 익히기보다 모두 뭉쳐 이해할 필요가 있다. 이들 모두는 개인의 문제 해결 역량을 키우는데 매우 중요한 역할을 하므로 늘 관심을 갖고 자신의 것으로 만드는 노력이 필요하다([그림-36], [그림-37] 설명 참조).

## 1.2. '방법론'과 '도구(기법)'들 간의 분리

일반적으로 '방법론(Methodology)' 하나에는 일을 나눠 순서대로 처리할 수 있도록 정해놓은 '로드맵'과, 각 '로드맵'에서 문제 해결에 주요하게 쓰이는 '도구(Tools)', 또는 '기법(Technique)'들이 포함되어있다. 그러나 「III. '핵심 PSM'의 이해」에서 강조했던 방법론들을 배우는 정확한 이유는, 문제 해결에 앞서 '40-세부 로드맵' 또는 '50-세부 로드맵'을 펼쳐놓고, 이후 어떻게 해결해나갈 것인지 미리 연상해내는 '예지력' 향상에 있다고 강조한 바 있다. 문제 해결을 위해 앞으로 어떻게 일이 진행될지 머릿속에 그려내고 어느 단계에서 깊이 있게 고민할 것인지 충분히 사전 계획하면 훨씬 빠르고 정확한 수행이 가능하다. 특히 '예지력'을 발휘하는 시점엔 '도구'나 '기법'들이 개입할 여지가 없으므로 순수 '로드맵'만이 중요하다. 즉 '로드맵'과 '도구, 또는 기법' 들을 서로 완전히(?) 분리해 이행하는 습관이 절대적으로 필요하다. 다음 [그림 -38]은 이 내용을 반영한 '문제 해결 학습 체계도'이다.

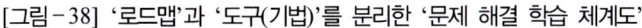
[그림-38] '로드맵'과 '도구(기법)'를 분리한 '문제 해결 학습 체계도'

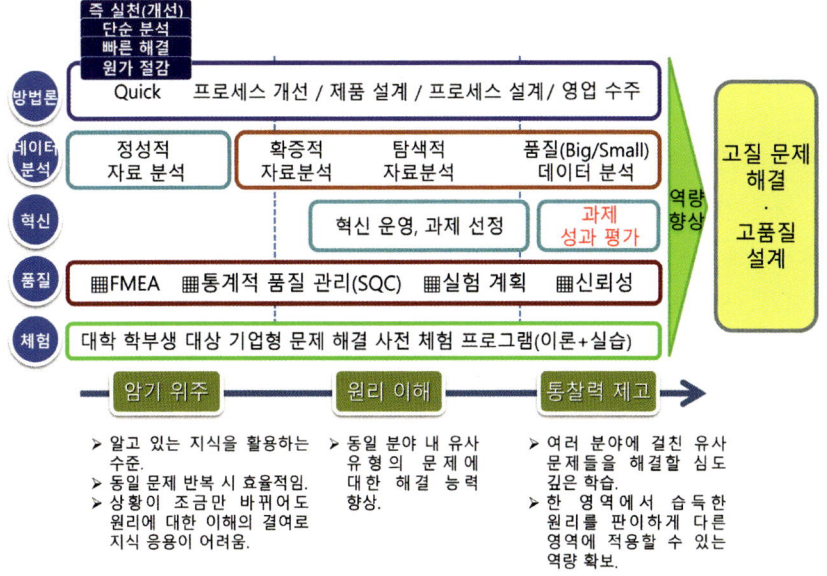

[그림-38]은 가장 상단에 '문제 해결 방법론(로드맵)'이 자리하고, 그 바로 아래에 '데이터 분석'들이 위치한다. 즉 '방법론'과 '분석 도구(기법)' 들을 분리해 놓은 것이다. 이들이 서로 뒤섞이면 'PSM'에서 추구할 '예지력' 향상은 실패하고 만다. '로드맵'이 사라지고 '가설 검정' 같은 통계적 도구만이 두드러지게 강조되기 때문이다.

[그림-38]의 구조에 대해 알아보자. 우선 상단의 **'문제 해결 방법론(로드맵)'**엔 총 다섯 개 유형들이 있고, 이들 중 첫 번째 'Quick 방법론'에 네 개의 하위 '방법론'이 자리한다. 문제 해결에 필요한 '로드맵'은 [표-8]에서 설명했던 'D-M-A-I-C' 하나이며, 나머진 모두 문제 해결 때 업무의 특성과 효율을 따져 형성된 '아류'들이다([표-8] 설명 참조).

특히 'Quick 방법론'이 실무적으로 매우 중요한데, 문제 해결 대다수가 이 방법론으로 처리되기 때문이다('[그림-8] 문제 영역 구분도'에서 '문제 처리' 용으로 사용됨). 여기서 **'단순 분석 방법론'**은 'D-M-A-I-C' 각 1장씩 소요되는 문제 해결에 적합하며, 선택 기준은 'Analyze'가 필요하나 그 양이 많지 않은 경우이다. 또 **'원가 절감 방법론'**은 원가를 절감할 목적으로 기존 제품의 구조나 재료, 재질 등을 바꾸고자 할 때 쓰이며, 통상 '콘셉트 설계'가 빠르게 진행되기 때문에 '제품 설계 방법론'의 'Quick 방법론'으로 통한다. 참고로 '콘셉트 설계(Concept Design)'는 '50-세부 로드맵'들 중 'Analyze Phase' 전반부에서 이루어진다.

그 외에 **'제품 설계 방법론'**은 제품 개발을 목적으로 활동하는 연구 개발 과제 수행에, **'프로세스 설계 방법론'**은 은행, 보험 등 금융계나 의료, 공공 부문과 같이 서비스 프로세스가 중요한 곳에서 유용하게 쓰인다. **'영업 수주 방법론'**은 영업 부문 중 특히 고객 대면을 통해 '수주 여부'를 결정짓는 과제에 매우 유용하다. 문제 해결 로드맵은 'D-M-A-I-C' 하나지만 문제(또는 과제) 성격별로 효율성을 가미한 방법론들이 탄생한 것이다. 기업에서 개개인이 맞닥뜨리는 모든 유형들의 문제 해결은 [그림-38]의 '방법론'들 중 하나의 방식으로 반드시 해결이 가능하다. 따라서 개인의 문제 해결 역량을 높이는 데 '방법론' 학습이 가장 먼저 선행되어야 하는 이유가 여기에 있다.

[그림-38]의 두 번째 줄, **'데이터 분석'**엔 '정성적 자료 분석(QDA)', '확증

적 자료 분석(CDA)', '탐색적 자료 분석(EDA)', '품질 Big/Small Data 분석'
이 포함되어 있다.68) **'정성적 자료 분석'**은 주로 'Quick 방법론'에서 분석용으
로 쓰이며, '확증적 자료 분석'과 '탐색적 자료 분석'은 '프로세스 개선 방법
론'과 '제품(또는 프로세스) 설계 방법론'에 각각 활용 빈도가 높다. **'확증적**
**자료 분석'**은 우리가 잘 알고 있는 '가설 검정' 영역이고, **'탐색적 자료 분석'**
은 '그래프 분석'에 해당한다. 특히 '품질 Big/Small Data 분석'에서 **'품질**
**Big Data 분석'**은 '문제 회피'가 중요한 연구 개발 단계에서 제품의 '현 수준'
을 가늠하고, 설계 결점들을 미리 파악하는데 매우 유용하게 쓰인다([그림-
35]의 설명 참조).

반면 **'품질 Small Data 분석'**은 연구 개발 여건 상 다섯 개 미만의 극소수
시험 표본만 확보되는 경우 해석하는 방법이다. 데이터는 너무 많아도 걱정이
고, 너무 적어도 걱정이다. '품질 Big/Small Data 분석'은 처음엔 전문가의 힘
을 빌리는 게 위험을 가장 크게 줄이는 방법이다. 기업에서의 제품은 기능상
고유한 특성들이 있으므로 크게 변하지 않으며, 따라서 '품질 Big/Small Data
분석'법을 최초 제대로 확립해놓으면 제품 변경 때마다 계속 응용하면서 활용
할 수 있다.

필자가 신뢰성 강의를 하다보면 오직 '1개'만의 표본으로 어떻게 수명이나
특성들의 적합성을 판단할 수 있는지 질문을 받곤 한다. 당연히 답은 "그 자체
론 할 수 없다."이다. 어떻게 '1개'의 표본으로 의사 결정을 할 수 있단 말인
가? 이에는 기존에 수행되었던 실험들의 정보, 시장 품질 Big Data 분석을 통
해 확보된 정보, 관련 문헌 정보들을 모두 모아 모델링 작업을 수행해야 한다.

'품질 Small Data 분석'을 위해 통계학에서는 '베이지안 확률론(Bayesian
probability)'처럼 기업 실무자들이 접하기 껄끄럽고 무척 어려운 정량화 방법

---

68) QDA(Qualitative Data Analysis), CDA(Confirmatory Data Analysis), EDA(Exploratory Data Analysis).

들이 동원되기도 한다. 이들을 굳이 연구원 한 명이 모두 이해하고 다시 개발 중인 제품에 응용하는 무리한 과정을 거칠 필요는 없다. 전문가의 손에서 일단 '모델'을 정립한 뒤, 경험치를 반영해 가며 완성도를 높여나간다면 극소수 표본들에 대해서도 합리적 의사 결정이 가능해진다. 그렇지 않고 어쩔 수 없다는 하소연과 원망 속에서 극소수 표본만으로 계속 'Go/No-go'를 판단하는 풍토는 이미 연구원임을 포기한 처사다. 명심하자. 답은 늘 존재한다. 답을 얻는 과정에 본인의 전문 영역이 아니면 아웃소싱을 적극적으로 추진해 현재의 어려움을 극복해야 현재를 밟고 올라서서 그동안 보지 못한 다른 새로운 환경을 접할 수 있다.

[그림-38]의 네 번째 줄, '**품질**'엔 'FMEA', '통계적 품질 관리(SQC, 관리도/프로세스 능력 중심)', '실험 계획', '신뢰성'이 포함된다. 이들은 모두 첫 번째 줄 '방법론'들의 특정 '세부 로드맵'에서 '도구'나 '기법'으로 사용되며, 동시에 독립적으로도 문제 해결에 이용된다. 예를 들어 '**FMEA**'는 Ford社의 'DFQ(Design for Quality) Process'를, '**통계적 품질 관리(SQC)**'는 생산 중 문제 해결 과정인 'Monitor-Find-Improve-Control'로, '**실험 계획(DOE)**'은 연구 개발이나 생산 분야 등에서 'X와 Y'가 어느 정도 확인된 경우 'P-D-C-A' 전개를 통해 바로 실험에 들어가 효과를 볼 수 있으며, 끝으로 '**신뢰성**'은 테스트 표본이 만들어진 상태에서 '환경 시험'이나 '(가속) 수명 시험' 계획을 수립해 확률을 이용한 정량적 분석에 이용된다. '품질'에 포함된 네 개 항목들은 모두 '방법론'들의 특정 '세부 로드맵'에서 도구나 기법으로 사용될 수 있지만 독립적으로도 매우 유용하게 활용될 수 있다는 점, 결코 잊어서는 안 된다.

요리 전문가는 재료들을 보는 순간 머릿속에서 온갖 요리 과정과 거기에 쓰일 도구들이 일목요연하게 정렬된다고 얘기한다. 이때 '시작!'과 동시에 머릿속에서의 정렬 순서대로 하나씩 꺼내 처리함으로써 생각했던 완성된 요리가 점차 실현된다. '문제 해결 전문가(The Solver)' 역시 문제와 마주쳤을 때 '방법론'과 '품질 항목'들을 자유자재로 엮어내며 목표를 달성할 수 있는 능력을 갖춰야 한다. 정녕 'Solver'가 되려면 문제를 마주했을 때 '방법론'과 '품질 도구들', 그와 연결된 '분석법'들이 머릿속에서 순식간에 조합되어 해결을 위한 레시피가 완성되는 수준이 되어야 한다.

[그림-35]의 오른쪽을 보면 **'역량 향상'**이 있다. 기존의 통계 등 주로 '도구'나 '기법' 들에 맞춰진 평가가 아닌 'PSM' 관점에서 얼마나 역량을 보유하고 있는지를 측정하므로 본인의 능력을 객관적으로 파악할 수 있다. 통상 'Level-1', 'Level-2', 'Level-3'로 구분한다.[69]

필자가 조사한 바에 따르면 현재 기업에서 운영 중인 '역량 평가'들은 문항이 '통계 + 이론 + 정성적 도구'에 '약 86%' 이상이 맞춰져 있다.[70] 통계 박사를 만들어 통계 문제만 풀라는 의도로밖에 해석되지 않는다. 문제들을 해결하는데 통계가 절대적이면 맞는 접근이나 현실이 그렇지 않음은 모두가 잘 알고 있다. 사실 **'방법론(로드맵)'을 얼마나 잘 다루느냐가 Solver의 자질을 결정**한다. 이에 '방법론 문항'의 비중을 조사 결과인 현재의 '약 6%'에서 '40%' 이상으로 상향 조정해야 한다. '방법론' 없이는 그 많은 도구나 기법들을 엮어내기도 어렵거니와 서로 간 연계 활용에도 걸림돌이 한두 개가 아니다. 개인의 문제 해결 역량을 올바로 평가해야만 부족한 부분을 찾아 능력을 더 높여나갈 수 있다. '평가'의 의미는 '시험 점수'의 의미가 아닌 각자의 실질적인 '문제 해결 능력'의 잣대로 표현되어야 함을 분명히 인식하자.

---

69) 'Level-1', 'Level-2', 'Level-3'은 역량에 따른 편의상 구분이다.
70) 「Be the Solver_문제 해결 역량 향상법」편 참조.

[그림-35]의 맨 오른쪽에 '**고질 문제 해결(또는 고품질 설계)**'이 있다. 기업에서 '고질 문제'는 선정 과정이 필요 없다. 늘 모니터링 되고 있기 때문이다. 그런데 왜 계속 고질 문제로 남아 있는 걸까? 투자 등의 어려움으로 시스템적 문제를 안고 있는 경우도 있지만 대체로 '근본 원인'이 밝혀지지 않은 경우가 대다수다. 따라서 분석적 심도를 얼마나 깊이 있게 들어가 주느냐가 관건인데 완전 해결을 위해 'Level-3'의 전문 인력들과 약 3주 정도 몰입하는 활동이 요구된다. '고질 문제 해결 활동'은 문제 해결 역량 활용의 최고봉이라 할 수 있다.

그 외에 [그림-38]의 세 번째 줄, '**혁신**'은 '문제 해결 전문가(Solver)'의 시야를 높여 주는 역할을 한다. 기업은 현존하는 문제들을 잘 파악해 과제화하고, 전체 운영의 묘를 살려야 하며, 수행된 결과의 성과를 금전적으로 가늠하는 일이 매우 중요하다. 이때 리더가 기업이 주관하는 '혁신 체계 운영'이나 '과제 선정', '성과 평가'에 이해력을 높인다면 기업에 도움 되는 방향으로 문제를 처리할 수 있어 보다 양질의 문제 해결 능력을 확보할 수 있다. 그러나 앞의 여러 필요 역량을 먼저 확보한 뒤 시간을 두고 점진적으로 쌓아갈 것을 권장한다.

[그림-38]의 맨 아래에 위치한 '**체험**'은 취업 준비생을 위한 '문제 해결 역량' 확보 프로그램이다. 이미 H대학 재학생들을 대상으로 수년에 걸쳐 큰 호응을 얻고 있는 과정이다. 학생이기 때문에 문제의 난이도나 커리큘럼 운영을 조정하는 일은 별로 도움이 안 된다. 앞서도 강조했지만 해결할 문제의 성향은 그를 처리할 리더의 수준이나 상태를 보고 결정되는 것은 아니기 때문이다. 따라서 'Solver'로서 전문적인 소양을 갖추기 위해서는 '핵심 PSM'과 그들의 융합을 명확히 이해하고 기본적인 소양을 높이는데 주력해야 한다. 이렇

게 했을 때 본인만의 문제 해결 철학이 정립되고 응용력이 살아나며 다양한 문제 해결에 두각을 나타낼 수 있다.

학생들을 대상으로 교육 과정을 운영하면서 여러 설문을 실시했었다. 그 내용들 중 학습 받은 '문제 해결 방법론'을 사용하고픈 시점에 대해 취준생들은 한결같이 '기업의 입사 시점'이라고 답했다. 잘못된 것은 없다. 사실은 '문제 해결 방법론'이 기업 안에서 요구된 문제들을 해결하는데 유용하게 쓰일 목적으로 체득되는 것이 맞다. 그러나 설사 면접용으로 활용되더라도 필요성에 대한 확신과 자신감이 있어야 한다. 그러려면 'Problem Solving'에서 요구하는 일정 수준 이상의 역량을 스스로 확보하는 진정한 노력이 필요하다. 점수 따는 스펙용이나 인증용으로서의 단기적 사고는 설사 면접용이라 하더라도 소기의 목적을 달성하기 어렵다. 기업의 입사 인사 평가도 스펙인지 진정한 역량인지를 구별해내는 일쯤은 기본이기 때문이다. 언어 학습도 중요하지만 취준생들의 '문제 해결 역량'을 높이려는 노력과 관심도 필요한 시기라 생각된다.

본인의 역량을 높이기 위해 필요한 기본 전제 조건들을 이해했으면 이제부터 문제 해결을 위해 어떤 항목들을 나의 것으로 체질화시켜야 하는지 구체적으로 알아보자. 개인이 문제 해결의 수행 순서대로 갖춰야 할 핵심 역량을 모두 정리하면 다음 [표-10]의 '총 일곱 가지'로 압축된다.

[표-10] 'Solver'가 되기 위한 필수 체질화 항목들

| 단계 | 필수 체질화 항목 | 내용 |
|---|---|---|
| 1 | 문제를 정의하는 능력 | ○ 해결할 문제의 상황을 정확히 인식하고, <br>○ 육하원칙에 의거해, <br>○ 제3자가 충분히 내용 이해가 되도록 서술함. |
| 2 | 방법론 선택 능력(예지력 포함) | ○ '문제 성격'에 맞는 [그림-38]의 방법론들 중 하나를 선택하되, <br>○ 각 방법론별 강조해야 할 '세부 로드맵' 위치를 정확히 예지함. |

| 3 | 맥을 짚는 능력 | O 수행 중인 문제 해결의 전체 흐름 속에서 가장 취약한 부분을 찾아내고,<br>O 취약 부분의 완성도를 높임. |
|---|---|---|
| 4 | DA와 FA 모두의<br>활용 능력 | O 문제 해결에서 '분석'의 중요성을 인식하고,<br>O DA(Data analysis)와 FA(Failure Analysis)를 상황에 맞게 선택해서<br>응용하고 적용함. |
| 5 | '분석의 심도'<br>결정 능력 | O '근본 원인' 규명을 원칙으로 하며,<br>O 분석 결과로 '즉 실천(개선)'이 가능하도록 정확하고 명확한 메커니즘<br>규명과 원인이 밝혀져야 함. |
| 6 | Team의<br>운영 능력 | O 고난이도 문제 해결에 있어,<br>O 팀원별 정확한 역할 부여와<br>O 수행 내용 취합 및 다음 할 일을 명확히 함. |
| 7 | 개발품의 '문제 회피'<br>능력 | O '제품 설계 방법론'의 활용법과<br>O '콘셉트 설계' 이후의 '문제 회피'를 체계적(정성적, 정량적)으로 구사함. |

[표-10]의 각각에 대해 자세히 알아보자.

## 2. [단계-1] 문제를 정의하는 능력

우리 앞에 해결이 필요한 '문제'가 생겼다고 가정하자. 우리는 현재 기업에 소속된 일원이므로, 해결할 '문제'는 당연히 개인의 문제가 아닌 회사의 수익이나 성장을 저해하는 요소일 가능성이 높다. 설사 혼자 해결하더라도 소속 상사의 승인은 절대적이고, 개선 내용을 적용할 때 서로 결부된 이해관계(조직) 간 내용 공유와 조정 없이는 한 치도 나아갈 수 없다. 따라서 "내가 이런 일을 할 것이고, 그 이유가 조직에 미치는 긍정적 영향이 상당하므로 결재해 주십시오." 하는 문서의 기술은 기본 중에 기본이다.

그런데 기업에서 리더가 작성한 '문제 정의' 내용을 표본 조사한 결과 중복 평가 시 동일한 문구를 두세 번 반복해 기술한 예가 '56%', 설명의 앞뒤 간 연계성이 불분명하게 기술된 경우가 '61%', '목표'를 기술할 때 목표치 설정이나 지표가 명확하지 않은 예도 '66%'에 이른다. 심지어 수행할 활동에서 벗어난 관계없는 표현도 '13%'나 된다. 한마디로 주어진 상황을 정확하게 정의하는 능력이 매우 떨어진다는 것을 쉽게 알 수 있다.

또 하나 중요하고 특징적인 요소는 '연구 부문'을 제외한 수행 과제들 중 '약 97%'가 '문제 정의'를 '기술서' 단 '1장'만으로 표현이 가능함에도 다수의 장표를 사용하고 있다는 점이다. '연구 부문'은 제품이나 서비스 개발을 위해 고객, 경쟁사, 자사의 동향, 기술 상태 등을 '기술서'에 포함시켜야 하므로 분량이 상대적으로 늘어날 수밖에 없는데 반해, 나머지 문제들은 '1장'으로 충분히 압축해 표현하는 것이 가능하다.

왜 '97%'나 되는 과제들이 '문제 정의'를 단 '1장'에 표현하는 것이 가능할까? 우선 기업 내 조직들은 담당할 업무 범위가 대부분 명확하게 구분되어 있고, 다시 조직에 소속된 담당자별로 세분화하면 업무 범위는 그보다 훨씬 더 좁혀진다. 즉 일의 분업화·전문화로 리더가 감당할 문제의 규모는 축소된다. 하지만 범위는 줄더라도 해결을 위한 난이도가 높아져 '문제 해결 역량'은 그만큼 높은 수준을 필요로 한다.

설사 사업부 규모로 추진되는 큰 문제의 해결일지라도 역시 부서나 담당자별로 역할을 나눠 할당되기 때문에 리더 각자가 감당할 실질적 범위엔 별반 차이가 없다. 리더들의 역할을 묶어내면 사업부, 사업부 역할을 묶어내면 다시 회사에서 추진되는 문제 해결 활동이 되므로 개인이 담당할 문제의 규모가 크지 않다는 해석은 여전히 유효하다. 이 같은 '문제 해결(과제 수행)'들 간 연계성을 통상 'CTQ Flow-down'이나 'CTQ Drill-down'으로 부르는데, 기업에서 수행할 핵심 항목들의 '논리적 연결도'란 의미를 갖는다.

주어진 문제 상황을 정확하게 인식하고 그 속에서 핵심 주제나 단어, 숫자 등을 찾아내는 일은 상당한 훈련이 요구된다. 마치 국어 시험을 치르기 위해 문제지에 제시된 지문을 읽고 그 안에서 이야기하는 핵심 내용을 찾아낸 뒤 묻는 질문에 정확히 답하는 것과 흡사하다. 기업의 '문제 해결'에 있어서도 잡아내야 할 핵심, 즉 **'정의(Define)'할 내용은 이미 정해져 있으므로 그를 찾는 능력이 매우 중요**하다.

이해를 돕기 위해 다음과 같은 가상의 상황을 예로 들어보자. 독자들은 본인의 '문제 정의 역량'을 시험하기 위해 주어진 내용을 읽은 뒤 스스로 문제 해결을 위한 '문제 기술서'를 작성해 보기 바란다.71)

---

71) 조선일보 2014. 05. 16. 에어버스 헬리콥터스 포리 회장 인터뷰 기사 인용. 가상의 문제 상황을 가정한 후 편집해 옮김.

A 항공社는 1984년 설립된 민간 항공기 분야 후발 기업으로 핵심 기종은 단순 이동용 소형 헬리콥터 4기종 생산과 연구소를 운영 중에 있다. 최근 IDC 시장 조사에 따르면 2015년 현재 미국과 유럽은 민간 부문에서만 12,000대, 10,000대의 헬기가 각각 활용되고 있으나 한국은 100여 대 수준이며 한국의 시장 규모를 감안할 때 2020년 1,800대, 2030년 최대 3,000여 대가 필요할 것으로 전망했다. 특히 1분 1초를 다투는 응급의료 서비스나 재난 피해자에 대한 탐색구조, 석유·가스전 개발 등 자원 탐사 분야에서 헬기 수요가 급증할 것이라고 내다봤다.

당사의 강력한 경쟁사인 B社는 세계 최대 항공 기업인 **에어버스**의 헬기 부문 자(子)회사로 세계 민간 및 공공 헬기 시장의 46%를 장악한 1위 기업이다. 지난해 매출액은 63억 유로(약 8조 8600억 원)로 150여 개국에 1만 2000여 대의 헬기를 공급했으며 2016년을 원년으로 한국시장 민간 헬리콥터 시장을 장악할 확대 전략을 구사하고 있어 A 항공社는 큰 위기에 몰려 있다.

특히 B社는 위급한 환경에 처한 사람들을 안전하게 후송해 생명을 구하는 것을 미션으로 정하고 있으며, 내부 보고서에 따르면 "더 먼 곳까지 출동해 긴 시간 동안 구조 활동을 벌일 수 있도록 최신 복합 소재와 고효율 엔진을 개발해 비행거리와 체공시간을 늘리는 연구를 수행 중이며, 첨단 센서와 자동 조종장치를 장착해 악천후에서도 출동할 수 있는 전천후 헬기를 거의 개발 완료 한 것"으로 알려져 있다.

A 항공社가 최근 국내 고객의 만족도를 조사한 결과 고객 불만이 증가하고 있고, B社 제품을 선호하는 뚜렷한 경향을 읽을 수 있어 2014년 3,200억, 2015년 2,900억에 이어 올해 2,100억대로 급격한 매출 감소가 우려되고 있는 상황이다.

특히, 고객 조사에서 A 항공社 헬기의 품질 불량에 대한 불만이 가장 높았으며, 그들 중 불만 사항들로는 적은 모델 수(13%), 체공시간(32%), 내구성(8%), 소음(6%), 진동(3%), 디자인(10%), 비행시간 변동 폭(21%)*, 헬리콥터 규격(7%) 등 전반적인 문제들이 포함되어 있었다. A 항공社는 2016년 존폐의 기로에 서있으며 고객 만족을 혁신적으로 높여 경쟁사를 이기고 판매 회복을 꾀할 수 있도록 안전하고 뛰어난 성능의 헬리콥터를 개발하기로 결정하였다. 이에 전문가들을 대거 영입하여 막바지 연구 개발에 박차를 가하고자 한다.

*비행시간 변동 폭: 한번 주유로 체공하는 시간의 변동

지문이 매우 길다. 어느 내용을 어떻게 뽑아 정리해야 문제 해결 수행 당위성을 입증하고 상사와 여타 담당자들의 승인을 얻어낼 수 있을까? 답을 얻기 전에 '문제 기술서'라고 하는 기본 양식을 다음 [그림-39]에 옮겨놓았다.

[그림-39] '문제 정의'를 위한 '과제 기술서' 양식 예

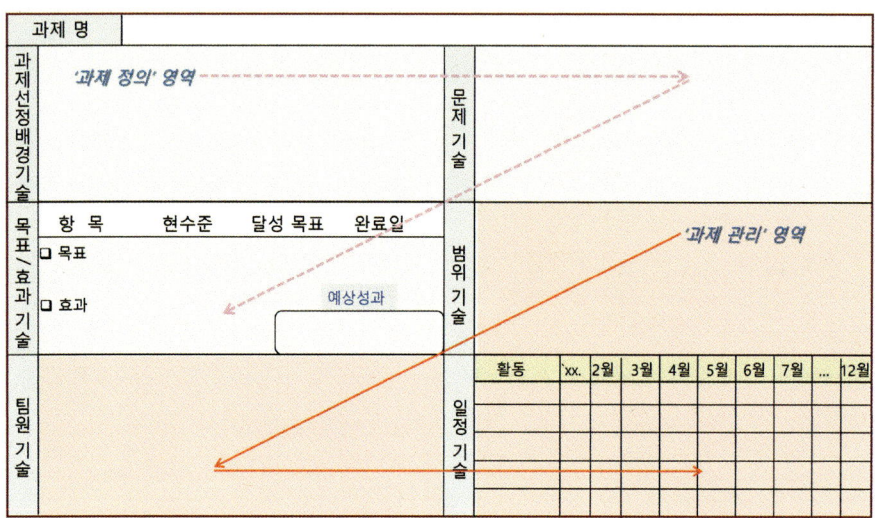

기업에서 '문제'의 공식화가 '과제'라고 했으므로 [그림-39]를 통상 '과제 기술서'라고 부른다. [그림-39]의 양식인 '과제 기술서'를 이후 본문부터 정식 명칭으로 사용할 것이다.

해결할 문제의 상황이 주어지면 '과제 기술서'에서 가장 중요한 영역이 [그림-39]의 '문제 기술'이다. 이 영역을 가운데 두고, 앞에 '과제 선정 배경 기술'과 뒤에 '목표/효과 기술'이 위치한다. 여기까지를, '과제 기술서' 양식 중 일반적으로 '과제 정의 영역'으로, 그 이후 나머지 영역을 '과제 관리 영역'으로 구분한다. '과제 정의 영역'은 '과제 수행을 왜 하는지에 대한 당위적 설

명'을, '과제 관리 영역'은 앞으로 수행을 어떻게 추진해나갈 것인지에 대한 계획 내용을 담고 있다.

다시 각각의 영역은 이야기 식으로 연결되는데, 예를 들어 **'과제 정의 영역' 의 경우**, '고객과 경쟁사, 또는 자사의 상황은 이런 방향으로 흘러가고 있는데 (과제 선정 배경 기술)[72], 그를 쫓아가지 못하는 우리의 문제, 또는 그를 쫓아 가지 못했을 때 우리가 받는 손상·피해는 이런 것들이 있고(문제 기술), 따라 서 문제를 극복하기 위해 이 지표를 현재의 얼마에서 언제까지 얼마로 향상시 킬 예정이며(목표 기술), 이 목표를 달성하면 금전적 효과는 이만큼 형성된다 (효과 기술).'로 설명한다.

이에 반해 **'과제 관리 영역'의 경우**, '앞서 정의된 목표 달성을 위해 프로세 스의 이러러한 부분에서 최적화가 필요하고('범위 기술' 중 '프로세스 범위' 에 해당), 정의된 '프로세스 범위' 안에서 흘러가는 최적화 대상은 이 모델(또 는 서비스)이며('범위 기술' 중 '유형적 범위'에 해당), 이때 관계할 부서들은 어디어디가 포함된다('범위 기술' 중 '공간적 범위'에 해당). 또 앞서 정의된 프로세스나 제품(또는 서비스) 모델을 잘 아는 전문가엔 누가 있고(팀원 기 술), 이들과 함께 다음의 일정대로 문제 해결을 추진해나갈 것이다(일정 기 술).'로 표현된다. 그러나 '과제 기술서'를 결정짓는 핵심 요소는 두말할 나위 도 없이 '과제 정의 영역'이며, A 항공社 예를 대입하면 다음 [그림-40]과 같다.[73]

---

72) '과제 선정 배경'은 우리를 제외한 '외부 환경'의 흐름을, '문제'는 그 흐름을 쫓지 못하는 우리 '내부의 문제'를 다룬다. '과제 선정 배경'을 기술할 때는 '고객(Customer)', '경쟁사(Competitor)', '자사 (Corporation)'의 환경으로 구분하여 설명하는데, 이를 '3Cs Model(통상 3C 분석)'이라고 한다. 현재 운 영 중인 프로세스에서의 문제는 대부분 이 셋 중 하나로 기술이 가능하나, '제품 설계'의 경우는 일반적 으로 셋 모두를 필요로 한다.
73) '과제 기술서'에 대한 상세 설명은 「Be the Solver_프로세스 개선 방법론」편, Define Phase 참조.

[그림-40] A 항공社 상황에 대한 '과제 정의 영역' 작성 예

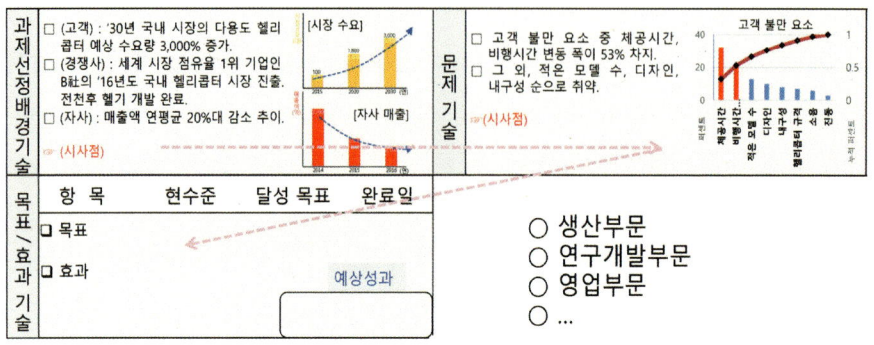

[그림-40]은 A 항공社의 상황을 기술한 예로, 가장 큰 특징은 먼저 차트 등을 이용해 시각화를 한 뒤, 그 내용을 사실 그대로 육하원칙에 의거해 기술한다. 먼저 '과제 선정 배경 기술'을 보면 '고객 관점'에서 향후 국내 시장은 3,000%까지 급성장할 것이고, '경쟁사 관점'은 세계 1위 기업인 B社가 전천후 헬기 개발을 필두로 국내에 진출하리라는 점, '자사 관점'에선 매출액이 연평균 약 20%씩 줄고 있음을 알리고 있다. 이 같이 세상은 어느 한 방향으로 나아가고 있는데, 우리의 현실인 '문제 기술'에서 '체공시간'이나 '비행시간 변동 폭' 등에 큰 열세를 보이고 있다(고 가정한다).

[그림-40]의 '과제 선정 배경 기술'과 '문제 기술'에 포함된 '시사점 (Implication)'은 기술된 내용에 대해 작성자(보통 '리더')가 생각하는 바를 표현하는 공간이다. 시각화된 차트를 '육하원칙'으로 그대로 기술하면 사실에 입각한 표현이나, '시사점'은 기술된 내용을 토대로 리더의 생각을 표현한다는 차이점이 있다. 예를 들어, 기술된 내용이 "... 매출이 연 20%씩 줄고 있다." 는 사실을 표현한 것이라면, '시사점'은 "그래서 서유럽 시장을 공략해야 한다."는 방향성을 제시한 경우이다. '매출이 줄어드는 상황'은 누가 봐도 사실

이지만 '서유럽 공략'은 다른 이에겐 그보다 더 나은 '북미 공략'이 새로운 방향이 될 수 있다.

[그림-40]의 내용 및 '시사점'을 토대로 '생산 부문', '영업 부문', '연구 개발 부문'의 각 리더들이 '과제 기술서'를 작성한다면 다음과 같이 정리될 수 있다(고 가정한다).

(생산 부문) '과제 선정 배경 기술'의 '자사' 경우인 '매출액 연평균 20%대 감소 추이'를 들어, '문제 기술'의 '시사점'에 '비행시간 변동 폭', 즉 산포를 줄여 '실패 비용'[74] 축소와 판매량 증대 필요성을 강조하고, '목표 기술'에서 '비행시간 산포'를 지표로 정한 뒤, '현 수준'과 '목표 수준'을 결정한다. 참고로 '비행시간 변동 폭'은 '한번 연료 주입으로 체공할 수 있는 시간의 변동'을 지칭한다(고 가정한다).

(영업 부문) '과제 선정 배경 기술'에서 연매출의 급격한 하락에 주안점을 둔다. 이때 '문제 기술'의 '시사점'에 현재 문제를 그대로 안고 가면서, 현 품질 상태에 걸맞은 보급형 시장이나 단순 임무를 수행하는 분야를 새롭게 공략해 매출 확대 필요성을 강조한다(고 가정한다). 이어 '목표 기술'에서 지표를 '매출액', 또는 '영업 이익' 등으로 정한 뒤 '현 수준'과 '목표 수준'을 각각 제시한다. 물론 과제 수행 기간 내에 판매까지 성사시키기엔 어려움이 따를 것이므로 새로운 고객에게 '제품 승인을 받는 단계'까지를 목표로 정할 수도 있다. 이때 적절한 지표는 '확보된 고객 수' 또는 '승인 건 수'가 될 수 있다. 목표는 그에 맞는 수치를 기록하고, 매출이나, '영업 이익'의 확보가 당장 어려우면 확보 가능성 정도로 대체한다.

(연구 개발 부문) '과제 선정 배경 기술'의 '고객'과 '경쟁사' 상황을 배경으로 '문제 기술'의 '시사점'에 '체공시간'을 기술적으로 늘려야 함을 강조한다. '목표 기술'에서 지표는 '체공시간'으로 정하고, '현 수준' 및 '목표 수준'을 각

---

74) '실패 비용(Failure Cost)': 제품이나 서비스가 완전하지 못해 고객 불만을 해소시키기 위해 들어가는 비용. 수리비, 출장비, 부품 교체비 등이 포함된다. 통상 '내부 실패 비용'과 '외부 실패 비용'으로 구분한다.

각 제시한다. 이때 과제 수행은 헬기 구조를 바꾸는 '콘셉트 설계(Concept Design)'부터 시작하게 될 것이다.

주어진 상황에 대해 '정의'가 완료되면 그 자체로 상사에게 승인을 받거나 타 담당자들에게 의견 교환이 가능해진다. 그러나 **'문제 해결' 관점에서 무엇보다 중요한 '과제 기술서'의 용도는 다음에 이어질 '방법론(로드맵)의 선택'에 필수 자료로 활용된다는 점**이다. 이 내용에 대해 알아보자.

# 3. [단계-2] '방법론' 선택 능력('예지력' 포함)

기업에서 '과제'란 문제들을 처리하기 위해 공식화한 형식이며, 그 내용을 명문화한 것이 [단계-1]에서의 '과제 기술서'이다. '과제 기술서'는 매년 말 차년도 사업계획 수립 직후 작성이 가능하며 목표 달성을 위해 매진하는 가장 하위 조직의 활동 계획서이자 청사진이다. **시기적으로 '과제 기술서'가 일이 발생하기 전에 미리 마련된다는 점을 감안할 때 문제를 어떻게 풀어나갈지 '예지력'을 발휘할 수 있는 시점과도 정확히 일치**한다. 따라서 [단계-1]에서 작성한 '과제 기술서'를 토대로 문제를 빠르고 정확히 해결하기 위한 '방법론(또는 로드맵)'의 선택이 매우 중요하며, 개개인의 학습을 통한 '예지 능력'이 진가를 발휘해야 하는 시점이기도 하다.

주어진 문제 해결을 위한 '방법론'의 선택은 'SQC', 'TQC', 'TPM', 'Six Sigma' 들 중 하나가 될 수 있다. 그러나 앞서 강조한 바와 같이 'Six Sigma'에서 유래된 'Quick 방법론', '프로세스 개선 방법론', '제품(또는 프로세스) 설계 방법론', '영업 수주 방법론' 중 하나를 선택하는 것이 바람직하다. 기업에서 마주치는 과제들은 모두 이들 중 하나에 속할 것이기 때문이다. 이미 20여 년간 운영 노하우를 토대로 확인된 사안이므로 굳이 토 달 필요는 없을 것 같다.

방법론이 선택되면 로드맵은 방법론 속에 모두 세팅되어있으므로 바로 로드맵을 펼쳐놓고 문제 해결에 중요한 '세부 로드맵'을 결정짓는 '예지력'을 발휘한다. 사실 '예지 능력'이 일정 궤도에 오르면 '방법론'의 선택과 '로드맵'의 선택은 같은 맥락에서 다루어진다. 다만 숙련 기간을 감안할 때, 방법론(또는 로드맵)을 선택하는 접근을 '처음 입문하는 리더'와 '숙련된 리더'로 나눠 생각해 볼 수 있다. 우선 [그림-40]에 기술된 생산, 연구 개발, 영업 부문의 '과제 기술서' 예를 토대로 '방법론(또는 로드맵)' 선택이 어떻게 이루어지는지 알아보자.

## 3.1. 처음 입문한 리더의 '방법론' 선택법

어떤 문제를 해결하든 그에 맞는 '방법론'은 이미 결정되어있음을 명심하자. 결국 'Solver'가 문제를 접했을 때 이미 존재하는 '방법론'들 중에서 해결에 가장 적합한 방법론을 어떻게 찾을 수 있을까가 현재 풀어야 할 숙제다. 이때 직관을 이용해 가장 손쉽게 접근할 수 있는 방법이 '문제 해결 방법론 선정도'를 이용하는 것이다.75) [그림-41]은 '문제 해결 방법론 선정도'이다.

'선정도'에서 '방법론' 하나가 결정되면 자체에 '로드맵'과 '도구(기법)'까지 모두 포함되어 있다. 따라서 그림에 나타난 바와 같이 'Quick 방법론', '프로세스 개선 방법론', '제품(또는 프로세스) 설계 방법론', '영업 수주 방법론' 중 하나를 선택하는데 집중한다.

[그림-41] 문제 해결 방법론(또는 로드맵) 선정도

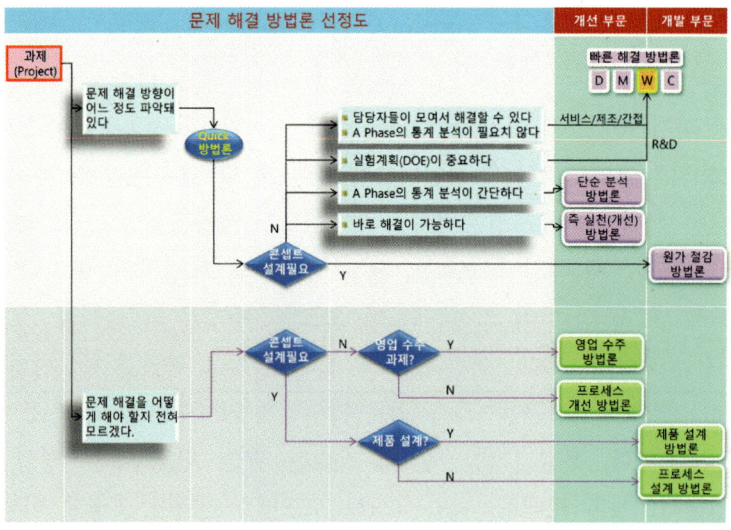

---

75) 「Be the Solver_Quick 방법론」편, p51.

[그림-41]의 '문제 해결 방법론 선정도' 사용법을 간단히 소개하면, 해결할 문제를 공식화한 것이 '과제'이며, 이때 리더가 해결책에 어느 정도 윤곽을 잡고 있거나 해결에 대한 복안이 조금이라도 있으면 위쪽 "문제 해결 방향이 어느 정도 파악되어 있다"의 'Quick 방법론'을 선택한다. 반대로 해결책을 전혀 모르면 아래쪽 "문제 해결을 어떻게 해야 할지 전혀 모르겠다."의 경로를 선택한다. 즉 주어진 문제에 대해 가장 먼저 이루어지는 '직관에 의한 판단'이다. 해결할 문제(또는 과제)가 속해 있는 분야의 리더는 이미 오랜 기간 관련 업무에 대해 잘 알고 있고 경험도 쌓여 있는지라 일반적으로 해결책에 대한 감(?)만으로도 방향 판단이 충분히 가능하다.

만일 "문제 해결 방향이 어느 정도 파악되어 있다."를 선택했다고 가정하자. 이 경우 'Quick 방법론'으로 들어가게 되며, 이후에는 다시 "콘셉트 설계가 필요?"한지 판단해야 하는데, '콘셉트 설계(Concept Design)'는 제품이나 프로세스에 변경이 가해지느냐는 질문이므로 주로 '연구 개발(R&D) 부문'에 해당한다. 이때 축약되어 있으면서 빠르게 처리할 수 있는 연구 개발 방법론이 **'원가 절감 방법론'**이라고 설명한 바 있다. 반면 '콘셉트 설계'가 필요치 않으면서 고민 없이 바로 처리할 수 있으면 **'즉 실천(개선) 방법론'**이, 많은 양은 아니지만 '가설 검정' 등 분석(Analyze)의 필요성이 있으면 최소 다섯 장으로 결론지을 수 있는 **단순 분석 방법론**을, 연구 개발에서 '실험 계획(DOE)'만으로 전개되거나, 담당자들이 모여 협의를 통해 원인을 찾고, 개선책과 최적화, 그리고 적용까지 이룬다면 **'빠른 해결 방법론'**을 선택한다. 참고로 '빠른 해결 방법론'은 'w-Phase'에서 'TQC'의 로드맵인 'P-D-C-A Cycle'을 이용하며, 현업에서 활용 빈도가 가장 높은 방법론이다.

다시 [그림-41]로 돌아가 "문제 해결을 어떻게 해야 할지 전혀 모르겠다."를 선택했다고 가정하자. 상황은 동일하게 "콘셉트 설계가 필요한지"를 먼저 묻는다. '콘셉트 설계'는 그 대상이 '제품'인 경우와 '프로세스'인 경우로 나뉘며, 특히 후자는 금융, 의료, 공공 기관, 기업 내 사무·간접 부문 등 절차만으로 이루어진 업무에 쓰인다. 한마디로 '서비스 부문'으로 총칭하기도 한다. 이때 '제품'의 '콘셉트 설계'가 필요하면 **'제품 설계 방법론'**을, '프로세스'의 '콘셉트 설계'가 필요하면 **'프로세스 설계 방법론'**을 선택한다. '프로세스 설계 방법론'은 프로세스 설계에 쓰이는 방법론이다. 새로운 시장에 진출할 때 운송, 통관, 영업망 관리 등 절차와 활동, 필요 문서들을 규정할 필요가 있으며, 이들을 프로세스로 명확하게 정립하는 예 등이 해당한다.

[그림-41]에서 만일 '콘셉트 설계'가 필요치 않으면 '영업 수주 과제'의 경우 **'영업 수주 방법론'**을, 나머지 과제들은 **'프로세스 개선 방법론'**을 선택한다.

[그림-40]의 A 항공社 상황에 대한 '과제 기술서' 작성 예를 통해 지금까지 설명했던 방법론 선택법을 적용해보자.

우선 **'생산 부문'**의 경우는 '비행시간 변동 폭', 즉 '한번 연료 주입으로 체공할 수 있는 시간의 변동(산포)'을 줄이는 문제인데, 생산 라인에서 변동의 원인을 찾는 활동이 핵심이다. 조사는 '변동(Y)'과 생산 프로세스 내 '원인(X)'간 관련성을 따지는 통계분석이 주를 이룰 것이다. 또 '설계 변경(콘셉트 설계)'은 고려치 않으므로 방법론은 '프로세스 개선 방법론'이 적합하다.

다음 **'영업 부문'**은 판매가 주업이므로 설사 변동 폭이 크더라도 현재 품질은 그대로 인정해야 한다. 따라서 현재 품질에 적합한 용처를 찾거나 가격 조정을 통해 판매를 최대화하는 활동이 중요하다(고 가정한다). 따라서 고객을 만나 홍보와 설득이 중요하므로 수주에 최적화된 '영업 수주 방법론'을 고려할 수 있다. '영업 수주 방법론'은 고객을 유치하기 위한 '고객의 직접 대면(Face to Face)'을 반복해서 수행하는 설득 프로세스다. 참고로 '영업 수주 방법론'의 로드맵은 'D-M-A-I-C 5-Phase'는 같고, 하부에 '12-Step'으로 구성되어 있다. 다음 [그림-42]는 '영업 수주 방법론의 12-Step'을 '프로세스 개선 방법론의 15-Step'과 비교한 표이다.

[그림-42] '프로세스 개선 방법론'의 '15-Step'과 '영업 수주 방법론'의 '12-Step' 비교

[그림-42]는 '영업 수주 방법론'을 보여주며, 그림의 왼쪽 로드맵은 '프로세스 개선 방법론의 15-Step'이고, 오른쪽 로드맵은 '5-Phase, 12-Step'의 '영업 수주 방법론'이다. 그리고 가운데 내용은 '프로세스 개선 방법론' 활동을 요약한 것인데, 결국 '프로세스 개선 방법론'의 '15-Step'과 '영업 수주 방법론'의 '12-Step'이 흐름 간 차이가 없다는 것을 알 수 있다. '영업 수주 방법론'이 영업 업무 성격에 맞게 조정된 방법론일 뿐 'D-M-A-I-C 흐름'을 그대로 유지한다는 뜻이다. 즉, 서로 간 일대일 대응 관계가 성립하고,

어느 문제를 해결하든 'M－A－I－C'가 '기－승－전－결'처럼 그 흐름이 고유하기 때문에 가능한 일이다.

끝으로 **연구 개발 부문**은 '체공시간'을 늘리기 위해 설계 구조 변경을 전제한다. 그러나 '체공시간'이라는 고객 요구 품질이 명확하고 이미 출시된 제품을 대상으로 하는 만큼 헬기의 특정 부위의 개선을 염두에 두고 있을 가능성이 높다(고 가정한다). 이 경우 'Quick 방법론' 중 '원가 절감 방법론'이 적합하다.


## 3.2. 숙련된 리더의 '방법론' 선택법, 예지력

사실 [그림－41]의 '문제 해결 방법론 선정도'만으로도 대다수의 문제 해결에 맞는 '방법론' 선택이 가능하다. 그러나 방법론 선택에 어느 정도 익숙해지면 '문제 해결 방법론 선정도'처럼 모두를 펼쳐놓고 선택하는 대신 「IV. '핵심 PSM'들의 화학적 융합」에서 학습한 바와 같이 바탕이 되는 '40-세부 로드맵', 또는 '50-세부 로드맵'을 머릿속에 죽 펼쳐놓고 주어진 문제의 향방을 그려내는 것이 훨씬 도움 된다.

혹자는 문제의 성격에 따라 'SQC', 'TQC', 'TPM', 'Six Sigma' 또는 여타 방법론들 중 하나를 선택하거나, 아니면 그 하부에 소속된 '하위 방법론'을 선택해야 한다고 주장할지 모른다. 그러나 설사 그렇다 치더라도 「IV. '핵심 PSM'들의 화학적 융합」에서 '40-세부 로드맵' 또는 '50-세부 로드맵'을 바탕에 깔고 여타 핵심 방법론들을 대부분 아우르고 있으므로 약간의 유연성만 발휘하면 두 '세부 로드맵'을 머릿속에 펼쳐놓는 것만으로도 최적의 방법론을 충분히 잡아낼 수 있다. 어느 분야든 오랜 고민과 일처리 경험이 쌓이면 '생활의 달인'이 되는 것과 같은 이치다.

[그림-40]의 A 항공社 '과제 기술서' 예를 통해 다시 한 번 '방법론 선택'에 대한 '예지력'을 발휘해보자. 이번에는 「IV. '핵심 PSM'들의 화학적 융합」에서 학습 받은 내용을 활용할 것이다. 다음 [그림-43]은 [그림-22], [그림-29], [그림-31]의 '40-세부 로드맵과 SQC, TPM 융합도'를 옮겨놓은 것이다.

[그림-43] A 항공社의 '생산 부문' 문제 해결에 선택 가능한 '방법론' 예

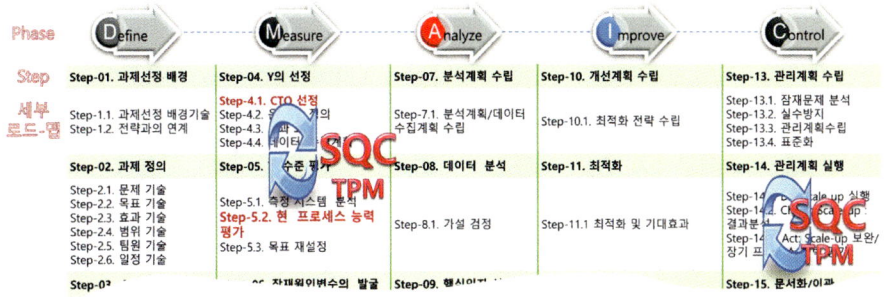

우선 A 항공社의 '과제 기술서' 중 **생산 부문**은 '한번 연료 주입으로 체공할 수 있는 시간의 변동(산포)'을 다루고 있다. 이때 '품질 특성'인 'Y'는 '비행시간 변동'이며, 맨 먼저 [그림-43]의 'Step-5.2. 현 프로세스 능력 평가'가 가장 중요한 '세부 로드맵'으로 부상한다. 왜냐하면 그동안 생산해온 제품의 '변동'이 어떤 양상을 띠는지 알아야 문제 해결이 가능하기 때문이다.

예를 들어, 만일 '연료 주입한 헬기의 동일 경로에 대해 체공시간'을 그래프로 타점하면 등락이 관찰될 것이다. 따라서 타점들 중 등락폭이 유난히 큰 표본이 있다든가, 전체적으로 산포가 큰 경우, 제조 시간대 별 산포가 작다가 커지는 경우 등 다양한 패턴이 나타날 수 있다. 이들 변동의 패턴을 포함하면서 현재 프로세스의 생산 능력을 구하는 작업은 'Step-5.2. 현 프로세스 능력 평

가'에서 이루어진다. 이때 변동 관찰이 가능한 '관리도'와 함께, 현재 생산 능력인 '시그마 수준'을 산출물로 얻는다.

이어서 기술한 '변동'의 원인을 규명하려면 관련 생산 공정을 찾아 변동을 타점한 '관리도'의 모니터링, 이상 패턴의 판정과 개선, 다시 모니터링의 반복이 필요하므로 생산 중 문제 해결 방법론인 'SQC(Statistical Quality Control)'가 적합하다. 한편 생산 현장이 원인을 찾기엔 너무 광범위하므로 특이 증상을 보이는 현물 분석이 조사 범위를 줄여줄 수 있다. 현물에서 관찰되는 증상의 원인이 특정 공정의 조립 과정에서 일어날 수도 있기 때문이다. 현물에 나타난 증상을 찾기 위해서는 '40-세부 로드맵'에서 'Step-5.2. 현 프로세스 능력 평가' 이후 활동인 'Step-06. 잠재 원인 변수의 발굴'로 들어간다. 결국 **'SQC 방법론'과 '40-세부 로드맵'을 적절히 조합**해 병행하면 문제 해결에 이를 수 있다(고 가정한다).

그러나 '변동'의 출처가 순수 생산 프로세스의 문제로 인식되면 'Step-14. 관리 계획 실행'에서 '관리도'를 이용한 모니터링 및 '이상 변동' 조사와 필요 시 조정이나 개선 활동을 수행한다. 제조상 문제이므로 현물 분석 과정은 제외되고 'Step-14. 관리 계획 실행'으로 바로 들어가 **'SQC 방법론'**을 따른다. 이때 'Solver'에게는 '관리도의 선정'과, 타점들의 패턴([표−4], [표−5] 참조) 해석 능력이 매우 중요하다.

특히 'SQC 방법론'을 적용할 경우, '관리도'에 나타나는 '이상 변동'의 원인이 설비에서 비롯될 수 있으며, 규명을 위해서는 **'TPM'**에서의 '계획 보전'이나 '개량 보전'의 분석 절차가 필요할 수 있다. '계획 보전'은 설비의 '신뢰성 분석과 해석' 역량이 중요하며, '개량 보전'은 생산 중 체계적으로 수집된 '데이터 분석(DA, Data Analysis)'과 물리·화학적 분석인 '고장 해석(FA, Failure Analysis)'의 역량이 요구된다. '40-세부 로드맵과 SQC 및 TPM 융합'에 대해서는 [그림−29], [그림−31]의 본문 설명을 참고하기 바란다.

다음 A 항공社의 '과제 기술서' 중 '**영업 부문**'은 여러 접근을 연상할 수 있다. 개요도는 다음 [그림－44]와 같다. 설명의 편의를 위해 [그림－22]의 '40-세부 로드맵'을 다시 옮겨놓았다.

[그림－44] A 항공社의 '영업 부문' 문제 해결에 선택 가능한 '방법론' 예

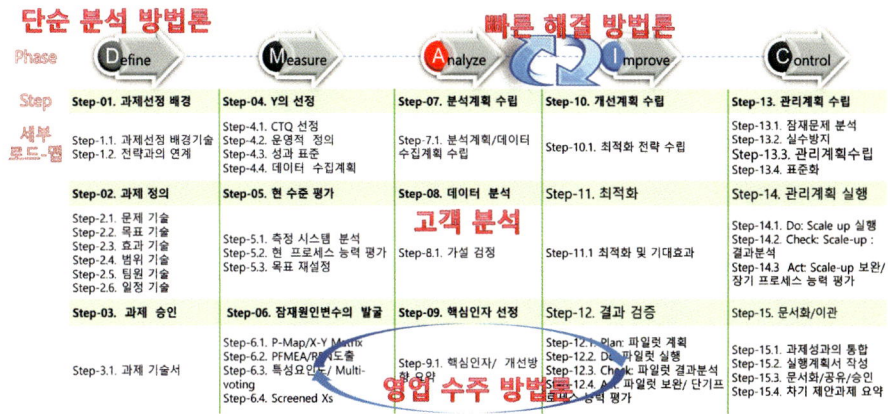

만일 여러분이 'Solver'의 위치에 있다고 가정하자. 그리고 영업 담당자가 해결할 문제를 들고 온다. 이때 주어진 영업 상황이 현재 거래 중인 고객들의 사업 여건을 분석해 추가 구매를 유도할 목적이면, 거래처 정보를 대부분 파악하고 있으므로 의사 결정을 위한 약간의 분석 절차만 필요할 수 있다. 이 경우는 [그림－44]의 Phase 중 'Analyze'가 중요하므로 '**단순 분석 방법론**'이면 충분하다([그림－44]의 왼쪽 상단에 '단순 분석 방법론' 표시 참조).

그러나 만일 고객사들을 중심으로 그들의 매출 상태, 채권, 대 고객 거래 규모, 신규 시장 개척 상황 등과 같이 분석량이 많거나 고객들의 '군집 분석' 등 통계적 해석, 또는 '고객 세분화' 과정이 필요하면 'Step-08. 데이터 분석'이 중요해진다(그림에서 '고객 분석'으로 쓰인 위치). 이 경우 '40-세부 로드맵'들

중 이전 활동인 'Step-06. 잠재 원인 변수의 발굴'이나, 이후 활동인 'Step-11. 최적화'가 필요하므로 '**프로세스 개선 방법론의 40-세부 로드맵**'을 전반적으로 활용한다(고 가정한다).

반면 영업 담당자들이 모두 모여 문제 해결에 필요한 주요 주제에 대해 토론하고, 상충되는 내용들은 협의하며, 판매량을 늘릴 수 있는 방안 등을 모색할 수 있다. 회의의 결과로 얻어진 판매량 증진을 위한 방안들은 가장 시급한 일부터 우선순위를 매겨 영업활동 중 이행한다. 로드맵으로 분류하면 판매량 저하의 원인을 찾는 과정('Analyze'에 대응)과, 꼭 해야 할 활동을 우선순위로 결정짓는 과정('Improve'에 대응)으로 대변된다. 이 같은 상황은 'Analyze'와 'Improve'를 합쳐서 유연하게 대처하는 것이 유리하므로 'TQC'의 'P−D−C −A Cycle'이 매우 도움 되며, 이를 수용하는 방법론에 '**빠른 해결 방법론**'이 있다[그림의 상단에 쓰인 '빠른 해결 방법론' 참조].

그러나 이미 고객이 정해졌고 제품의 장점이나 거래 이점을 제시해가면서 수주를 타진할 수 있는 상황이면 고객의 요구를 듣고('Step-06.잠재 원인 변수의 발굴'에 대응), 요구 수용 여부를 위한 내부 협의가 이루어지며('Step-08. 데이터 분석'에 대응), 대응책을 마련한 후('Step-11.최적화'에 대응) 다시 고객을 만나는 활동이 반복된다. 이때 제시된 대응책을 어느 순간 고객이 수용하면 '수주'로 연결되지만, 그 반대의 경우 '수주 실패'로 결론난다. 이 과정은 영업 부문 수주 과제에 특화된 '**영업 수주 방법론**'이 적합하다[그림−42] 참조). [그림−42]에서 '영업 수주 방법론'은 '5-Phase, 12-Step'으로 이루어져 있다. '영업 수주 방법론'에 대해 자세한 설명이 필요한 독자는 「Be the Solver_영업 수주 방법론」편을 참고하기 바란다.

끝으로 A 항공社의 '과제 기술서' 중 '**연구 개발 부문**'은 '체공시간'을 최대화하는 것이 목적이다. 이를 위해 [그림−23]의 '제품 설계 방법론'에 쓰이는

'50-세부 로드맵'을 다음 [그림-45]에 다시 옮겨놓았다.

[그림-45] A 항공社의 'R&D 부문' 문제 해결에 선택 가능한 '방법론' 예

우선 헬기의 구조나 부품을 바꾸는 '콘셉트 설계'가 아닌 현재 제품 그대로
에서 '체공시간'을 최대화하려면 '잡음 인자'에 영향을 덜 받도록 '제어 인자'
들을 최적화하는 접근이 가능하다. 바로 '강건 설계'라고 하는 '다구치 방법'
이 필요하다. '실험 계획(DOE)'의 한 유형이며, 설계 변경이 없으므로 [그림-
45]에서 'Analyze Phase'와 'Design Phase'를 합친 개념으로 전개된다. 'TQC'
의 'PDCA Cycle'을 적용해 실험을 진행하므로 적합한 방법론은 '**빠른 해결
방법론**'이 쓰일 수 있다.[76]

만일 현존하는 헬기의 구조나 부품들을 바꾸거나 변경해 '체공시간'을 늘리
려한다면 [그림-45]의 'Analyze Phase', 즉 '콘셉트 설계'부터 시작해야 한다.
이미 '핵심 고객 요구사항'인 '체공시간'을 다루고 있으므로 'Measure Phase'
는 불필요하기 때문이다. '콘셉트 설계' 이후엔 바뀐 모듈이나 하위 시스템들

---

76) '강건 설계'에 대해서는 『Be the Solver_실험 계획(요인설계/강건설계)』편을 참고하기 바란다.

을 대상으로 최적화, 신뢰도 향상 등의 'Design Phase'를 전개한다. 이를 위한 적합한 방법론은 'Quick 방법론' 중 하나인 '**원가 절감 방법론**'이 쓰일 수 있다.

끝으로 '체공시간'을 늘리기 위해 잠재 '품질 특성'을 찾아내든가 고객이 원하는 '매력적 품질(Delighters)'[77]들을 추가 발굴한 뒤 '콘셉트 설계'와 완성도를 높이기 위한 '강건 설계'를 단계적으로 진행할 수 있는데, 이 경우 '**50-세부 로드맵**'의 대부분을 따르는 방법론이 선택될 수 있다.

---

77) 일본의 품질관리 컨설턴트였던 KANO가 제품의 속성과 고객의 요구를 연결시켜 제시한 모델로 '당연적 품질(Dissatisfiers)', '일원적 품질(Satisfiers)', '매력적 품질(Delighters)', '무관심 품질(Indifferent Quality)', '역품질(Reverse Quality)'이 있다. 이들 중 '매력적 품질'은 고객은 알지 못하지만 제공하면 만족도가 급격히 상승하는 품질요소로 연구개발 단계에서 매우 중요한 아이템이다. 자세한 내용은 「Be the Solver_제품 설계 방법론」편, pp187~196 참조.

# 4. [단계-3] 맥을 짚는 능력

[단계-2]에서 설명했던 '예지력'은 해결할 문제와 마주쳤을 때 기존의 알려진 '방법론'들로부터 문제 해결 활동 경로를 미리 정립할 수 있는 능력이다. 이것은 해야 할 일들이 '40-세부 로드맵', 또는 '50-세부 로드맵'처럼 이미 정해져있기 때문에 가능한 접근이다. 이와 같이 모든 문제의 해결에 있어 처리해나가는 일의 순서와 내용이 정해져있다는 것은 누군가가 현재 수행 중인 문제 해결 과정이나 내용, 또는 이미 수행했던 활동들을 검토할 때 "'핵심'을 짚어낼 수 있다!"는 매우 유용한 이론적 근거를 제공한다.

예를 들어, 조직 내 다른 리더가 수행하고 있는 과제나, 또는 부서에서 이전에 수행했던 과제를 책상 위에 올려놓고 검토한다고 가정해보자. 만약 그 과제가 성공 가능성이 높다라면 높은 이유가 있을 것이고, 실패 또는 미흡한 실적을 거두고 있다면 과정 중에 그럴 만한 이유가 반드시 포함되어 있어야 한다. 성공 가능성이 높든, 실패나 그저 그런 결과로 이어지든 과정(로드맵)상에서 각각의 이유를 찾기 위한 검토 방법은 다음의 순서를 따른다.

1) 검토 중인 과제가 현재의 프로세스에서 드러난 문제 해결이면 '40-세부 로드맵'을, '콘셉트 설계'가 필요한 과제이면 '50-세부 로드맵'을 머릿속에 그린다.

2) 작성된 과제의 내용들을 관련된 '세부 로드맵'에 하나씩 분류해 옮겨놓는다. 물론 머릿속에서 이루어지는 일이다. 이때 내용을 갖다 놓을 '세부 로드맵'이 없을 것이란 우려는 그저 기우에 불과하다. 어떤 활동 내용도 옮겨놓을 '세부 로드맵'은 반드시 존재한다. 그만큼 '세부 로드맵'의 구성은 완전하다.

3) '세부 로드맵'에 옮겨진 내용이 정의에 맞게 제대로 표현됐는지 확인한다. 'Measure Phase'의 'Step-4. Y의 선정'에서 '운영적 정의'와 '성과표준'은 리더들이 가장 미흡하게 기술하는 영역이다. 'Y'가 무엇이고 어떻게 측정할 것인지 자체 법령(?)을 만드는 활동임에도 오류가 많아 이후 과정에 여러 허점이 드러난다. 예를 들어, 'Y'를 '검출 오류율'처럼 '이산 자료'형으로 정해놓고 이후 '현 수준 평가'는 '연속 자료'형 계산인 '정규 분포'를 이용하는 경우 등이다.

또는 'Step-8. 데이터 분석'에 '가설 검정'을 수행했다면 그 결과에 '개선 방향'이 명료하게 언급되어있는지 확인하는 것도 대표적인 검토 항목들 중 하나이다. 대부분의 리더들은 '유의함'식으로 마무리 짓곤 하는데 결코 분석이라고 볼 수 없다. 통계분석이 목적이 아니라 분석을 통해 프로세스의 어디를 개선할지 구체적인 결론이 나와야 하기 때문이다. 종종 낮은 '분석의 심도'가 문제 해결 실패의 주요 요인으로 작용한다. 프로세스의 실질적 개선에 도움이 안 되는 대표적 사례들이므로 '세부 로드맵'의 내용이 정의에 맞게 제대로 표현됐는지 확인하는 것은 매우 중요하다.

4) 내용이 포함된 '세부 로드맵'들을 연결해보고 '40-세부 로드맵'에서 빠졌거나 연결이 느슨한 '세부 로드맵'을 짚어낸다. 수행된 일은 다음의 입력으로 작용하는 게 순리다. 문제 해결을 위해 전후 관계가 전혀 성립되지 않는 불필요한 활동을 리더가 굳이 이행할 이유가 없다. 그러나 전체 '40-세부 로드맵'을 명확히 이해하지 못한 상황에서 문제 해결을 수행하다보면 일의 전후 관계나 인과 관계가 불명확하게 수행된 사례가 상당수 존재한다. 즉 활동들 간 연계성이 높아야 함에도 끊겨있거나 앞뒤 간 연결이 느슨한 경우 등이다. 예를 들어, 'Step-4.4. 데이터 수집 계획'을 작성한 후 바로 'Step-5.2. 현 프로세스 능력 평가'가 보인다면 'Step-5.1. 측정 시스템 분석'은 왜 빠졌는지 짚어봐야 한다. 해야 할 일을 안 하고

넘어갔거나 끝을 보지 않았다면 수행 품질이 떨어지는 것은 당연하며, 결과 역시 담보하기 어렵다. **끊긴 흐름을 찾는 일은 "과제 수행의 맥을 짚는다."로 표현되며 매우 중요한 역량 중 하나**이다.

5) 끊긴 위치를 짚고 리더에게 질문을 시작한다. 앞뒤 간 활동의 연계성에 대해 물어보고, 깊이에 대해서도 리더가 생각하고 있는 바를 이끌어낸다. 이 과정에서 과제의 품질이 현격히 높아진다. 간혹 분야가 다른 과제를 검토하는 게 가능한가 하고 의문을 제기하기도 한다. 그러나 방법론을 마스터한 'Solver'는 분야에 얽매일 필요가 없다. 분야가 연구든, 구매, 영업, 제조, 관리, 금융, 관공서 등 어디가 되든지 전혀 관계가 없다. 필자는 이것을 '횡적 개념'이라고 한다. '횡적 개념'은 '흐름'인 '로드맵'을 지칭하고 '로드맵'은 이미 결정되어있기 때문이다. 모든 문제 해결은 과정이 똑같다는 뜻이다. 반면 각 분야의 리더가 하는 일은 짚어낸 미흡한 위치에서 깊이 있게 파고들어 양질의 산출물을 내는 것인데, 필자는 이것을 '종적 개념'이라고 부른다. '횡적 개념'은 교육을 통해 습득할 수 있는 반면, '종적 개념'은 리더가 속한 분야의 전문성과 관계한다. 결국 **리더가 '횡적 개념'과 '종적 개념' 모두를 마스터하면 진정한 'Solver'가 될 수 있다.** 다음 [그림-46]은 문제 해결 활동의 '횡적 개념'과 '종적 개념'을 나타낸 개요도이다.

[그림-46] '문제 해결'의 '횡적 개념'과 '종적 개념'

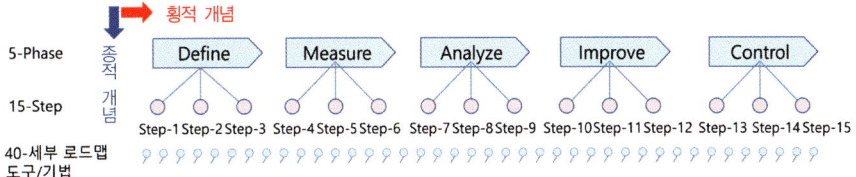

[그림－46]에서 'D－M－A－I－C'의 '5-Phase', '15-Step', '40-세부 로드맵'이 있고, 다시 '40-세부 로드맵'에는 '도구', 또는 '기법' 들이 붙어 있다. 그림에서 '굵은 화살표'는 '횡적 개념'과 '종적 개념'을 각각 나타낸다. 좀 더 자세한 설명은 「Be the Solver_프로세스 개선 방법론」편을 참고하기 바란다.78)

---

78) 「Be the Solver_프로세스 개선 방법론」편, pp46~68 참조.

# 5. [단계-4] DA와 FA 모두의 활용 능력

'DA'는 '데이터 분석(Data Analysis)'을, 'FA'는 '고장 해석(Failure Analysis)'을 각각 나타낸다. 문제 해결 과정 중에 자주 마주치는 데이터 분석이 '가설 검정'이다. 'X가 Y에 영향을 주는지' 확인하는 절차이며, 주로 수치 데이터를 이용한다. 그런데 데이터 분석 결과를 접할 때면 리더가 상황을 잘못 인식하는 경우를 자주 접하곤 한다.

예를 들어, 앞서 언급했던 내용이지만 분석의 결말이 'X1은 유의함.'으로 끝나는 경우이다. 단순히 'X1이 Y에 영향을 주는 요인'으로 판명되었으므로 'Y'의 최적화를 위한 'X1'의 '최적 조건'을 찾아주면 되지만 곰곰이 생각해보면 그렇게 끝나서는 '100점' 만점에 '30점' 수준의 분석으로 밖에 볼 수 없다. 왜냐하면 기업은 프로세스를 운영하고 있고, 그 속에서 부가가치를 창출하며, 산출물을 시장에 판매해 수익을 올리는 선순환 구조로 이루어진다. 이때 개선 대상은 숫자 자체가 아니라 표준에서 벗어났거나 왜곡된 프로세스가 되어야 하며, 따라서 '유의한 X1'이 프로세스 어느 위치에서 얼마만큼, 그리고 왜 변화했는지 규명되어야 한다.

만일 분석의 '유의하다'는 결론이 설비나, 제품, 재료, 구조, 절차 들 중 하나 이상에서 표준을 벗어나 생긴 결과라면 '데이터 분석'에 이어 '고장 해석'이 뒤따라야 한다. 프로세스만으로 이루어진 '서비스 부문' 등에서는 '현상 해석'에 대응한다. 이들은 다른 말로 "메커니즘을 규명한다."로 표현한다. 어떤 경로를 거쳐 문제에 이르렀고, 그 문제의 현상이 어떻게 분석한 데이터에 변동을 초래했는가의 규명이다. 다음 [그림-47]은 'DA'와 'FA'의 관계를 나타낸 개요도이다.

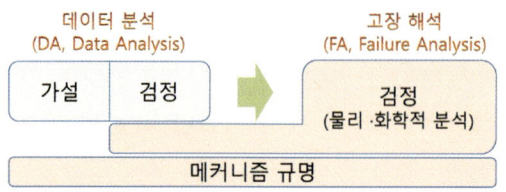

[그림-47] '데이터 분석(DA)'과 '고장 해석(FA)' 간 관계

비정상적이거나 왜곡을 불러일으킨 프로세스 내 '근본 원인'이 규명됐을 때 비로소 구체적인 '개선 방향'이 나오며, 이 수준에 이르지 못하면 'DA'의 결론만 가지고는 수박 겉핥기식 '개선'에 머무를 뿐이다. [그림-47]은 '데이터 분석' 자체에 '가설'과 '검정'이 모두 포함되어있지만 '검정'의 개념을 현물 분석까지 확대 해석한 예이다. '데이터 분석'을 통해 확인된 내용은 프로세스에 변화가 생겼다는 '징후'를 포착한 것이고, 그에 대한 확인(또는 검정)은 현물의 물리·화학적 분석을 통해 이루어진다. 따라서 'DA'를 통해 '유의함, 즉 데이터가 변했다'의 '검정'에 이르렀다면, 'FA' 관점에선 다시 'DA'의 과정이 '가설'에 해당하고, 왜 변했는지 프로세스에서 물리·화학적으로 분석을 통해 근본 원인이 밝혀지면 최종 '검정'에 도달한 것이다. 이 시점에 비로소 구체적 '개선 방향'이 나오므로 'Improve Phase'에서의 활동량은 줄고 내용은 명료해진다.

한편 [그림-47]에 '메커니즘 규명'이 있다. 현재 문제가 유발된 현물을 갖고 있고 그와 같은 현상이 다수 발생하고 있거나, 또는 발생 빈도가 높다고 가정하자. 이 경우 굳이 'DA'를 거칠 필요 없이, 나타난 증상을 관찰한 뒤 바로 'FA'로 들어간다. 만일 'FA'로 들어가기 전 그와 같은 증상이 어떻게 발생했는지 '물리·화학적 발생 경로'를 추정하면 이 역시 '가설'에 해당하며, '고장 증상의 발생 경로'인 '메커니즘(Mechanism)'을 실제 물리·화학적 분석을 통해 정확하게 확인한 시점은 '검정'에 대응한다. 진정한 '분석(Analyze)'이 완료된 셈이다.

따라서 **'분석(Analysis)'이란 'DA → FA'로 완결 짓는 경우와, 'FA'만으로 결론 나는 경우 모두를 포함**한다. 공통적으로 'FA'가 이루어져야 실질적인 '개선 방향'이 나오고, 뚜렷한 최적화에 이를 수 있다. '서비스 부문'에서의 'FA'는 '현상 분석', 즉 데이터에 나타난 변동이 현실에서 어떤 실상과 연계되는지 확인하는 절차에 해당한다.

다음 [그림－48]은 제품이나 프로세스에 문제가 발생한 증상을 모두 '고장 (Failure)'으로 정의할 때, 프로세스 순환 구조 속에서 '데이터 분석(DA, Data Analysis)'과 '고장 해석(FA, Failure Analysis)'의 활용을 구체적으로 표현한 개요도이다. 참고로 본 개요도는 강의 중 제품의 품질을 높이거나 신뢰성 (Reliability)에서의 강건성을 확보하는 '보증 체계' 설명용으로도 자주 인용된다.

[그림－48] 제품과 프로세스의 '고장' 출처와 'DA 및 FA'의 활용 개요도

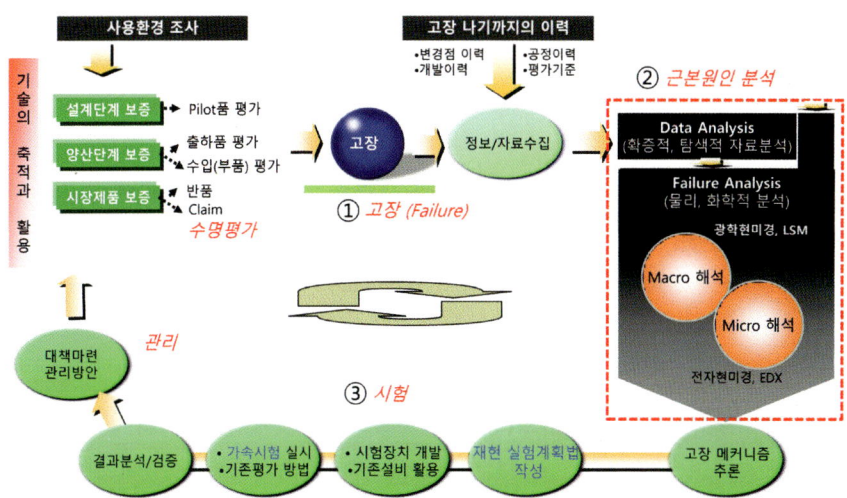

[그림－48]에서 '① 고장(Failure)'의 시작은 '설계 단계', '양산 단계', '시장

제품'에서 발생되며, 반드시 '제품'에 한정할 필요는 없다. '표준'으로부터 벗어난 '프로세스' 내에서의 다양한 현상들도 '고장'에 포함된다. '제품 품질'이든 '서비스 품질'이든 '고장 여부'를 판단하는 기준이 사내 표준에 정의되어 있기 때문에 그를 벗어나면 모두 '고장'으로 판단한다.

일단 '고장'이 발생하면 '② 근본 원인 분석'에 들어가는데, 이때 현물이 있는 경우는 바로 'FA'로 들어가지만 일반적으론 'DA'가 먼저 이루어진다(그림에서 'DA → FA' 경로와, 바로 'FA' 경로 둘 다가 표식 되어 있다). 데이터를 통해 발생 위치나 패턴, 경향, 빈도, 변수들 간 관계나 영향도 등이 확인되면 어떤 경로를 거쳐 바람직하지 않은 현상이 나타났는지 현물(제품, 또는 해당 프로세스) 분석을 통해 메커니즘을 규명한다. 이것이 'FA'이다. 'FA'를 통해서 '근본 원인(Root Cause)'이 밝혀지면 그때서야 비로소 그를 줄이거나 제거할 수 있는 구체적인 '개선 방향'이 나온다. 'DA'와 'FA' 각각의 특징에 대해 좀 더 자세히 알아보자.


## 5.1. 데이터 분석(DA, Data Analysis)

'DA'는 [그림-49]와 같이 분석 목적에 따라 크게 네 개 유형으로 구분된다.

[그림-49]에서 가장 위쪽의 **기술 통계**는 '기술(Descriptive)'의 의미가 '설명한다.'의 뜻이므로 수집된 데이터의 '대푯값(산술 평균, 중앙값 등)'이나 '산포도(분산, 표준 편차 등)'를 계산한다. 데이터를 수집해놓은 상태에서 그들의 윤곽을 파악하거나 타인에게 쉽고 빠르게 전달할 목적에 유용하다. 데이터의 분포까지 고려하면 '그래픽 요약(Graphical Summary)'이라 하고 '히스토그램'과 '정규성 검정'까지 요약 정보에 포함된다. 데이터 분석의 기본 중의 기본이

므로 데이터가 수집되면 제일 먼저 시행한다.

[그림－49] 'DA(Data Analysis)'의 목적에 따른 구분

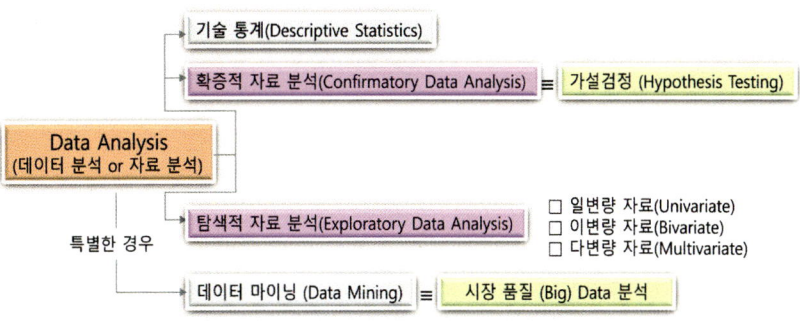

가장 아래쪽의 '**데이터 마이닝(Data Mining)**'은 다량의 데이터 속에서 금광을 캐낸다는 뜻이므로 여러 분석적 스킬들을 동원해 의미 있고 도움 되는 정보를 찾아낸다. 문제 해결 관점에서 '시장 품질 Big Data 분석'에 해당한다. 기업에서의 '시장 데이터(Field Data)'는 품질의 실제 수명을 알 수 있고, 고장의 원인과 다양한 환경에서의 제품, 서비스의 변형 정보를 포함하고 있어 가히 보물 창고라 할 만하다. 그러나 'DA'에서 리더 개인의 분석적 역량을 결정짓는 요소는 [그림－49]의 중간에 위치한 '확증적 자료 분석'과 '탐색적 자료 분석'이다.

'**확증적 자료 분석**'은 영어로 'Confirmatory Data Analysis'이며, 간단히 'CDA'로 불린다. 단어 '확증적'에서 유추되듯 프로세스가 '변했는지 그렇지 않은지', 또는 연구 개발 부문에서 '기존과 다른 특성을 만들어냈는지 못했는지'를 판단하는 분석법이며, 이미 잘 알려진 '가설 검정'에 해당한다. '가설'은 '귀무가설'과 '대립가설'이 있고 통계적 처리 과정을 거쳐 둘 중 하나를 선택하도록 되어있다. 통계적 처리 과정엔 '분산 분석', '회귀 분석', '비율 검정',

't(또는 z) 검정', '카이 제곱 검정', '상관 분석' 등 대다수의 통계적 도구들이 포함된다. 분석이 완료되면, 특성이 변했는지의 판단이 늘 필요하므로 'CDA'를 '판사'에 비유하곤 한다.

반면 **'탐색적 자료 분석'**은 영어로 'Exploratory Data Analysis'이며, 줄여서 'EDA'로 불린다. '확증적 자료 분석'은 특정한 사안이 변했는지 여부를 판단하지만 '탐색적 자료 분석'은 데이터 전체를 관찰하면서 문제의 근본 원인을 찾아 들어가므로 '탐정'에 비유되곤 한다.

다음 [그림-50]은 '확증적 자료 분석'과 '탐색적 자료 분석'을 비교하기 위해 도입한 개요도이다.

[그림-50] '확증적 자료 분석'과 '탐색적 자료 분석'의 비교

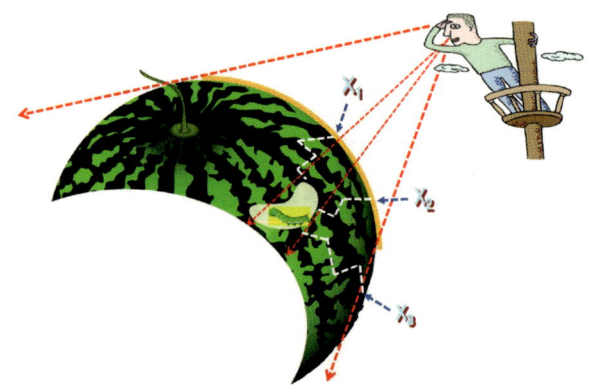

[그림-50]은 강의나 특강 때 필자가 자주 인용하곤 한다. 우선 수박은 '프로세스'를 상징하며, 그 안의 벌레는 '문제의 근원'이다. 프로세스가 유한한 것처럼 수박 내부도 유한하다. 만일 프로세스(수박) 밖에 위치한 리더가 문제의 근원을 찾는다고 가정할 때, **'확증적 자료 분석'**은 먼저 'X1'처럼 국부적인

지점에서 데이터를 수집한 뒤 프로세스 속 어느 방향으로 진입할지를 결정한다. '근본 원인(그림에서 벌레)'을 찾기 위한 올바른 방향을 찾았다면 통계적으로 '유의함'을 얻은 것이다. 이 같은 수행은 '근본 원인(벌레)'을 찾을 때까지 프로세스 속에서 각 변곡점마다 데이터를 추가로 수집하며 계속된다.

[그림-50]의 'X1'부터 '벌레'까지 나타낸 '점선'은 원인을 찾아들어가는 올바른 경로를 나타내며, '점선'이 꺾어지는 '변경 점'에서 매번 데이터를 수집해 경로가 맞는지를 탐색하는 '가설 검정'이 반복된다(고 가정한다). 결국 한 번의 '가설 검정'을 통해 '유의함'으로 결론짓는 시도는 '분석의 심도'[79]가 매우 낮은 측에 속한다. 실제 현업에서 1회성 검정만으로 '유의함'을 얻은 뒤 종결짓는 분석을 자주 목격하곤 한다. 올바른 분석인지 스스로 검토가 필요한 부분이다.

'X2'나 'X3' 등도 '근본 원인'을 찾을 목적으로 수박(프로세스)의 다른 시작 위치를 정해 '확증적 자료 분석'을 시작할 수 있지만 일반적으로 가장 가능성이 높은 지점(예를 들어, X1)부터 분석이 들어가는 게 더 효율적이다. 따라서 리더의 기술적 감각이나 경험, 기존 자료들을 근거로 변수들(Xs)의 분석 우선순위를 결정한다. 이때 수박(프로세스)의 외부에서 제일 먼저 분석이 이루어지는 'X'들은 'Positioning'의 의미로 해석된다. 즉, '근본 원인'을 찾기 위해 회사 내 전체 프로세스 중 가장 빨리 '근본 원인'에 접근할 수 있는 위치를 지정한 것이 'X'란 뜻이다. 문제의 증상과 관련성이 적은 엉뚱한 'X'를 택해 분석을 시작하면 아주 어렵게 '근본 원인'에 도달하거나 최악의 경우 아무것도 얻지 못할 수 있다.

**이와 같은 해석은 매우 중요한데, 왜냐하면 'X'들은 이미 최초 분석 시점에 "위치 지정"용이었으므로 역할은 그로 끝난 것이고, 따라서 이후부터는 '분석의 심도'를 높여가며 '프로세스 내 근본 원인(벌레)'을 찾아 프로세스의 어떤**

---

79) '분석의 심도'는 이후 소주제인 「[단계5] '분석의 심도' 결정 능력」에서 자세히 다룬다.

점을 개선하자는 명확한 결론(개선 방향)을 얻는데 집중한다. 분석에서 '가설 검정' 후 'X1은 유의함'으로 결론짓고 마무리해서는 안 되는 이유가 여기에 있다.

그에 반해 **'탐색적 자료 분석'은** [그림-50]에서처럼 바깥쪽 넓은 화살표에서 안쪽으로 점점 범위를 좁혀 급기야 문제의 '근본 원인(벌레)'을 찾아들어가는 분석법이다. '원인'과 연관이 있는 프로세스 주변의 전체 데이터를 수집해 분석하므로 '그래프(또는 차트)'가 주로 쓰인다. 여러 통계 그래프나 차트들로 많은 데이터를 한 번에 시각화시킬 경우 정상에서 벗어난 다양한 현상들을 관찰할 수 있으며, 그들은 모두 프로세스가 왜곡된 증거이므로 하나하나 바로잡아 가면 문제의 '근본 원인'에 이를 수 있다. 왜 '탐정'에 비유되는지 이해가 되는 대목이다.

2013년 4월 15일 미국 보스턴 마라톤 대회 때 있었던 폭탄 테러를 기억할 것이다. 그 많은 사람들 속에서 미 당국과 FBI는 범인을 어떻게 찾아냈을까? 신문 기사에 의하면 현장 주변에 있던 수많은 사람들이 무작위로 찍은 동영상을 '법집행·긴급사태 비디오 분석 협회(LEVA)'가 수거해 수많은 인파 속에서 '가방을 메고 있다 빈 몸으로 이동한 공통 인물들을 압축해 냄'으로써 용의자를 찾아냈다. 좋은 사건은 아니었으나 '탐색적 자료 분석'이 프로세스에서 어떻게 적용되고 또 '근본 원인'을 규명할 수 있는지 단편적으로 이해시키는 예이며, 역시 강의 때 자주 인용하곤 한다.

## 5.2. 고장 해석(FA, Failure Analysis)

또 한 가지 주목할 분석법이 'FA'이다. 통상 물리·화학적 분석이 'FA'라면, 여기엔 'Macro FA'와 'Micro FA'가 있다. 특히 리더가 문제 해결을 위해 역량을 쌓아야 할 유형이 후자인 'Micro FA'이다. 모든 과제가 꼭 물리·화학적 분석을 수행해야 하는 것은 물론 아니다. 그러나 재료나 부품들은 외부와 접촉을 하거나 경시 변화를 겪는 경우, 오염, 마모, 상호 작용 등으로 본래의 속성이 변화되어 '고장'을 일으키게 되며, 그 정도가 미약할수록 원인 규명이 점차 어려워진다. 단순히 데이터의 변동성 확인만으로 정확한 원인을 찾기는 매우 어렵다.

그런데 기업에 소속된 일원이라 할지라도 'Micro FA'를 경험하기란 쉽지 않은데, 그 이유는 '전자 현미경', 'EDX', 'AES', 'SIMS', 'XPS', 'ICP' 등[80] 재료의 표면, 또는 극 표면 상태나 화학적 내용물을 분석하는 고가의 장비들을 알고 있어야 하고, 고장 현상이 어느 분석 장비를 이용해 문제의 원인을 규명할 수 있는지 사전에 인지해둘 필요가 있다.

현물을 분석하기 위해 앞서 기술한 어렵고 접하기도 쉽지 않은 장비들을 꼭 알고 있어야 하는가? 답은 "그렇다"이다. 우리가 눈으로 관찰해서 결론을 내릴 수 있는 영역을 'Macro'라고 본다면 'Micro' 세계는 우리가 상상하기보다 훨씬 민감하고 다른 원리에 의해 작동한다. 예를 들어, 시료 표면에 손끝이 살짝만 스쳐도 '전자 현미경' 속에서는 나트륨이나 황 등의 불순물이 잔뜩 붙은 모습으로 검출된다. 우리가 볼 수 없는 수십 나노(Nano)미터 규모에서 일어나는 미세한 현상들이 그동안 풀지 못한 고질 문제들의 원인을 제공할는지 알

---

80) '전자 현미경'은 전자 빔을 이용해 재료 표면을 'nm' 규모까지 관찰할 수 있는 현미경이다. 'EDX (Energy-dispersive X-ray Spectroscopy)'는 '전자 현미경'에 부착해 재료의 원소 성분을 분석하는 센서 장치이다. 'AES(Auger Electron Spectroscopy)'는 이온 빔을 이용해 재료 극 표면층의 성분을 Auger 전자 현상을 이용해 검출한다. 'XPS(X-ray Photoelectron Spectroscopy)'는 X-Ray를 통해 재료 극 표면의 성분 분석을, 'SIMS(Secondary Ion Mass Spectrometer)'는 이온 빔을 시료의 표면에 입사시켜 방출되는 2차 이온들의 질량을 측정하여 표면의 원소 및 분자의 종류, 양을 분석해내는 장치이다. 'ICP(Inductively Coupled Plasma-atomic Emission Spectroscopy)'는 미량의 다수에 해당하는 금속 원소를 동시에 분석할 수 있는 장비다.

수 없다. 거꾸로 얘기하면 눈에 보이는 현상들은 이미 오랜 기간 수많은 프로세스 전문가나 TFT 활동들을 통해 규명되고 제거되었다.

따라서 'Solver'로서의 엔지니어나 연구원들은 문제 해결을 위해 필요하다면 소속 기업이 보유한 분석 장비들엔 어떤 것들이 있는지, 어떤 분석 과정을 거쳐 어느 내용들이 결과로 나오며, 내가 어떻게 이용할 수 있는지를 명확히 알아둬야 한다. 일반적으로 제품별로 꼭 파악해야 할 평가 항목들이 존재하기 때문에 기업은 어떤 형태로든 그에 맞는 분석 장비들을 보유하고 있다. 'Solver' 입장에선 본인의 회사에 어떤 분석 장비들이 운영되고 있는지 관심을 갖는 일부터 선행되어야 한다.

또 한 가지 지켜져야 할 사항은 기업 내 분석 팀에 분석을 의뢰한 뒤 결과만 받아서는 절대 안 된다는 점이다. 특히 (극)표면 분석이란 우리의 상상을 넘어선 환경 속에서의 현상을 관찰하므로 본인이 관심을 두고 있는 고장 현상 부위를 직접 관찰해야 한다. 그리고 특이점들에 대해 스펙트럼이나 사진, 기록들도 계속 축적해 나가야 한다. 그래야 이전과 달라진 점, 현상들을 감지해 낼 수 있다. 직접 분석하지 못하는데 어떻게 관찰이 가능하냐고 반문할지 모른다. 분석 팀에 의뢰할 때 예정된 분석 일을 파악해두면 당일 방문해서 과정을 지켜볼 수 있다. 분석 팀의 오퍼레이터는 많은 시료를 다루므로 여러분이 의뢰한 시료의 특징이나 관찰 포인트에 대해 완전하게 이해하지 못할 수 있다. 다시 한 번 강조하지만 **'Micro Analysis'는 우리의 상상을 넘어선 세계이므로 '근본 원인' 규명에 있어 그동안 보지 못한 현상을 볼 수 있는 유일한 통로**가 될 수 있다. 고질 문제들이 해결해도 왜 자꾸 재발하는지 그 이유를 한 번 곰곰이 생각해보라!

# 6. [단계-5] '분석의 심도' 결정 능력

　　　　　　　　　　　'분석의 심도'는 '근본 원인'을 찾을 수 있는
지 여부를 결정짓는 매우 중요한 잣대이다. 또 리더의 역량과도 직결되므로
누가 리더를 담당하느냐에 따라 성공 여부가 판가름 난다. '분석의 심도'는 원
인을 규명하기 위해 얼마나 깊이 있게 파고 들어가느냐의 정도이므로 기업 내
에서 고질적이고, 만성적이며, 누가 들어도 "쉽지 않겠는데……" 하는 '해결할
문제'가 대상이 되어야 한다. 고만 고만한 문제들도 포함시킬 수 있지만 적정
심도에서 다소 쉽게 해결된다고 보고 고려 대상에서 일단 제외한다.

　필자가 연구원 시절 하루는 부서장이 품질 문제들 중 'Top 5'에 드는 "A
불량을 완전히 제거시키라"는 특명을 내렸다. 당시 'A 불량'은 디스플레이를
생산해 온 지난 10여년 넘게 늘 있어왔던 문제였고, 불량률이 관리 수준보다
높아지기라도 하면 온 공장이 TFT를 조직해 원상태로 돌려놓기 위해 한 동안
들썩이게 하는 아주 고질적인 대상이었다. 그런 불량을 나 혼자 없애라니!!

　막 전배 온 주임 연구원과 둘이서 팀을 꾸려 일단 시작은 했지만 막막했다.
그러나 대안 없이 있기보다 우선 현상이라도 파악할 목적으로 정량화를 시도
해보았다. A 불량은 진공 내 두 금속 전극사이에 원래는 전류가 흘러서는 안
되지만 미약한 누설이 발생해 디스플레이가 정상 작동하지 못하는 현상이었
다. 물론 제품은 폐기됐으므로 '내부 실패 비용'도 만만치 않게 발생하는 골칫
덩어리였다. 우리가 처음 했던 접근은 인가된 전압과 누설 전류량 등을 측정
해 이론적인 '비선형 회귀 방정식'을 얻은 뒤 식 속의 '파라미터'를 결정짓는
일이었다. 당시 메커니즘은 매우 가까운 전극 사이에 이물질이 붙어 간격이
줄어든 게 누설의 원인으로 추정됐기 때문에 '파라미터'를 측정해 이물질 종
류나 크기 등에 어떤 차이가 있는지 알아보려는 시도였다. 그러나 3주간의 실
험은 헛수고로 끝났다. 그렇게 구분한들 "So What?"이었다. 통계적 접근은 문

제 현상을 잘 분류하고 유형별로 차이점을 비교하기엔 매우 유용했으나 그렇다고 불량률이 떨어지진 않았다. 결국 이물질을 찾는 현물 분석 쪽으로 전격 선회하였다.

당시 필자는 재료 표면의 수 nm에 해당하는 극 표면 분석 업무를 다년간 수행했던 경력이 있었다. 때문에 표면 분석 연구실에 찾아가 업무가 끝나는 오후 7시부터 다음날 새벽 5시까지 여러 분석 장비들 중 A 불량 분석에 적합한 '전자 현미경'을 사용토록 허가를 받아냈다. 그날부터 팀원인 주임과 필자는 '고장 해석'의 'Micro Analysis'를 시작했다. 새벽 5시가 되면 일단 퇴근한 후 오후 1시쯤 출근하는 일이 반복됐다. 자율 출근제도는 없었지만 부서장한테 그렇게 해달라고 요청한 상태였다.

사실 '전자 현미경'으로 직경 10mm도 안 되는 시편을 넣고 표면을 조사하면 만주 벌판과 같다. 온갖 이물질이 덕지덕지 붙어 있지만 그 모든 것이 원인 제공자는 아니다. 결과가 어땠을까? 약 3주 가까이 누설이 발생되는 위치의 전극 표면을 계속 관찰한 결과 조금씩 만주 벌판(?) 환경에 익숙해지기 시작했고, 끝내 직경 '수 $\mu m$'의 아주 미세한 긁힘과, 긁힘이 끝나는 지점에 일함수(Work Function)가 작은 금속 성분을 발견했다. 그리고 유입 경로에 대한 가설을 세우고 공정 조사를 통해 그와 같은 긁힘이 실제 발생한다는 것과, 금속 성분이 조립 도중 작은 도구로부터 스치는 과정에 묻어난다는 사실도 밝혀냈다. 팀원이었던 당시 주임이 규명된 메커니즘을 확인하기 위해 공정 조사를 나간 하루 뒤 전화로 했던 "찾았습니다!"의 울림이 아직도 귀에 쟁쟁하다.

또 하나, 메커니즘이 전혀 다른 원인도 밝혀냈는데 바로 원 금속 자체의 불량이었다. 제철소의 전기로에서 고철을 녹여 쇳물을 만들고 그때 불순물 제거를 위해 투입되는 산화물이 금속 안에 잔존해 있다가, 부품을 성형할 때 수 $\mu m$의 홀을 형성하고 홀 주변에 전계가 집중되며 이것이 또 다른 형태의 미세 누설 전류를 야기했던 것이다. 근본 원인은 두 개였으며, 하나는 이물이었고,

다른 하나는 원 재료에 문제가 있었던 것이다. 문제의 근원을 완전히 규명했으므로 불량 발생을 원천 차단할 수 있는 계기가 되었다.

아직도 기업들에서는 고객에 불량을 유출하지 않기 위해 강한 평가법을 도입하곤 한다. 의도는 좋으나 이 경우 '외부 실패 비용(EF-Costs)'을 줄이려고 막대한 '평가 비용(A-Costs)'을 늘리게 되어 근본적인 대책이 되진 못한다.[81] 모두 근본 원인을 찾기 위한 현물의 '분석의 심도'가 절실한 예들이다.

고질 문제 해결은 많은 인원이 동원될 필요는 없다. 활동을 수평이 아닌 수직으로 펼쳐야 하기 때문이다. 해결되지 않고 계속 남아있는 이유는 바로 '분석의 심도'에 있고, 누가 어떤 방법으로 접근하느냐가 매우 중요하다.

'분석의 심도'를 강의할 때 다음 [그림-51]의 '수박'의 예를 사용하곤 한다. 이어지는 설명은 「Be the Solver_프로세스 개선 방법론」편에 수록된 내용이며, 상황에 맞게 편집해 옮겨놓았다.[82]

[그림-51] '분석의 심도'를 설명하는 예

81) '품질 비용'에는 불량 처리로 들어가는 '외부 실패 비용(EF-Costs, External Failure Costs)', 불량을 잡기 위한 '평가 비용(A-Costs, Appraisal Costs)', 예방을 위해 교육 등에 들어가는 '예방 비용(P-Costs, Prevention Costs)' 등이 있다.
82) 「Be the Solver_프로세스 개선 방법론」편, pp339~349.

[그림-51]에서 수박 표면에 생겨난 '누런 현상'을 파악하기 위해 세 개의 밭별로 100개씩 수박을 추출해 불량률을 관찰한 결과 왼쪽부터 20%, 7%, 1%를 확인하였다(고 가정한다). 통계적 검정은 현재 비율이 두 개 이상이므로 '카이 제곱 검정'이 적합하며, 결론은 '20%'와 '1%' 간 차이가 크므로 당연히 '유의함'으로 나올 것이다.

그렇다면 과연 '밭별로 불량 개수의 차이가 있다'가 결론일까? 대답은 'No'이다. 통계적 해석만으로는 원인 규명이 안 되므로 당연히 문제는 해결되지 않은 것이며, 이 시점에 '개선 방향'을 내놔봐야 수박 겉핥기 수준의 '두루뭉술한 내용'으로 치장될 뿐이다. 예를 들어, "산 쪽의 해충 영향으로...", 또는 "밭별로 토양의 차이가 있는 것 같아...", 아니면 "밭별로 종자가 뒤섞여 다른 것끼리 뿌려졌다면..." 식인데, 이런 접근은 고려할 내용도 많거니와 구체적이지 않아 개선 활동도 요원하다. 그렇다면 정답은 무엇일까? 바로 통계로 현상을 봤으니 현물을 가져다 '고장 해석'을 수행해야 한다.[83] [그림-51]의 오른쪽 그림이 바로 '고장 해석' 과정을 간단히 묘사하고 있다. 사실 여기까지는 「[단계-4] DA와 FA 모두의 활용 능력」의 '[그림-47] 데이터 분석(DA)과 고장 해석(FA) 간 관계'에서 자세히 설명한 내용이다.

이어질 본문이 중요한데, 이때 '분석의 심도'를 어디까지 가져가야 할지는 상황 판단과 리더의 역량에 달려있다. 정답은 "아 이렇게 개선하면 되겠군!"과 같이 정확한 '개선 방향'을 유도할 수 있을 때까지 계속되어야 한다. **'개선 방향'이 명확하고 단순할수록 '근본 원인'을 잘 찾아 낸 것이며, '분석의 심도'는 최대화되었다**고 볼 수 있다. 간혹 분석 결과로 '~ 프로세스 개선 추진'처럼 수박(프로세스) 속으로 원인을 규명하기 위해 분석해 들어갔음에도 결과적으로 다시 수박 표면으로 거슬러 올라온 듯한 '개선 방향'을 내놓는 경우를 자주 접하곤 한다. 분석이 완전한 것인지 스스로 자문해봐야 할 일이다.

---

83) '사실 분석'이라고 한다.

제대로 된 현물 분석은 수박의 예에서 현상 부위를 잘라보고 내용을 기록한 뒤, 부족하면 또 잘라내고 관찰과 기록을 반복한다. 급기야 해충이 확인되었더라도 '분석의 심도'는 상황 논리상 더 들어갈 수 있다. 어떤 해충이고, 라이프 사이클은 어찌되며, 어떤 성향을 갖고 있고, 그것의 영향 정도는...... 수박을 계속 잘라낸다는 의미는 프로세스 속으로, 또는 제품에 발생된 증상의 근원을 계속 파고들어간다는 의미와 같다. 'Micro Analysis'를 3주 이상 집중했는데도 원인이 밝혀지지 않으면 우리 능력 밖의 다른 원인 규명 분석법이 필요할 수도 있다. 바로 외부 전문가의 도움을 받아야 할 시점임을 깨닫자.

단, 분석을 외부 전문가로부터 아웃소싱 할 때 주의할 점이 있다. 바로 '조직의 저항' 때문에 생겨나는 '고질 문제의 부양(浮揚) 현상'이다. 예를 들어, 여러분의 집에 배우자가 고용한 외부 금융 전문가가 들어와 지난 12개월 동안의 총 수입은 얼마였고 술값은 얼마를 지출했으며, 커피 값, 교통비, 그 외에 확인되지 않은 지출들은 무엇인지 10원짜리까지 추궁한다면 기분이 어떨까? 씀씀이에 대한 '분석의 심도'가 깊어질수록 평소에 별 탈 없이 지나쳤던 소소한 사안까지 문제시되고 의심 받는 불편한 시간이 지속될 것이다.

기업에서의 고질 문제 역시 비슷한 상황을 경험한다. '고질 문제'가 평소보다 많이 발생하면 관련 부서가 나서 불량을 줄이기 위해 최대한 노력한다. 즉 책임 부서가 존재한다는 얘기다. 만일 전사 담당 부서가 그 불량을 줄이기 위해 외부 분석 전문가를 고용하면 해당 불량의 정보를 가장 많이 알고 있는 책임 부서로 외부 분석 전문가를 안내한다. 그리고 그동안 일어났던 여러 활동 내역과 자료들을 묻고 요청하며 미진한 부분을 지적하기 시작한다. 미진한 부분이 나와야 해석의 실마리를 찾을 수 있기 때문이다. 그러나 그동안 활동을 추진했던 책임 부서 입장에선 불량 해결을 위해 온갖 열정을 투입했음에도 미흡한 부분에 대해 외부 전문가가 계속 지적해 오는 듯한 분위기가 마냥 즐거울 수만은 없다. 시일이 지날수록 제공되는 정보의 양은 줄고, 질은 떨어질 수밖에 없다. 또 역설적으로 외부 전문가에 의해 불량의 '근본 원인'이 밝혀지기를 원치 않을 수도 있다. 밝혀진다면 불량을 줄이기 위한 그동안의 수고를 좋게 평가받기는커녕 "그동안 무슨 일을 했는가?"와 같이 질타 받으리란 우려가 압박으로 작용한다.

방금 설명했던 내용은 가상의 시나리오가 아니다. 실제로 경험하고 있고 주변에서 심심찮게 나타나는 현상이다. 학문적 용어로 '조직의 저항' 또는 기업 용어로 '부서 이기주의'다. 따라서 '대표 이사'가 강하게 불량을 줄이라고 지시하는 상황에서, 책임 부서대신 전사 담당 부서가 외부 전문가를 영입해 불량을 줄이려 시도한다면 불량이 공중에 둥둥 떠다니는 '부양 현상(浮揚 現象)'이 나타날 수 있다. 누구도 해결을 원치 않게 된다는 얘기다.

유일한 해결책은 고질 불량 해결을 책임진 담당 부서가 직접 나서서 외부 전문가로부터의 아웃소싱을 추진해야 한다. 이 경우 실적은 전문가를 요청한 해당 부서의 것이므로 '불량의 부양 현상'은 발생하지 않는다. 만약 전문가를 고용했음에도 실패의 책임을 두려워한다면 더 이상의 개선은 물 건너간다. 오랜 기간 해결하지 못하고 남아 있는 불량은 우리 능력 밖의 일일 수 있으며, 다른 시각이나 다른 방법의 접근이 필요할 수 있는 문제일 가능성이 높다. 다른 방법을 모색하지 않는 일 자체가 이미 '내부 실패 비용'을 계속 감수하겠다는 뜻으로 밖에 받아들일 수 없다. 그 또한 책임 소재를 분명히 가려야 할 일이라는 점, 명확히 인식하자.

여러분 주변에 계속 반복되는 고질 불량이 있는지 둘러보라. 그리고 현재 여러분의 접근 방법이 앞서 설명된 내용과 어떤 차이가 있는지 점검해보기 바란다. '고질 불량'이나 'Top 10 불량'이 발생했을 때 TFT를 구성해 전 공장이 들썩이고 있진 않은가? 좀 줄었다고 다시 잠잠해지는 상황이 반복되진 않는가? 이와 같은 현상은 비단 제품을 생산하는 기업뿐만 아니라 고질적 문제를 안고 있는 서비스 부문 모두가 해당되는 사안이다.

# 7. [단계-6] Team의 운영 능력

난이도가 높은 문제들 중 '근본 원인'을 찾기 위해 한 장소에서 가만히 '분석의 심도'를 깊게 가져가는 '정적인 문제 해결'이 있는 반면, 일부는 높은 활동성을 요구하는 '동적인 문제 해결'이 있다. **'동적인 문제 해결'일 경우 목표 달성을 위해 '팀원 각자의 역할 규정'과 '각 팀원별 명확한 업무 분담'이 성공을 좌우하는 절대적 요소로 작용**한다.

B 기업의 성공 사례에 대해 알아보자. 이 기업은 외국계 사모펀드를 통해 재무적 투자가 이루어졌으며 분기별 실적을 투자자에 보고하도록 되어있었다. 수년간 매출과 '영업 이익' 모두가 증대되었고 안정된 매출처도 확보되어 있어 성공적인 투자 모델 기업으로 인식되어있었다. 기업 가치가 커지면서 경영진은 재무적 가치뿐만 아니라 기술 연구소의 지적 재산권을 포함한 회사 전반의 무형적 가치를 금액으로 환산하는 프로젝트를 추진하였다. 그러나 1년여의 추진 결과 별 성과를 얻지 못하고 마무리된 뒤 관심 밖에 놓여 있다가 다음 연도에 필자가 멘토로 투입되었다.

우선 가장 큰 문제는 기업의 무형적 가치를 산정하는 정례화된 방법이 없다는 점이었다. 이전 활동을 공유하는 브리핑자리에서 결과물을 강하게 요구하는 경영진의 의지와는 별개로, 팀원 모두는 실현 가능성이 별로 없어 보이는 일에다가 마땅한 대응책도 없는 현실을 자책하는 분위기였다. 그러나 기간도 주어졌고 재차 강한 어조로 독려하는 경영진을 설득할 수단은 성과를 내는 일 외엔 대안이 없었다. 우선 경영진의 요구사항과 그간 진행된 내용 등 현상을 정의하는 작업부터 시작했다. 첫 두 주간 진행된 내용을 보고 받는 자리에서 별 진척된 내용이 없자 강한 질책이 이어졌다. 5명의 팀원 모두는 절망의 늪으로 빨려 들어가듯 표정들이 굳어만 갔다. 그동안의 업무를 통틀어 별로 해보지 않았던 생소한 일이기도 했지만 유사 사례가 있어 벤치마킹이라도 할 수 있는 기회마저 없는지라 무료한 일주일이 또 흘렀다.

멘토링을 하던 필자도 대형 서점을 찾아 무형적 가치를 설명하는 책을 섭렵하고 논문들을 찾아보았다. 몇 가지 방법들이 눈에 띄었지만 모두 이론적인 내용뿐이었고 또 유사성도 별로 없어 확실히 체계가 덜 잡힌 분야라는 점을 확인했을 뿐이었다. 다음날 팀원들과의 멘토링 시간에 기존에 나와 있는 무형적 가치 평가법들을 모두 찾아 유형별로 마인드-맵을 작성해보자고 제안했다. 그리고 각 방법들을 '잠재 원인 변수 Xs'로 보고, 이후 활동을 결정하자고도 전했다. 멘토링 마무리 때 팀원별로 각자의 조사 영역을 정한 후, 한 주 뒤에 조사 내용을 각자 발표하기로 하였다.

한 주 뒤 멘토링 시간이 되자 모든 팀원들은 각자가 맡은 영역에서 평가 방법들을 서너 개씩 파악해왔다. 모든 팀원이 발표한 후 가장 실현성 높은 평가 방법들을 순위화해 다섯 개를 선정했다. 그리고 팀원별 한 개씩 다음 멘토링 때까지 실제 '무형 가치'를 평가하도록 업무를 분담하였다. 지금까지 진행된 모든 내용은 서기에게 마인드-맵 등을 포함하여 문서로 작성하도록 하였다. 그리고 그 주말에 경영진에 진척 내용을 중간보고 하였다. 다음 활동은 무엇이냐는 질문에 선정된 다섯 개 각각을 제시된 이론대로 무형 가치를 평가하는 소위 'Analyze Phase'를 거친 후 '핵심 인자'처럼 가장 적합한 검증된 하나를 골라 'Improve Phase'에서 최적의 평가 결과를 내놓겠다고 했다. 일의 추진 과정과 이후 전개가 명료하게 그려지자 담당 임원은 매우 흡족해 했고 과제 추진은 급물살을 타기 시작했다.

다시 한 주가 흘러 각 팀원들은 담당했던 평가 방법을 할 수 있는 한 산정해 왔고 내용을 발표하면서 서로 토론하였다. 혹자는 이론을 낸 모 경제 연구소 박사가 퇴사를 해 어렵사리 수소문을 해서 이해 못한 파라미터가 무엇을 의미하는지 알아보는 열정도 보였다. 당일 토론을 통해 가장 적합한 것으로 보이는 평가 방법을 정했고, 사내에서 수집할 정보와 외부 전문가들에게서 얻어낼 정보들을 분류한 뒤 다시 팀원별로 배분하였다. 과연 어떤 결과가 나왔을까?

정보를 수집하던 중에 만난 교수들이 전개되는 평가 방법과 과정, 내용들에 매우 큰 관심을 보였고 직접 나서서 적극적으로 지원하기까지 하였다. 그리고 중간 중간 모호한 부분들에 대해서는 합리적인 기법들을 활용해 기업의 무형적 가치를 훌륭하게 산정해냈고, 교수들의 추천으로 국가 무형 자산 가치 평가의 최우수 사례로 그해 연말에 사장님이 직접 수상하는 영광도 누리게 되었다. 누구도 생각지 못한 반전 드라마였다.

본 사례에서 활동성이 높은 고난이도 문제 해결을 위해 팀워크가 어떻게 이루어져야 하는지를 명확히 알리고 있다. 특징을 요약하면 **첫째**, 멘토링 때 팀원 각자에게 부여된 한 주 동안 해야 할 일을 정확하게 규정하고 전달했다는 점이다. 일이 명확하게 주어지다보니 각자의 업무를 하면서 파트타임으로 추진했음에도 부하가 크게 걸리지 않았다. **둘째**, 수집된 내용을 멘토링 때 각자가 발표하고 공유하면서 다음 해야 할 일을 토의를 통해 정확하게 정의한 점이다. 실제 멘토링은 한 시간 반 정도였지만 발표하고 토론을 거쳐 다음 일을 배분하기에 충분한 시간이었다. **셋째**, 팀원 각자의 책임감이 조사 내용의 질을 크게 높이는데 기여했다. 분담이 명료하므로 한 명이 미진하면 전체 진행에 타격을 입을 수밖에 없다. 따라서 본인에게 주어진 일만큼은 하루 정도 시간을 내 철저하게 준비하는 열정을 보여주었다. **넷째**, 문제 해결 난이도가 매우 높았던 점도 수행 품질을 좋게 하는데 한 몫 하였다. 난이도가 높은 만큼 경영진의 관심도 컸고, 어설프게 추진해선 제대로 된 결과를 얻지 못할 것이란 위기감이 팀원들에게 작용하였다.

기업에 존재하는 어려운 문제도 어차피 기업 내 종사하는 직원들이 만들어 낸 결과물이며, 따라서 문제를 해결할 수 있는 것도 그 기업의 직원들이란 점을 명심하자. 이때 군살 없는 팀워크가 더해진다면 고난이도 문제 해결에 어떤 장애도 존재하지 않는다.

# 8. [단계-7] 개발품의 '문제 회피' 능력

기업에서의 '연구 개발'이란 무엇인가? 사전적 정의는 "자연 과학 기술에 대한 새로운 지식이나 원리를 탐색하고 해명해서 그 성과를 실용화하는 일"이다. 일반적으로 제품 검사, 시장 조사, 판매 촉진, 판매 활동 등은 포함되지 않는다. 이때 정의에 쓰인 '실용화(Commercialization)'에 주목할 필요가 있다. 명사형으로서 '실제로 쓰거나 쓰게 함.'이다. 결국 '연구 개발'은 그 실체인 제품, 상품, 서비스가 있어야 하며, 영리를 목적으로 하는 기업은 많은 사람들이 구매할 수 있도록 쓸모 있는 상품을 만들어야 한다. 여기엔 ① 새로운 제품이나 서비스를 창조해내는 일은 물론, ② 현존하는 제품, 서비스를 보다 더 매력 있게 만들어내는 일도 포함한다. '연구 개발' 활동이 두 경우로 분류되는 셈이다.

연구 개발 부문의 이 같은 고유한 업무 형태를 고려할 때 문제 해결 역량을 높이려는 우리가 꼭 체득할 사항은 무엇일까? 사실 새로운 제품이나 서비스의 창조는 없는 데서 있는 걸로, 또 현존하는 제품/서비스는 있는 것에서 좀 더 있어 보이게 만들어내는 '변화'란 공통점을 갖는다. 따라서 제품이나 서비스가 '변화된다.'에 초점을 맞추면 연구 개발 부문에서 꼭 필요한 활동 내용들을 추출해낼 수 있다.

여기 새로운 개념의 제품을 창조한다고 가정해보자. 앞으로 판매를 많이 해 수익을 올리려면 제품을 구매할 잠재 고객들을 선별하고(고객 세분화), 그들의 관심 사항들, 꼭 필요로 하는 요구들, 원하는 수준 등등을 조사(요구 품질 조사)해서 연구소로 가져온다. 그리고 수집된 내용들을 정리해서 그에 맞춰진 제품의 모습을 그린다. 즉 부위별로 어떤 것들이 존재해야 하는지, 그들이 어떻게 연결되어야 하는지를 개략적으로 완성한다(콘셉트 설계). 사실 고객의 요구 품질을 조사했든 아니면 연구원 한 명이 순간 떠올린 생각을 제품의 이미지로 완성했든 핵심은 콘셉트의 실용화가 실제 다량의 판매로 이어지느냐 이며, 따라서 '콘셉트 설계'는 '연구 개발'의 가장 중심에 자리 잡은 핵심 중의 핵심 활동이다. 이미 판매하고 있는 제품에 변화를 가하는 일 역시 추가나 변경시킬 내용들은 어떤 것이며, 기존의 부위들과 어떻게 상호 작용시킬지를 고민해야 하므로 그 자체가 '콘셉트 설계' 범주에 속한다.

다시 '콘셉트 설계'를 가만히 들여다보자. 고객이 요구하는 무엇인가가 그 안에서 역할을 해줘야 한다. 무엇인가가 작동하거나 무엇인가를 내주거나, 무엇인가를 알려줘야 고객은 만족한다. 즉 '콘셉트 설계'란 그 '역할'들을 '규정 짓는 활동'과 정확히 일치한다. 용어 '역할'을 연구 개발에서는 '기능(Function)'이라고 부른다. 강의를 하다보면 많은 연구원, 엔지니어들이 바로 '기능'의 개념을 정확히 인식하지 못한다. 너무 많이 들어 마치 잘 알고 있다고 생각하면서도 막상 '기능 분석', '기능 최적화', '핵심 기능', '핵심 기능 요구사항'과 같은 확장 용어들이 나오면 넋을 놓는다. 어색하고 낯설게 받아들이는 것이다. '기능'은 '역할'로 대체해 사용하면 이해가 쉽다. **'기능'을 명확하게 이해하는 일이 '문제 회피 역량' 확보 1순위**이다.

강의 때 '기능'을 이해시키기 위해 꼭 이용하는 예가 있다. '폐'다. 사람의 '폐'는 '공기를 들이고 밖으로 내는 기능(역할)'을 수행한다. '폐' 속으로 조금 더 들어가면 '폐포(허파 꽈리)'가 있어 '산소와 이산화탄소를 교환하는 기능(역할)'을 수행한다. 그런데 '폐의 기능'을 수행하기 위해 꼭 사람의 현재 몸속에 들어 있는 구조와 재질(?)로만 존재해야 할까? 아니다. 아직 기술이 미치진 못했지만 대체재를 이용한 기계 작동체를 심을 수도 있고, 돼지의 장기로 대신할 수도 있다. 또는 더 나아가 '줄기 세포'를 분화시켜 만들어 낼 수도 있다. '폐의 기능'을 실현시키는 대안은 역시 기술이 아직 미성숙 단계인 점만 빼면 연구 개발을 통해 대체할 수 있는 방안은 무궁무진하다. 이렇게 보면 제품 관점에서 '폐'는 모듈이나 '하위 시스템' 쯤에 대응하고 '폐' 속의 '폐포(허파 꽈리)'는 '부품'에 대응한다. 정리하면 '폐의 기능', 즉 '공기를 들이고 내는 기능(역할)'이나 '산소와 이산화탄소를 교환하는 기능(역할)'은 고유하고 바뀔 수 없는 반면, '기능(역할)'을 실현시키는 '모듈', '하위 시스템', '부품' 들은 무한히 많은 대안들이 존재한다. 따라서 연구 개발의 구체적 활동은 다음으로 요약될 수 있다.

1) 고객이 원하는 '기능을 정의' 하는 일
2) 정해놓은 기능을 실현시키기 위해 '값싸고 효율적인 모듈, 하위 시스템, 또는 부품들을 개발하거나 찾아 주는 일

이다. 앞서 '1)과 2)'가 '기능'을 중심으로 한 연구 개발 활동의 핵심임을 인식했다면 남은 하나가 바로 본 책에서 '문제 해결 역량'과 함께 강조하는 '문제 회피(Problem Avoiding) 역량'이다. **'문제 회피'는 '기능이 정의'되고, 그를 실현시킬 시스템이나, 하위 시스템, 모듈, 부품들이 정해졌거나 정해질 즈음, 향후 시장에 나가 설계에서 기대했던 수준들이 유지될 수 있는지, 만일 유지 못한다면 어떤 내용이 어떻게 발생될 것인지를 미리 파악해 줄이거나 제거하는 사전 활동**이다.

따라서 연구원 스스로가 창조한 제품이나 서비스의 문제를 미리 알아내야 하는 점 때문에 유일무이한 기법인 'FMEA'를 통해 잠재 문제를 도출하는 정성적 접근을 시도하거나, 적은 표본을 만들어 시험을 통해 증상을 파악해보는 '신뢰성' 같은 정량적 접근을 시도한다. 이들의 내용에 대해서는 [그림-35]의 '문제 회피를 위한 접근법(Triangle)'에 자세히 설명해놓았으니 관심 있는 독자는 해당 본문으로 돌아가 정독해주기 바란다. 중복을 피하기 위해 여기서의 설명은 생략한다.

지금까지 크게는 '문제 해결(Problem Solving)'의 시각과 '문제 회피 (Problem Avoiding)'의 관점에서 맞닥트린 문제를 해결하는 방법과 내용들에 대해 알아보았다. 문제를 해결할 때 복잡한 수식이나 모형과 같은 수학이나 공학적 방법들이 필요한 것은 아니다. '문제'의 본질이 바뀌거나 변하는 일은 없다. '문제'란 그냥 존재하는 것이다. 그를 제거하거나 축소시키려면 '방법'이 바뀌어야 한다. 왜냐하면 '현재의 문제 해결 방법'에선 현재의 남아 있는 문제를 늘 그대로 안고 가야 하기 때문이다.

　그렇다고 방법을 바꾸는 일이 우리로부터 멀리 떨어진 어려운 시도는 아니다. 이미 선각자들이 무수히 많은 기법과 방법들을 고안해놓았으며 우선 그들을 우리의 현실에 맞춰 입어보는 일부터 시작하는 게 가장 쉽고 현실적이다. 본문의 내용을 토대로 다양하고 쓸모 있는 문제 해결 방법론들이 국내 토종 시장 여기저기에서 속출하고 끊임없이 발전되길 깊이깊이 기원하고 열망하는 바이다. 또 기업에 소속된 개개인, 앞으로 기업에 입사할 취준생들 역시 '문제 해결 방법론(PSM)'에 큰 관심과 깊이를 더해 'Solver'로 거듭나기를 바라마지 않는다. 그를 위해 이 조그만 내용의 책이 작은 길잡이가 되었으면 한다.

색인

## 송인식

(현) PS-Lab 컨설팅 대표

한양대학교 물리학과 졸업
삼성 SDI 디스플레이연구소 선임연구원
한국 능률협회 컨설팅 6시그마 전문위원
네모 시그마 그룹 수석 컨설턴트
삼정 KPMG 전략컨설팅 그룹 상무

인터넷 강의: http://www.youtube.com/c/송인식PSLab
이메일: labper1@ps-lab.co.kr

※ 도서 내 데이터 및 템플릿은 PS-Lab(www.ps-lab.co.kr)에서 무료로 받아보실 수 있습니다.

**Be the Solver**
**The Solver**

**초판인쇄**   2018년 7월 4일
**초판발행**   2018년 7월 4일

**지은이**   송인식
**펴낸이**   채종준
**펴낸곳**   한국학술정보㈜
**주소**   경기도 파주시 회동길 230(문발동)
**전화**   031) 908-3181(대표)
**팩스**   031) 908-3189
**홈페이지**   http://ebook.kstudy.com
**전자우편**   출판사업부   publish@kstudy.com
**등록**   제일산-115호(2000. 6. 19)

ISBN   978-89-268-8479-9   94320